Jakob Wassermann:

Christoph Columbus

Der Don Quichote des Ozeans

Eine Biographie

Mit einem Nachwort von Tom Appleton

Deutscher
Taschenbuch
Verlag

dtv

Von Jakob Wassermann
sind im Deutschen Taschenbuch Verlag erschienen:
Caspar Hauser (10192)
Laudin und die Seinen (10767)
Der Fall Maurizius (10839)
Etzel Andergast (10945)
Joseph Kerkhovens dritte Existenz (10995)
Christian Wahnschaffe (11104)
Das Gänsemännchen (11240)

Ungekürzte Ausgabe
Januar 1992
Deutscher Taschenbuch Verlag GmbH & Co. KG,
München

ISBN 3-7844-1689-6
Erstveröffentlichung: S. Fischer Verlag,
Berlin 1929
Umschlaggestaltung: Celestino Piatti
unter Verwendung eines Columbus-Porträts
(unbekannter Künstler, Original im Museo Naval,
Madrid; mit freundlicher Genehmigung des
Bildarchivs Preußischer Kulturbesitz, Berlin)
Satz: IBV Satz- und Datentechnik GmbH, Berlin
Druck und Bindung: C. H. Beck'sche Buchdruckerei,
Nördlingen
Printed in Germany · ISBN 3-423-11504-1

Das Buch

Die Lebensgeschichte von Christoph Columbus ist bis heute eine diffuse Verbindung von Legende und Wirklichkeit. Alles ist umstritten: sein Charakter, seine Leistungen, sein Werdegang, die einzelnen Stationen seines Lebens, sogar sein Geburtsdatum. Sieben Städte behaupten, seine Wiege beherbergt zu haben. Jakob Wassermann hat sich in seiner fundierten Biographie über den Entdecker Amerikas nur an wissenschaftlich verifizierte Angaben gehalten. So entstand ein überzeugendes, psychologisch stringentes Bild dieses rätselhaften Mannes. »Vielleicht war die Phantasie Wassermanns nie glücklicher als hier, da sie in strengen Grenzen historischer Sachwahrheit sich nur nach dem Innern zu verbreiten konnte«, schrieb ›Die literarische Welt‹ 1929, dem Entstehungsjahr des Buches. Und noch immer zählt diese Biographie mit zum Besten, was je über Columbus geschrieben wurde.

Der Autor

Jakob Wassermann wurde am 10. März 1873 in Fürth als Sohn eines Gemischtwarenhändlers geboren und starb am 1. Januar 1934 in Altaussee in der Steiermark. Der gelernte Kaufmann wurde später freier Schriftsteller und arbeitete auch als Redakteur beim ›Simplicissimus‹. Mit seinen spannenden, psychologisch realistischen Romanen und Novellen hatte er eine breite internationale Wirkung. Werke u. a.: ›Caspar Hauser oder Die Trägheit des Herzens‹ (1908), ›Laudin und die Seinen‹ (1925), ›Der Fall Maurizius‹ (1928), ›Etzel Andergast‹ (1931), ›Joseph Kerkhovens dritte Existenz‹ (1934), Romane.

Inhalt

Unus erat mundus; duo sint, ait iste; fuer.

Dem Andenken Hofmannsthals

Du sahst es noch mit deinen Augen,
und mir war, es schien dir gut.

Erstes Kapitel
Ahnung des Unbekannten

Leben und Schicksal des Christoph Columbus zeigen mit augenscheinlicher Deutlichkeit, daß auch der zu großer Vollbringung bestimmte Mensch nur aus seiner zeitlichen Beschlossenheit heraus erklärt werden kann. Unsere Phantasie ist nur allzu geneigt, eine unsterbliche Figur mit den Eigenschaften auszustatten, die erst von ihren Wirkungen herkommen, sonach ihrer irdischen Existenz und Persönlichkeit mit nichten angehaftet haben. Ruhm ist ein höchst geheimnisvoller Kristallisationsprozeß, bei welchem viel Schlacke verarbeitet wird. Deshalb sehen die Zeitgenossen eine bedeutende Erscheinung entweder falsch oder gar nicht, während die Nachwelt stets die Endergebnisse vorwegnimmt, d. h. durch ihr Wissen vom Gewordenen (das im Grunde schon ein Erstarrtes ist) ihre Anschauung vom Werden und Sein entkräftet. Deshalb auch gleichen alle unsere Urteile über historische Epochen wie über historische Personen abgegriffenen Münzen, deren Wert nur bei seltenen Anlässen untersucht wird. Jede Überlieferung erhält sich durch die Summe der mit ihr verknüpften Irrtümer, anders kann und soll es auch nicht sein, denn der Irrtum ist ein zeugendes Element, aus ihm entsteht das Bild, der Mythos und immer erneutes Leben. Wer könnte die Wahrheit ertragen, vorausgesetzt, daß es Wahrheit gibt? An ihr zerbräche jeder Aufschwung, jede Illusion, jeder über die Wirklichkeit triumphierende Idealismus. Sie hat mit dem Dokumentarischen und der gültigen Pragmatik der Geschichte wenig zu schaffen, diese Wahrheit, wie Goldkörner im Erz ist sie in einem rauhen und schwer zu behandelnden Material verborgen, und sie auszugraben und herauszuschmelzen, bedarf es vieler Mühe, vieler Liebe und eines gewissen Mutes, denn die menschliche Seele, worin man sie allein finden kann, ist ein finsteres und von abschreckenden Gespenstern bevölkertes Labyrinth.

Eine eigentümliche Rätselhaftigkeit, ja Zweideutigkeit schillert um die Gestalt des Columbus seit jeher. Alles ist umstritten, der Charakter, die Leistung, der Werdegang, die Lebensereignisse und die Geburt. Sieben Städte im Genuesischen kämpfen um die Ehre, seine Wiege beherbergt zu haben, ihnen hat sich Korsika und Frankreich gesellt. Mit ziemlicher Sicherheit kann angenommen werden, daß sein Vater ein armer Wollweber war, aber diese Tatsache hat er selbst zu verwischen sich bemüht. Die geringe Herkunft erschien ihm als ein Makel, denn in den Tagen der Glorie spricht er von seinen adligen Ahnen; ich bin nicht der erste in meiner Familie, der als Admiral die Meere befahren hat, behauptet er. Den Beweis dafür bleibt er schuldig. Einige seiner Gegner nennen ihn deshalb einen Lügner. Sie haben wenig Einbildungskraft und eine dürftige Vorstellung dieser tiefen, schier unergründlichen Natur.

Sein Lebenslauf hat manche Ähnlichkeit mit einer mittelalterlichen Legende. In einem Zeitraum von zwanzig Jahren habe ich mich, von Frist zu Frist, immer wieder mit ihm beschäftigt; immer wieder mußte ich mich fragen: ist dies verbürgt? ist jenes nicht bloß Sage? sind die oder die Geschehnisse nicht apokryph, und die oder die überhaupt nur wahrscheinlich? Aufsteigend aus dem Nichts, ein hergelaufener italienischer Abenteurer, wird er Großadmiral von Spanien, Vizekönig ungeheurer Reiche, bezahlt sieben Jahre des Glanzes und der Macht mit jähem Sturz und beispielloser Demütigung, und nach schwachem Wiederaufflammen stirbt er als beinahe vergessener Mann einen einsamen Tod.

Außerordentliches Schicksal. Es zu verstehen, muß man das Außerordentliche der allgemeinen Situation erwägen. Man kann es nur, wenn man den inneren Blick von allem Gewußten reinigt, auch von allen schematischen Prägungen, den Verfälschungen der Ideen und Zusammenhänge. Um unbetrogen zu bleiben, müßte man als Wiederauferstandener aus der Geistesstimmung und den Begriffen der Epoche heraus sehen und zugleich über die Zeitferne hinweg das einander Widerstrebende zur Einheit bringen können. Da sich der Ehrgeiz so hoch nicht versteigen darf, hat man sich mit Geringerem zu begnügen, mit dem Versuch der möglichsten Annäherung.

Wenn heute ein tollkühner Pilot sich entschlösse, nach dem Mars zu fliegen, die Reise auch anträte, auf dem Weg aber einen bisher unbekannten Planeten entdeckte und mit der Kunde von diesem neuen Stern zurückkehrte, von fremdartigen Menschenwesen und nie gesehenen Tieren und Pflanzen Nachricht brächte, die in einer fremdartigen Atmosphäre gedeihen, von Ausmaßen und Größenverhältnissen, die alles, was das Auge bisher gewohnt gewesen, zwerghaft erscheinen ließe, so wäre die Revolution der Menschheitsphantasie ungefähr die nämliche, die damals die Entdeckung des Columbus hervorrief. Denn das und nichts anderes ist es, was sie zunächst bewirkte: Revolution der Phantasie.

Neue Welt; heute ein geographischer Begriff; dem Menschen vom Ende des fünfzehnten Jahrhunderts ein abergläubisch-religiöser. Kraft eines Zaubers, von dem er noch nicht wußte, ob er gut oder böse war, verschwanden die Wände seines Hauses, des altbewährten Hauses Europa, das er sich nach jahrtausendelangen Plagen halbwegs wohnlich eingerichtet hatte. Unheimlich genug war ihm schon Asien, das dem endlich vertraut gewordenen Besitz anhing wie einem Garten eine gefürchtete Wildnis, mit sehr fernen Lockungen allerdings; Afrika, von dem er, seit Urzeiten, nur die nördlichen Randgebiete kannte, war jenseits dessen, was man zu benennen vermochte, tödliche Wüste und bedrohliche Finsternis. Die Botschaft von neuer Welt erschütterte das Gerüst der alten. Was man vernahm, war schauerlich; ein unendliches Meer, von dem man nichts gewußt, das zu durchfahren die Schiffe Monate unterwegs waren, ohne seine Grenzen zu erreichen; namenlose Völker, die nackt gingen und namenlose Gottheiten verehrten; unzählbare Inseln, unermeßliche Länder mit barbarischen Königen und wilden Sitten: war es nicht einfach Sinnentrug, so war es das Vorzeichen des längst prophezeiten Untergangs der Welt. Die Angst, von der die europäische Menschheit erfaßt wurde, konnte nur aufgehoben werden durch eine ebenso intensive Begierde. Das Wort, das sie auslöste und bis zur Raserei hinauftrieb, hieß: Gold.

Freilich war der Glaube an den angenommenen Bestand der Welt schon gelockert gewesen. Die Entdeckung war in der Gemütsverfassung des alten Kontinents durch Ahnung wie durch sagenhafte Überlieferung vorbereitet. Die Reisen kühner Missionare und waghalsiger Kaufleute, die Unternehmungen italienischer und portugiesischer Seefahrer hatten sie in traumgleiche Nähe gerückt. Zudem hatte der weitschauende Geist einzelner Forscher denen die Bahn geebnet, die es drängte, Annahme und Erratenes zur Tat zu machen.

Es scheint immer mehr, daß die ägyptische Sage von der Atlantis, die schon Plato erzählt, keine bloße Fabel war, sondern auf der dunklen Erinnerung an eine gewaltige Erdkatastrophe beruhte. Zweifellos gibt es ein Generationengedächtnis, das den Eindruck großer Ereignisse durch die Jahrtausende trägt und in welchem jene Kraft wurzelt, die die mit ihr begabten Männer befähigt, den Kerker wenn nicht zu öffnen, so doch Schritt für Schritt zu erweitern, worin das menschliche Geschlecht gefangen liegt.

So rüsteten sich die phönizischen Schiffer zur Fahrt nach der Ultima Thule, die, ob man sie fand oder nicht, letztlich nur ein Symbol der schwebenden Sehnsucht war; so segelten, vom Urinstinkt des Wanderns getrieben, skandinavische Normannen in frühhistorischer Zeit nach den Küsten Neufundlands; so suchten die Araber, die mutigsten Seefahrer des Mittelalters, den Ozean bis zu den Azoren und Kanarischen Inseln nach neuen Ländern ab.

Doch es war das Chaos, das die weiten Gewässer begrenzte, keine Vermutung konnte da vordringen, eine Art Geisterfurcht lähmte schon die Absicht. Xerif al Edrizi, ein maurischer Schriftsteller, sagt sehr ausdrucksvoll: »Dieses Meer umgibt die letzten Ränder der bewohnten Erde, und alles dahinter ist unbekannt. Niemand war noch imstande, etwas darüber ins Klare zu setzen wegen der schweren und gefahrvollen Schiffahrt, des großen Dunkels, der häufigen Stürme und der gefährlichen Raubfische. Die Wellen, wiewohl sie sich hoch wie Berge türmen, tragen sich, ohne zu bersten, denn bersteten sie, so wäre es den Schiffern gar nicht möglich, sie zu durchfurchen.«

Aber das Unbekannte lockte ohne Unterlaß und verschlang die Verlockten, Tausende in jedem Jahrhundert. Von wenigen sind die Namen erhalten. Um 1290 verließen die Brüder Vivaldi auf zwei Galeeren den Hafen von Genua, um das unerforschte Afrika zu umschiffen. Sie kamen nicht mehr heim. Alle romanischen Völker nannten die Italiener ihre Lehrer im Seewesen; der Genuese Porsagno war portugiesischer Admiral, der Venezianer Cadomosto erforschte Senegambien. In vergessenen Chroniken geschieht bisweilen solcher unerhörten Fahrt Erwähnung, die das bewundernde Grauen der Zeitgenossen erregte; die mittelbaren Wirkungen zeigten sich, wie vorher bei den Kreuzzügen, in Dichtung und Märchen, die sich in Motiven und ganzen Motivenkreisen vielfach um die abenteuerlichen Reisen bewegten.

Religiöser Eifer war ein Antrieb, kaufmännischer Handelsgeist ein anderer. Da der Ozean unwegsam blieb und die Nautik noch ohne wissenschaftliche Befehle war, kannte man doch vor dem Jahr 1200 den Kompaß noch nicht, erzwangen sich furchtlose Pioniere den Weg über Syrien und Indien bis zum äußersten Osten Asiens. Um

1250 zogen der Dominikaner Aszelin und der Franziskaner Piano Carpini als Glaubensboten in den Orient. Bis zum Sturz der mongolischen Dynastie im fünfzehnten Jahrhundert bestand eine regelmäßige Verbindung genuesischer und venezianischer Firmen mit China. Einige betrieben sogar auf den Molukken ihre Geschäfte, und da ging es natürlich um praktischere Dinge als um die Verbreitung christlicher Lehre; sie erhandelten Pfeffer, Ingwer, Zimt, Kardamom und Indigo, begehrte und hochbewertete Ware, die schon das Wagnis des Erwerbs teuer machte.

Ja, es ging um Gewinn, aber nicht allein um Gewinn. Es war da auch ein Stück Romantik im Spiel. Die Zeit brachte den Typus des romantischen Händlers und Kaufmanns hervor, dessen charakteristischeste Verkörperung Marco Polo ist. Die phantasievolle Beschreibung seiner Reise und des jahrzehntelangen Aufenthalts in den Reichen des Groß-Chans gehört zum unveräußerlichen Gut der europäischen Literatur. Das Buch hat, in seiner Weise, eine ebenso tiefe Wirkung geübt wie die Schriften des Aristoteles oder wie Ariosts rasender Roland, es ist in die untersten Schichten des Volks gedrungen, wandernde Erzähler verbreiteten seinen Inhalt bis in das Herz des Kontinents, bis ans nördliche Meer, und Jahrhunderte hindurch hat es wie eine beglückende Fiktion in allen an die Scholle Geketteten wirklichkeitslose, wirklichkeitserlöste Bilder von fremden Ländern und Menschen erzeugt. Die Geschichte kennt nicht viele geistige Ereignisse dieser Art, Defoes Robinson Crusoe war eines.

Bei der Rückkehr der Poli von ihrer zweiten Reise wollte sie niemand in Venedig erkennen. Sie waren ziemlich entstellt, trugen schmutzige und abgerissene Kleider, und die Verwandten weigerten sich, ihnen ihre eigenen Häuser aufzuschließen. Erst nach Wochen gelang es ihnen, die Freunde zu überzeugen, daß sie die waren, für die sie sich ausgaben. Um jeden noch übriggebliebenen Verdacht zu zerstreuen und zugleich eine feine Rache zu nehmen, veranstalteten sie ein Fest, zu dem sie die vornehmsten Familien der Stadt einluden. Das Haus war prächtig geschmückt, silberne und goldene Gefäße zierten die Tafel, reichgekleidete Diener servierten köstliche Speisen und die edelsten Weine. Die Wirte erschienen zuerst in langen Schleppkleidern aus karmoisin Atlas, dann entfernten sie sich und kamen zum Erstaunen der Gäste in noch schöneren Gewändern aus karmoisin Damast wieder, dies wiederholten sie abermals und zeigten sich in karmoisin Samt. Jedesmal wurden die abgelegten Gewänder zerschnitten und der Stoff unter die Dienerschaft verteilt. Am Schluß des Abends schickten sie alle Diener hinaus, und Marco holte aus dem Nebenzimmer seine schäbigen Reisekleider von grobem Wollenzeug herbei. Als die Damen darüber die Nase rümpften, reichte Marco einer von ihnen, der herzhaftesten, eine Schere und forderte sie auf, den weiten Ärmel, den unsauberen Kragen, den geflickten Gürtel aufzuschneiden. Als die andern sahen, daß aus den geöffneten Stellen Perlen und Edelsteine herausrollten, ließen sie sich nicht mehr bitten; keine Naht blieb unaufgetrennt, denn alles was herausfiel durften sie behalten. Von da an genossen die Polos hohe Achtung, und Marco, der mit so unvergleichlicher Beredsamkeit von den Palästen und Schätzen des Groß-Chans zu erzählen wußte, wobei er mit dem Wort Million äußerst freigebig war, wurde überall der Messer Millioni genannt; sein in der Straße San Chrysostomo gelegenes Haus hieß die Casa Millioni.

»Zipangu«, berichtet er, »ist eine große Insel des Morgenlands und liegt von den Küsten von Mangi in hoher See fünfzehnhundert Miglien entfernt. Die Einwohner sind weiß, sehr schön, von angenehmem Wesen. Sie beten Götzen an und werden von ihrem eigenen König regiert. Gold haben sie in allergrößtem Überfluß, man findet es, wo man will. Der Palast des Herrschers ist ganz mit Goldplatten belegt, wie wir unsere Häuser und Kirchen mit Blei dekken. Auch die Säle und Zimmer sind mit Gold getäfelt, die Fenster mit Gold verziert. Es gibt Perlen in Menge, Edelsteine so viel, daß man sich nur danach zu bücken hat, und der Stadt Quinsay, die ihren Namen, Stadt des Himmels, von ihrer Herrlichkeit hat, kommt keine in der Welt gleich. Man findet dort Vergnügungen von einer Art, daß man im Paradies zu sein wähnt. Die Frauenzimmer in allen Straßen sind so verführerisch, daß ich gar nicht davon sprechen will, und sie haben solche Erfahrungen in den Liebkosungen, daß, wer einmal davon genossen hat, sie nie mehr vergessen kann.«

Den tiefsten Eindruck jedoch machte Cambalu auf ihn (es scheint das heutige Peking zu sein), die Residenz des Groß-Chans in der Provinz Cathajo. Die Wunder der Gärten und der zwölfhundert Marmorbrücken, die Pracht des Hofstaats, der unermeßliche Reichtum des Fürsten, die Feste, die Aufzüge, die Schönheit der Landschaft verleiten ihn zu trunkener Überschwenglichkeit. Es ist die pure Aufschneiderei, natürlich. Aber man darf annehmen, daß er alles glaubte, was er erzählte, schon deswegen, weil er keine Konfrontation mit den Tatsachen und der Wirklichkeit zu fürchten hatte. Da er das Vertrauen seiner Zuhörer und Leser besaß, log er längst nicht mehr, wenn er Niegesehenes darstellte, sondern hielt in heiterer Selbstberauschung an Erdichtetem fest. Und seine Welt zweifelte nicht im geringsten an ihm. Seine Reisebeschreibung galt als geographisches und ethnographisches Werk für unanfechtbar, die Namen der Reiche und Städte, die er besucht oder von denen er gehört, wurden nach seinen Angaben in die Landkarten aufgenommen, und erst durch seine Mitteilungen gewannen sie im Bewußtsein Europas ihre Existenz. Zweihundert Jahre später waren sie es dann, auf die Columbus immer wieder verwies, in ihnen wurzelte der sonderbare donquichotische Irrtum seines Lebens, sie waren ihm offenbarende Kundgebungen und zugleich die wissenschaftlichen Quellen, auf die er sich stützte.

Nicht sie allein allerdings. Einer von seinen Kronzeugen war der sogenannte Sir John Mandeville, eine mysteriöse Persönlichkeit, von der man nicht weiß, ob ein Phantast, ein Schelm oder ein Gelehrter dahintersteckte. Doch nahm man ihn nicht minder ernst als Marco Polo, wenn er von dem Reich Abthas fabelte und einer Provinz Buonavison, die niemand zu betreten wagt, weil sie ganz mit Nebel bedeckt ist, aus dem nur manchmal Pferdewiehern und Hähnekrähen klingt; von einem ungeheuren Sandmeer, worin Fische leben; vom Tal der Gefahren am Strome Frison, das voll von Dämonen und bösen Geistern ist; von der Insel Fracan, deren Bewohner sich vom Duft wilder Äpfel ernähren. Polos Schilderungen sind armselig gegen seine, zumal der Groß-Chan wird zu einer orientalischen Märchenfigur; dreimalhunderttausend Sklaven stehen im Dienst des Palastes, zehntausend Elefanten und zehntausend Adler hausen in goldenen Räumen, überhaupt wird mit Gold und Edelsteinen in diesen Schilderungen so verschwenderisch, so schwelgerisch umgegangen, daß man es dem Verfasser noch ehrenvoll anrechnet, wenn von gewöhnlichen Dingen die Rede ist.

Hier wirft sich die Frage auf, inwieweit die Menschen verschiedener Epochen fähig sind, Wirklichkeit zu erfassen. Dieses Vermögen ist im fünfzehnten Jahrhundert ein vollständig anderes als im zwanzigsten. Es gibt eine Faktentreue, die den kindlicheren Zeiten abgeht, der Begriff der Wahrheit ist so unscharf wie die Verpflichtung zur Wahrheit unverbindlich. Zwischen dem Gegenstand und dem Bild von ihm ist noch zu viel leerer Raum, den die Phantasie mit vorgelebten Anschauungen, mit Angst-, Wunsch- und Traumvorstellungen füllt und der sich erst bei zunehmendem Wissen und geordneter Erfahrung verengert. Das Auge Keplers ist nicht mehr das des Ptolemäus, das des modernen Bakteriologen ein ganz anders beschaffenes Organ als das des mittelalterlichen Alchimisten. Solange die Menschheit von der Natur und vom Leben Wunder verlangt, weil Gott nur im Wunder geglaubt wird, fühlen sich diejenigen, die tiefer in unerforschtes Wesen dringen, beinahe gezwungen, Wunder zu berichten, um sich zu legitimieren. Und berichten sie sie, so werden sie ihnen auch schon zugeschrieben, der Schwindler wird zum Hexenmeister, ohne daß ers recht merkt.

Zweites Kapitel
Frühe Wege

Einige Bewunderer des Columbus versichern, er habe seine Studien auf der Universität Padua gemacht, sie haben sogar mit vielem Fleiß die Namen der Professoren herausgefunden, deren Collegia er besucht haben soll. Es gibt keinen Beweis dafür. Wahrscheinlich wurde ihm nur der primitivste Unterricht zuteil, und obgleich er sich mündlich und schriftlich oftmals auf die klassischen Autoren beruft, kann man annehmen, daß er sie nicht in der Ursprache gelesen, vielleicht überhaupt nicht gelesen, sondern nur von ihnen gehört und das ihm wichtig Dünkende sich eingeprägt hat. Sicherlich war sein Geist von Anfang an auf den einen einzigen Zweck gerichtet und hat alles hierzu Dienliche mit manischer Gier aufgesogen.

Das Jahr seiner Geburt ist unbestimmt. Er selbst nennt es nicht, die Angaben anderer schwanken zwischen 1436 und 46. Schon im Alter von vierzehn Jahren soll er zur See gegangen sein, doch über den Erlebnissen seiner Jugend liegt unaufhellbares Dunkel. Er schweigt so beharrlich darüber, daß man auf den Gedanken kommen muß, er habe triftigen Grund, zu schweigen. Er muß sich viel herumgetrieben, viel Mißgeschick erlitten, hart ums Brot gerungen haben, denn es wird berichtet, daß er in verhältnismäßig jungen Jahren schon grauhaarig gewesen sei.

Einmal erzählt er eine sonst nirgends verbürgte Geschichte aus dem Dämmer seines Aufstiegs, wonach er im Dienste des Königs René von Neapel eine Fahrt nach Tunis unternommen habe, um eine feindliche Galeere abzufangen. Da die Besatzung mutlos geworden sei und die Rückkehr gefordert habe, sei er zum Schein darauf eingegangen, habe jedoch heimlich die Richtung des

Kompasses verändert und so die Mannschaft getäuscht. Bei Sonnenaufgang habe sich das Schiff am Kap von Cartagena befunden, während alle glaubten, es segle nach Marseille.

Davon abgesehen, daß ein historischer Anhalt für diese Begebenheit fehlt, verrät sie durch die Analogie mit einem ähnlichen Betrug während der ersten Fahrt nach Westindien, daß ihr die charakteristischen Züge erst durch eine spätere Erfahrung verliehen worden sind. Wann immer er sich über seine eigene Vergangenheit äußert, geschieht es in der Absicht, Heldenmythos zu erzeugen. Er wußte nie, wer er war, er wußte nur, wer er sein wollte.

Ebenso unerwiesen ist die Seereise nach Island und ins Polargebiet, die er unternommen zu haben behauptet, und zwar im Monat Februar des betreffenden Jahres. Seine Berichte darüber sind sehr wenig glaubwürdig, die geographischen und klimatischen Angaben falsch, auch wo sie nicht schlechthin absurd sind wie die, daß die Flut in jenen Breiten täglich sechsundzwanzig Klafter hoch steige. Nicht als ob er löge, er lügt nicht, er sieht es so oder er will es so gesehen haben, jedes Gewesene und ihm Geschehene wird ihm Roman, kein Ereignis bleibt in seinen natürlichen Maßen und Grenzen, alles drängt zum Ungeheuern hin, alles ist Katastrophe und Äußerstes. Man spürt einen Menschen, der im Gefühl einer Sendung geradezu verbrennt, aber er weiß noch nicht die Richtung und sieht noch keinen Weg.

Darum hat er auch keinen bestimmten Plan, noch ist er bestrebt oder imstande, sich wissenschaftliches Material zu beschaffen. Wie aus den zeitgenössischen Zeugnissen hervorgeht, ist er ein Dilettant in den nautischen Künsten, seine Unwissenheit in der Erdkunde erregt den Spott der Fachleute. Es wäre nicht ohne Reiz, zu untersuchen, wann und bei welchem Anlaß der Gedanke zum erstenmal in ihm auftauchte, die Ostküste Asiens auf geradem Weg vom Westen her zu erreichen (denn nur dieses und nichts anderes wollte er), aber darüber findet sich nicht einmal eine Andeutung, und seinem mystischen Hang gemäß mußte ihm alles daran liegen, solche Spuren zu verwischen.

Kurz vor seinem Tode schrieb er an die spanischen Hoheiten: »Zur Ausführung meiner Fahrt nach Indien haben mir weder Vernunft, noch Mathematik, noch Weltkarten geholfen, es ist ganz einfach in Erfüllung gegangen, was der Prophet Jesaias vorhergesagt hatte. Vor dem Ende der Welt müssen alle Prophezeiungen in Erfüllung gehen, das Evangelium muß auf der ganzen Erde gepredigt werden, und die heilige Stadt muß der Kirche Christi zurückgegeben sein. Gott hat durch meine Entdeckung ein großes Wunder bewirken wollen.«

Kennen wir diese Töne nicht? Klingt es nicht ähnlich, wenn Don Quichote von seiner Bestimmung spricht, Vorbild der Ritterschaft und Heilsbringer der Menschheit zu sein? Es ist nicht ohne Großartigkeit, wie er die Vorbereitungen aufzählt, die er, als Auserkorener, dennoch habe treffen müssen und welche Schwierigkeiten er dabei zu überwinden gehabt: »Von meiner frühesten Jugend an war ich ein Seefahrer und habe dies fortgesetzt bis auf heut. Der Seefahrer will die Geheimnisse der Welt ergründen. Wo man auf Erden zu Schiff war, bin ich zu Schiff gewesen. Verhandlung und Gespräch habe ich gepflogen mit gelehrten Leuten, mit Geistlichen und Weltlichen, Lateinern und Griechen, Juden und Mauren und mit vielen andern von anderm Glauben. Meinem Wunsche war der Herr geneigt, er verlieh mir Geist und Einsicht. In der Wissenschaft vom Segeln gab er mir zum Überfluß, in der Astrologie so viel als nötig war, und so auch in der Geometrie und Astronomie. Ferner gab er mir Lust und Geschicklichkeit, um Karten zu zeichnen und darauf Städte, Gebirge, Flüsse, Inseln, Häfen, jedes an seiner Stelle. Ich habe gesehen und in Wahrheit auch studiert alle Bücher, Weltbeschreibung, Historie, Chroniken und Philosophie, dann noch andre Künste, für die mir unser Herr mit sichtbarer Hand den Sinn aufschloß und mich aufs Meer schickte und mir das Feuer gab zur Tat. Die von meinem Unternehmen hörten, nannten es ungereimt und verhöhnten mich und lachten. Wer aber möchte zweifeln, daß es nicht Erleuchtung vom heiligen Geist gewesen ist?« (Er meint: da es ihm schließlich gelang, konnte man unmöglich daran noch zweifeln, vorher hielten ihn die Menschen für wahnsinnig.)

Hier steckt ein beachtenswertes Stück Autobiographie. Welch eine Stimme, was für eine Starrheit des Geistes, wieviel Bitterkeit im Zurückschauen, und das Aufatmen im Erfolg, das glühende Gefühl der eigenen Leistung! Als ob einer ganz eingehüllt wäre vom Bewußtsein der Übermenschlichkeit. Er macht sich klein, weil er sich so gewaltig groß erscheint; wenn er sich als das Werkzeug der Gottheit betrachten darf, steht er Gott näher als jede andere Kreatur. Er hat jene Demut mit den harten Fäusten, die auf dem Weg zur Selbstentäußerung alles zerbricht, was ihr verwehrt, sich in ein höheres Selbst zu verwandeln.

Er kennt die Kosmographie des Papstes Pius; die astronomischen Ephemeriden des Regiomontan; die Schriften des Abtes Walfried von Reichenau; die imago mundi des Kardinals d'Ailly; nicht erst im Umgang mit dem Prior von La Rabida und in der Vorbereitung zur Prüfung vor der spanischen Junta hat er sie kennengelernt, sondern sicherlich schon viel früher, auf ausgedehnten Fahrten, in allen Mittelmeerhäfen, im Gespräch mit Kartographen, gelehrten Mönchen, Schiffskapitänen, Händlern, Sterndeutern und Manuskriptverkäufern. Aus einer dem Aristoteles zugeschriebenen, in Wirklichkeit von Posidonios verfaßten Abhandlung hat er erfahren, daß man schon im Altertum der Ansicht war, man könne von der Westküste Afrikas aus in wenigen Tagen nach Indien gelangen; in dem mystischen Buch, das er am Ende seines Lebens schrieb, zitiert er feierlich eine Stelle aus der ›Medea‹ des Seneca, deren Sinn ist: in späten Jahren wird eine Zeit kommen, wo

Ozeanus die Bande der Dinge zerreißen, der ungeheure Erdkreis erschlossen sein, die Meergöttin neue Welten enthüllen wird. Das bedeutet ihm mehr als poetische Vision, es ist eine Prophetenstimme, die seine Annahme zur Gewißheit erhebt. Aber er wägt keine Stimme, prüft keine Zeugenaussage auf ihre Vertrauenswürdigkeit, was ihm zu dienen, seinen Drang zu bestätigen scheint, nimmt er wahllos an und auf und verkündet es wieder, als wäre es von ihm selbst erforscht und gesagt; alle haben vor seinen Augen denselben Anspruch auf Autorität, der von seinen Einbildungen berauschte Schwärmer und der auf die Leichtgläubigkeit unwissender Zuhörer spekulierende Betrüger; wenn sie seine flammenden Halluzinationen nähren, verweist er auf die skrupellosen Phantasten und Märchenerzähler mit derselben gläubigen Gebärde wie auf einen Martin Behaim oder Pablo Toscanelli.

Herrschte in einem solchen Kopf nicht das Chaos, jene düster lohende Verwirrung, die keine Rangordnung der Gedanken und Werte mehr zuläßt, der Schrecken vor der Tat wäre zu groß, als daß die Tat vollbracht werden könnte. Erkenntnis macht feig, der Wille kann nur in einem gewissen Zwielicht unaufhaltsam vorwärts treiben.

Das Interesse der seefahrenden Nationen war um die Mitte des fünfzehnten Jahrhunderts ausschließlich auf die Umschiffung Afrikas gerichtet. Dieser Kontinent war der mächtige Damm, der ihrem Entdeckertrieb Halt gebot. Weit in den Ozean hinaus wagte sich kein Fahrzeug. Von 1431 bis 53 setzten sich die Portugiesen unter Führung des wunderbaren Infanten Don Enrico an der Gold- und Pfefferküste fest und machten die Inseln Santa Maria, San Miguel, Terçeira, San Jorge, Fayal und Graciosa zu ihren Kolonien. Unbestritten war noch immer Wort und Meinung des Ptolemäus: nach seiner Annahme dehnte sich das Festland von Afrika bis zum Südpol aus, ohne eine Durchfahrt zu gestatten. Doch gab es Überlieferungen, denen zufolge Eudoxus von Cyzicus schon in frühester Zeit vom Roten

Meer nach Gibraltar und der Karthager Hanno mit einer Flotte von sechzig Schiffen von Gibraltar nach Arabien gefahren sei. Don Enrico beschloß, der Ungewißheit ein Ende zu machen. Er errichtete zu Sagres ein Kollegium des Seewesens und eine Sternwarte, ließ alle Karten revidieren und führte auf allen Schiffen den Kompaß in verbesserter Form ein, so daß sich die Schiffer auch in dunkelster Gewitternacht, in Sturm und Nebel zurechtfinden konnten. Da wagten sich denn die Kapitäne in die bisher für unzugänglich gehaltene heiße Zone, wo das Meer in siedenden Wellen aufkochen sollte, und siehe, sie kehrten unversehrt und unverbrannt aus den äquatorialen Regionen zurück.

Die Kunde ihrer Fahrten verbreitete sich über die Mittelmeerländer, die ahnungsvolle Menschheit lauschte und wartete. Gerüchte wurden eifrig umhergetragen, alte Fabeln mischten sich mit neuen, und jener Christoph Columbus, der mit dem Gefühl der Bestimmung in der Brust, von Ehrgeiz verzehrt, in irgendeiner Hafenstadt als Kartenzeichner oder auf einer Galeazze als Steuermann unbeachtet lebte, nahm das vielfache Hörensagen gierig in sich auf.

Da erzählt ein Schiffer, er habe auf hoher See ein Stück Holz aus dem Wasser gefischt, das mit kunstvollen Schnitzereien, wie man sie nie gesehen, geziert war. Ein anderer hat Bambusrohre im Meer gefunden, die von einem Knoten zum nächsten acht Karaffen Wein fassen. Die Bewohner der Azoren berichten, daß der Sturm an der Insel Fayal gewaltige Fichtenstämme von fremder Art an den Strand geworfen habe, und eines Tages werden bei der Insel Graciosa zwei männliche Leichname angeschwemmt, deren Gesichts- und Körperbildung durchaus keine Ähnlichkeit mit Christen (will heißen Europäern) aufweist. Ein Seemann aus Madeira hat auf hohem Meer gebirgiges Land weit im Westen erblickt, Leute von der Insel Gomara, die es ebenfalls gesehen haben, bestätigen ihre Wahrnehmung mit einem Eidschwur.

Da er Kartograph war, kannte Columbus die Namen der sagenhaften Inseln, die zu seiner Zeit, ohne daß ihr Vorhandensein wissenschaftlich wäre festgestellt worden, auf allen Weltkarten, auch noch auf Martin Behaims Erdapfel eingezeichnet waren: die Inseln der Seligen, die Insel Brandan, die Insel Antilia, die Insel Brazil, die Insel der Satanshand, die Insel der sieben Städte. Niemand hat eine von ihnen betreten, sie erhalten ihre Stofflichkeit von Legende und Schiffermärchen. Der schottische Abt Brandan zieht mit seinem Schüler Sankt Malo ins Meer hinaus, um die paradiesischen Inseln zu suchen und die Heiden dort zu bekehren. Nach langen Irrfahrten landet er auf der einsamen Insel Ima, deren Bewohner das geheimnisvolle Grab eines Riesen anbeten. Sankt Malo weckt den Riesen aus hundertjährigen Todesschlaf, und der Unhold ist geneigt, von dem heiligen Mann Unterweisung in der christlichen Lehre zu empfangen. Er wird getauft und erhält den Namen Mildum. Er erzählt von einer andern Insel, deren Ufer von hohen Mauern aus purem Gold umgeben sind, und um die frommen Männer hinzuführen, wirft er sich ins Meer und zieht das Schiff an einem Tau durch die stürmischen Fluten. Die Insel steigt vor ihnen aus der Tiefe, doch kaum haben sie an der Küste ihr Gebet verrichtet, so wankt das Eiland in seinen Festen, sie müssen fliehen und können von der See aus noch gewahren, wie es in einer Art versinkt, als werde es von einem ungeheuern Fisch hinabgerissen. Der Riese, auf seine heimatliche Insel zurückgebracht, ist so müde von all dem Fasten und Beten, daß er die Missionare inständig bittet, sich wieder ins Grab legen zu dürfen. Hier spuken Erinnerungen an Vorwelt und prähistorisches Ungetier in der verängsteten Phantasie des mittelalterlichen Menschen, für den der Einsamkeitsgedanke nichts Erhabenes, sondern Grauen und Schrecken enthält, die nur durch die zauberische Verwandlung einer Realität ins Grandiose oder Komisch-Abstruse gemildert werden können. Manchmal spinnen sich von geschichtlichen Ereignissen her erkennbare Fäden zu dem transozeanischen Traumbild wie in der Legende von den Inseln der sieben Städte. Nach der Eroberung Spaniens durch die Mauren fuhren sieben Bischöfe mit zahlreichen Mitgliedern ihrer Gemeinden, um den Schwertern der Sarazenen zu entfliehen, auf sieben Schiffen über den Ozean nach Westen und kamen nach schweren Stürmen zu einer Insel, wo sie die Schiffe verbrannten, um die Reisegenossen zum Bleiben zu zwingen, und mitten in der Öde des Weltmeers sieben wunderbare Städte gründeten, die freilich von keinem sterblichen Auge aus dem alten Land je erblickt wurden. Was aber ihre Existenz durchaus nicht anzweifelbar machte, denn wie kein Forscher jener Tage es gewagt hätte, die Wirklichkeit dieser Märchengebilde zu leugnen, waren sie auch der Inhalt der Sehnsucht und der Gegenstand der verwegenen Pläne aller Nomaden und Konquistadoren der See.

Drittes Kapitel
Verzweifelte Bemühungen

Erst nach seiner Ankunft in Portugal tritt das Leben des Columbus aus dem Bezirk der Mutmaßung und Heroendichtung allmählich in den einer annähernden historischen Gewißheit. Wo er vorher gewesen ist und was er gewesen ist, läßt sich nicht mehr feststellen. Die Panegyriker des merkwürdigen Mannes haben für ihren Teil ebensogut dafür gesorgt wie seine Feinde, daß die Spuren nicht aufzufinden sind, und er selbst hat von einem bestimmten Zeitpunkt ab nach seinem eigenen Beschluß kein Vorleben gehabt, so wie Don Quichote kein Vorleben gehabt hat.

Die Art, wie er nach Portugal gekommen sein soll, ist noch ganz Roman. Seegefecht mit Piraten, Feuersbrunst auf der angegriffenen Galeazze, Untergang des Schiffes und Schwimmen an die nahe Küste, wo ihn genuesische Landsleute aufnehmen, alles dies, obschon von seinem Sohn Hernando berichtet und von seinem hingebenden Bewunderer, dem Bischof Las Casas, bekräftigt und bestätigt, ist Sage, dem heldischen Nimbus zuliebe erfunden, und hat vor der Forschung in keiner Einzelheit standgehalten. Es läßt sich denken, daß es viel natürlicher, viel armseliger dabei zugegangen ist.

Nicht minder stilisiert und auf poetischen Effekt hin bearbeitet scheint alles, was mit seiner Ehe zusammenhängt. Ein harmloser deutscher Kompilator, der um die Mitte des neunzehnten Jahrhunderts das Leben des Columbus ausführlich beschrieben hat, läßt sich folgendermaßen vernehmen (und nicht wesentlich anders kann man es bei Washington Irving und bei den vielen lesen, die ihm vorangegangen und gefolgt sind): »Für einen Mann wie Columbus war Lissabon die hohe Schule, um sich auf seine fernere Laufbahn vorzubereiten. Hier fehlte es ihm nicht an Gelegenheit, sich als praktischer Schiffskapitän zu versuchen und Schiffe nach der Levante, nach der Küste von Guinea, nach den Azoren und nach der Nordsee zu führen oder zu begleiten, zugleich aber fand er, wenn ihm ruhiger Aufenthalt im Hafen vergönnt war, die beste Schule, sich in seinem Beruf auszubilden, mit den neuesten Entdeckungen bekanntzumachen und im Kartenzeichnen zu vervollkommnen. Zu diesen stillen Beschäftigungen würde indessen der rastlose Freund des offenen Meeres schwerlich Muße gefunden haben, hätte er nicht zu seinem Piloten Amor gewählt, der ihn einst, denn wohin wagte der kleine heidnische Dämon sich nicht, bei stürmischem Wetter in die Allerheiligenkapelle bugsierte, wo sein Herz, und zwar mit vollen Segeln, vor Anker ging. Hier sah er Donna Filippa Muñiz di Perestrello, eine edle Portugiesin von ausnehmender Schönheit; er suchte nähere Bekanntschaft, warb um ihre Hand und vermählte sich mit ihr. Sie war die Tochter des verstorbenen Don Pietro di Perestrello, Gouverneurs der Insel Porto Santo, was Columbus dann veranlaßte, mit seiner Gattin für einige Zeit diese Insel zum Wohnsitz zu wählen und den literarischen Nachlaß seines Schwiegervaters zu studieren, der in allerlei nautischen Aufzeichnungen bestand, und wo auch sein Sohn Diego geboren wurde...«

Ein Idyll im Biedermeierstil. Gott Amor, nein, das ist zu rührend und zu neckisch. So kann es nicht gewesen sein, so ist es nicht gewesen.

Der Mann muß tiefer in Wirrnisse geraten sein. Ich stelle mir vor, daß er in der Hölle gelebt hat. Er ist bereits über vierzig, und was hat er erreicht? Seit Dezennien erfüllt ihn das eine Verlangen, sich hervorzutun, die Niederungen zu verlassen, an die ihn ein boshaftes Geschick kettet, der inneren Berufung zu folgen, die von der Welt mißkannt zu sehen ihm mit dem Verlauf der Jahre zu unerträglicher Folter wird. Er ist nahe daran, die Hoffnung aufzugeben. Er hört von Erfolgen weit jüngerer Seefahrer, Schiffe kehren mit aufregenden Nachrichten heim, von Monat zu

Monat hellt sich der dunkle Horizont über dem Atlantik mehr auf, und er, zur Untätigkeit verdammt, im Schatten stehend, ohnmächtig und arm.

Ich sehe ihn, wie er nachts am Hafen liegt und mit brennenden Augen die Mastbäume und die Sterne betrachtet. Ich weiß, daß er ruhelos durch die Städte gewandert ist, daß er heimlich in den Matrosenschenken gelauert hat, um zurückkehrende Leute auszuhorchen und frisch angeheuerten gewisse Aufträge zu erteilen. Die Aussichtslosigkeit seiner Situation muß ihn an den Rand des Verbrechens getrieben haben. In späteren Jahren hat er eine inbrünstige, fast bigotte Frömmigkeit an den Tag gelegt, manche meinen: zur Schau getragen. Ich glaube nicht, daß sie eine Maske gewesen ist oder bloße Anpassung an spanische Lebensform, ich bin überzeugt, daß sie die gesetzhafte Umkehrung des gegensätzlichen Zustandes, der Leugnung, des Haders, der Feindschaft gegen Gott und aus diesem Grund die wahrhaftige Stimmung seiner Seele war.

Diese Donna Filippa, scheint mir, war ein vermögensloses Edelfräulein, das von ihren Verwandten unterstützt wurde; was fängt man mit ihr an; man ist froh, als sich ein halbwegs respektabler Mann ihrer erbarmt, ist er gleich ohne Familie, zugereister Fremdling, man wird ihm Käufer für seine Karten verschaffen, ihm die Wege ebnen, ihn protegieren und einflußreichen Personen empfehlen. So öffnet sich ihm ein Lichtspalt im Kerker der Namen- und Tatlosigkeit.

Zieht man die Summe der Lebenserfahrungen und vergleicht danach die Existenzen, so erweist sich das allmähliche, schleichende, stufenweise Fortschreiten als viel häufiger denn das plötzliche, unerwartete und dramatische. Die meisten Dramen der Geschichte nehmen sich nur von ferne lapidar aus, in der Nähe bestehen sie aus minutiösen und schwer entzifferbaren Runen.

Im bedrängtesten Moment, dicht vor dem Abgrund, greift das Schicksal zum erstenmal günstig entscheidend ein, indem es Columbus die Verbindung mit dem berühmten, damals schon achtzigjährigen Florentiner Toscanelli ermöglicht.

Es muß ein innerlicher Zwang für ihn bestanden haben, den Namen dieses Mannes in allen späteren Briefen und Aufzeichnungen mit Schweigen zu übergehen. Da er sich als Werkzeug in der Hand eines Höheren fühlte, durfte der Verdacht nicht entstehen, als habe er sich irdischer Hilfe bedient; es hätte die mystische Überzeugung von seiner Sendung vor allem in ihm selbst erschüttert. Bei der hintergründigen Veranlagung seiner Natur muß man annehmen, daß er die Erinnerung an den Beistand eines den seinen überragenden Geistes, vielleicht sogar die Erweckung, die er durch ihn erfuhr, hartnäckig zu ersticken trachtete. Was die Welt davon hielt, kümmerte ihn nicht. Dank ist die Angelegenheit einer sehr persönlichen Moral; Dankesschuld nicht anerkennen braucht nicht immer auf einem Mangel an Noblesse oder Selbstachtung zu beruhen, da ist oft das nämliche Gesetz wirksam, das den Nachtwandler den Weg vergessen läßt, den er geschritten, und den Ort, von dem er ausgegangen.

Und noch eines. Columbus war sicherlich unfähig, die Kategorien des Denkens und Handelns in seinem Geist zu sondern und fürchtete, in dieser nicht für voll genommen zu werden, wenn er sich nicht auch jene anmaßte.

Toscanelli, Astronom und Geograph von Rang, hatte durch Beobachtung der Sonnenhöhe vermittels des Astrolabiums (der damaligen Form des Quadranten) die Sonnen- und Mondtafeln und die Angabe der Polhöhe verschiedener Orte verbessert und in Florenz ein sogenanntes Gnomon errichtet. Als Nicolo dei Conti um 1450 von seiner Reise nach Indien und Java zurückkehrte und sich vom Papst Eugen IV., der zu der Zeit in Florenz residierte, den Ablaß erbat, weil er dort im Orient, schiffbrüchig und mit dem Tod bedroht, zum Islam übergetreten war, erstattete er auch dem großen Gelehrten ausführlichen Bericht, auf

Grund dessen Toscanelli zu der Überzeugung gelangte, die Länge von Europa und Asien mache etwa zwei Drittel des Erdballs aus, d. h. zweihundertdreißig Breitengrade, daß also der Westweg über den Ozean nach Indien nur einhundertdreißig Grade betragen könne. Ein folgenschwerer Irrtum, der das ganze Leben und die ganze Ideenstruktur des Columbus beeinflußte. Ohne diesen Irrtum hätte er niemals den Mut zu seinem Unternehmen gefunden.

Aber Toscanelli konnte sich auf Marinus von Tyrus, den Vorgänger des Ptolemäus, berufen und entlehnte auch den Netzentwurf einer oblongen Plattkarte von ihm, eine bis dahin unbekannte Art der Darstellung, die später Martin Behaim für seinen Globus benutzte. Die Karte, die er zeichnete, machte gewaltiges Aufsehen, an solchen Neuerungen hingen so viele Interessen wie heute etwa an einer umwälzenden chemischen Entdeckung. Nichts natürlicher, als daß der Gelehrte sein Werk zuerst jenem Fürsten schickte, der im Mittelpunkt aller nautischen Bestrebungen stand, dessen Schiffe bis zu den gefürchteten unüberschrittenen Grenzen die Meere schon seit Jahrzehnten befuhren, dem König von Portugal. Er wandte sich, wie üblich, an den Beichtvater des Königs, setzte ihm in einem bemerkenswerten Brief die geographischen Verhältnisse, wie er sie auffaßte, klar auseinander und empfahl den Seeweg nach Indien mit den dringlichsten Argumenten. Er schrieb am 24. Juni 1474: »Ihr erseht aus meiner Karte, daß die Entfernung von Lissabon nach der Stadt Quinsay sechsundzwanzig Espacios, d. h. dreitausend neunhundertdreißig Meilen beträgt, die von der Insel Antilia bis nach Zipangu (d. i. Japan) fünfzehnhundert Meilen. Ich wünsche, daß die Karte Seiner Hoheit gefallen möge und bitte, Deroselben zu sagen, daß ich bereit und willens bin, in jeder Sache, zu der ich befohlen werde, zu Diensten zu sein.«

König Alfonso, sei es, daß es ihm an Geld mangelte, sei es, daß seine Interessen nach anderer Richtung gingen, zeigte keine Neigung für das Projekt, und so blieb der Brief des Florentiners jahrelang unbeachtet in den Archiven liegen. Columbus, der schwerlich vor dem Jahr 1477 nach Portugal gekommen ist, mag auf irgendeine Art davon erfahren haben. Man kannte seine Leidenschaft, wie hätte er sie seiner Umgebung verhehlen können, man wußte, daß er mit seinem glühenden Traum eingesperrt war wie mit einem Tiger im Käfig, an dessen Gittern er verzweifelt rüttelte, man wird ihm gesagt haben: Toscanelli hat dem König ein wichtiges Geheimnis mitgeteilt, sieh zu, daß du das Dokument zu lesen bekommst. Das wurde nun sein einziges Trachten. Wahrscheinlich hatte ihn seine Frau mit Personen aus den Hofkreisen in Verbindung gebracht, durch deren Einfluß er die monumentale Epistel des Italieners lesen durfte, vielleicht nur in der Abschrift. Und was er las, muß ihn mit Blitzgewalt getroffen haben. Es unterliegt kaum einem Zweifel, daß diese Stunde sein Schicksal gebar. Von da an vermochte er, was er wollte, zu formulieren.

Er schrieb nun seinerseits an Toscanelli, und zwar so, als wisse er nichts von dessen Brief an den König, kenne auch die Erdkarte nicht, die der Florentiner an den Beichtvater geschickt. Toscanelli antwortete mit großer Bereitwilligkeit, schickte eine neue Karte, gab genaue Auskunft und schloß mit den Worten: »Seid versichert, daß Ihr mächtige Königreiche finden werdet und daß es den Fürsten, die dort herrschen, Freude bereiten wird, wenn Ihr ihnen den Weg öffnet, mit der Christenheit in Verbindung zu treten und in unserer Religion und allen unsern Wissenschaften unterrichtet zu werden.«

Columbus, sehr empfänglich für jede Art der Weissagung, schloß diese tief in sein Herz und machte sie zu seinem Glaubensartikel. Durch die Ermunterung eines solchen Mannes fühlte er sich gleichsam zum Ritter geschlagen, und nun kam alles darauf an, das Ohr des Königs zu gewinnen. Es war König Joan, dem er sein Anliegen vortrug, Alfonso war 1481 gestorben. Was er hierfür an Material, an Nachweisen, an Argumentation gesammelt, in mühevoller Arbeit vermutlich, entzieht sich unserer Kenntnis, mit alleiniger Ausnahme des Umstandes, daß er es ängstlich vermied, sich auf Toscanelli zu beziehen. Alle seine Gewährsmänner führte er ins Feld, Dichter, Philosophen, Astrologen, die biblischen Propheten, hier wie später in Spanien, den Namen Toscanelli nannte er nicht, obschon es nahelag, dem gefeierten Manne seine Reverenz zu erweisen und sich selbst dadurch zu beglaubigen.

Sonderbar. Dabei steht fest, daß er bei der ersten Ausfahrt, zehn Jahre nachher, Toscanellis Karte an Bord hatte und nach ihr die Fahrtrichtung bestimmte. Wenn es nicht schlechtes Gewissen war, was ihn zu dieser Felonie bewog, war es vielleicht die Angst vor dem Zeitgenossen, die am Anfang begründeter Hoffnung seine dunkle und dämonisch befangene Seele erfüllte; denn wie Toscanelli ihn zur Tat befeuert, mochte es auch einem andern geschehen sein, der ihm zuvorkommen konnte. War er der erste nicht, so war er verloren und verworfen.

Die ganze Briefgeschichte hat unter den bedingungslosen Anhängern des Columbus von jeher eine Art Panik verursacht. Um ihn von dem Vorwurf der Unredlichkeit und Hinterhältigkeit zu reinigen, wurden die Daten verschoben, der Wortlaut verschleiert oder bewußt mißdeutet, der Sachverhalt vertuscht. Alles, um glauben zu machen, er habe sich aus eigenem Antrieb an Toscanelli gewendet und nicht erst auf Schleich- und Umwegen Einblick in den jahrealten Brief an König Alfonso erhalten. Sein Brief an den Florentiner kann aus sehr stichhaltigen Gründen kaum vor dem Jahre 1479 abgefaßt sein; schon dies heißt seiner Geduld viel zumuten, denn da König Alfonso den Vorschlag Toscanellis abgelehnt hatte und ein zweiter Versuch zwecklos gewesen wäre, dauerte es ohnehin zwei Jahre, bis sich seine Aussichten durch den Tod Alfonsos verbesserten. In der Zwischenzeit wird er wohl sein Projekt den Regierungen von Frankreich und England und dem Rat von

Genua vorgelegt haben, um überall abgewiesen oder vertröstet zu werden.

Aber darum handelt es sich nicht. Um Ehrenrettung nicht, um Bemäntelung und Schönfärberei nicht. Hier soll kein Postament errichtet, sondern ein Mensch gezeigt werden, dessen eigentümliche, mit Finsterkeit vermengte Größe erst hinter der traditionellen Historie erkennbar wird. Alle die moralischen Anfechtbarkeiten gehören wie die geschichtlichen Unsicherheiten in das Kapitel ›Nebulosa de Colón‹, das ein moderner spanischer Schriftsteller mit einer Fülle von Stoff ausgestattet hat. Wären die Bemühungen der Kirche, diese Nebel zu zerstreuen, um einen neuen Heiligen zu inthronisieren, nur im entferntesten geglückt, so hätte die Figur damit ihren tragischen Glanz und ihre ergreifende Problematik eingebüßt.

Mit dem Tag, wo ihm König Joan Audienz gewährt, tritt Columbus in das volle Licht der Geschichte.

Er verheißt goldene Berge, im wahrsten Sinn. Er verspricht das Paradies, ebenfalls ohne Metapher, denn es zu finden, will er ausziehen. Er zeigt sich als ein Mann von erstaunlicher Beredsamkeit, und obschon ihm diese Gabe angeboren ist, kann man sich doch vorstellen, bis zu welchem Fieber, zu welch hinreißender Gewalt sie sich steigert, da er zum erstenmal Gelegenheit hat, an so hohem Ort von seiner Idee, von seiner Mission zu sprechen und alles vom Nein oder Ja des Fürsten abhängt.

Der König schwankt. Er läßt den Vorschlag von seinen Räten prüfen. Die Räte erklären Columbus für einen hirnlosen Schwätzer, der mit seinen Phantastereien von der Insel Zipangu keinen Glauben verdiene. Hätte der Monarch noch irgend Neigung gehabt, sich weiter in Verhandlungen einzulassen, so mußte er durch die geradezu unsinnigen Forderungen des Mannes abgeschreckt werden. (An eben diesen Forderungen hielt er auch später den spanischen Hoheiten gegenüber mit eisenstirniger Hartnäckigkeit fest, ohne zu begreifen, daß sie ihn in den Augen jedes vernünftig und billig Denkenden zum Verrückten stempelten.)

Eine zweifelhafte Überlieferung berichtet, daß König Joan heimlicherweise ein Schiff ausgerüstet, es mit den Plänen und Karten des Genuesen versehen und unter dem Vorwand, es solle Proviant nach den Kapverdischen Inseln bringen, auf eine Entdeckungsreise ausgeschickt habe. Der Schiffer sei jedoch unverrichteterdinge zurückgekehrt und habe beteuert, Orkane und stürmische See hätten der Fahrt unüberwindliche Hindernisse bereitet. Diese treulose Handlung habe Columbus veranlaßt, den portugiesischen Hof zu verlassen und nach Spanien zu fliehen.

So einfach war die Sache nicht. Die Flucht des schwer enttäuschten Mannes steht allerdings fest, die Motive sind aber dunkel. Es scheint, daß er mit den Gerichten in Konflikt kam. Einige Andeutungen (in einem späteren Brief des Königs) lassen darauf schließen, daß ihm Schuldhaft, wenn nicht Schlimmeres, drohte. Man darf nicht vergessen, daß er ein gedrückter kleiner Beamter war, vielleicht nicht einmal das, Herumlungerer, Petitionist, Antichambrist, Pläneschmied. Solchen Personen mißtraut man instinktiv, und sie sind beständig in Gefahr, geringe Verfehlungen wie große Verbrechen büßen zu müssen, wozu noch der Ruf der Lächerlichkeit kommt, in dem sie stehen.

Er nimmt sein Söhnchen Diego auf die Reise mit, die Frau und die kleineren Kinder bleiben in Portugal, vermutlich in Not und Elend. Besorgt, diese Herzlosigkeit könne ein allzu übles Licht auf ihren Heros werfen, behaupten moralisierende Biographen, Donna Filippa sei schon vorher gestorben, und er habe das älteste Kind zu einer Verwandten nach Huelva in Spanien bringen wollen. Ich vermag aber nicht zu glauben, daß ihn in diesem finstern Lebensmoment Rücksichten des Gefühls sollten verhindert haben, ein Land zu verlassen, wo er keine Hilfe mehr zu erwarten hatte. Der Kern seines Wesens ist Unrast. Er ist ewig auf der Flucht, bis zu seinem Tode. Unablässig wandert er durch die Länder, zieht er durch die

Meere, eine der friedlosesten Gestalten, von denen die Geschichte weiß.

Es ist ungemein fesselnd, von der weiten Entfernung aus, die der historisch abgeschlossene Verlauf erzeugt, zu beobachten, wie ein großer Mensch von seinem Stern wie durch eine nie aussetzende magnetische Kraft zu dem ihm bestimmten Ziel hingezogen wird; was er auch tut oder unterläßt, jeder Fehler, jedes Versäumnis, das verkehrt Scheinende sogar bringt ihn in Wirklichkeit um den jeweilig notwendigen Schritt der Erfüllung näher.

Der Bettler, der an der Pforte des Franziskanerklosters La Rabida erschöpft um Brot und Wasser flehte, sah sich am Ende seiner Hoffnungen. Er ist kein junger Mann mehr, Ende der Vierzig vermutlich, seine Haare sind völlig grau, seine Züge gefurcht, er hat so viel Erniedrigung und Bitternis kennengelernt, so viel vergebliche Arbeit getan, so viel Seelenglut verschwendet, so viel Hohn und Abweisung erfahren, daß es ihm genug dünkt, um sich hinzulegen und zu sterben.

Dieser tiefste Punkt der Lebenskurve ist der Beginn des Aufstiegs. Um ihn zu ermöglichen, hat die Vorsehung zwei ungewöhnliche Männer in das entlegene Kloster versetzt, den ehrwürdigen Prior Juan Perez, der einst im Schatzamt gedient hat, Beichtvater der Königin war und, des weltlichen Glanzes müd, in der Zurückgezogenheit der Zelle frommen Übungen und gelehrten Arbeiten obliegt, und den Mönch Antonio de Marchena, einen stillen Träumer, der sich ebenfalls mit kosmographischen und liebevoller noch mit astrologischen Studien beschäftigt.

Das geistig leidende Gesicht, die hohe hagere Gestalt, das pathetische Wesen, der fremdartige Dialekt des Hilfeheischenden fallen auf. Man fragt ihn, wer er sei. Er antwortet: »Ich nenne mich Cristobal Colón, bin ein Seefahrer aus Genua und muß betteln, weil die Könige die Reiche, die ich ihnen anbiete, nicht annehmen wollen.«

Wundervoll donquichotisch gesprochen, unvergleichlich erfundene Worte, falls sie erfunden sind. Die Nachwelt dichtet ihre Unsterblichen in der reinen Idee weiter, die sie während ihrer irdischen Laufbahn vielleicht nicht völlig zum Ausdruck gebracht haben.

Eines solchen Sonderlings muß man sich versichern. Man gewährt ihm Gastfreundschaft. Er überrascht durch seine Kenntnisse, seine tiefen Spekulationen, die Erzählung ungewöhnlicher Erlebnisse, seine überlegene Haltung, den unerschütterlichen Glauben an sich selbst. Die Gespräche dehnen sich Nacht für Nacht bis in den Morgen. Auf seinen Karten zeigt Columbus den Weg, den er einschlagen will, seine Beweisführung ist schlagend, seine Eloquenz unwiderstehlich. Er macht keinen Hehl daraus, daß er, wie schon früher, auch nach seiner Flucht aus Portugal durch Vermittlung seines Bruders Bartolomé abermals England und Frankreich seine Dienste angeboten habe; der Prior, Feuer und Flamme, erklärt, ein Projekt von solcher Tragweite dürfe der spanischen Regierung nicht vorenthalten bleiben. Aus der benachbarten Hafenstadt Palos werden Sachverständige berufen, darunter Alonso Pinzon, der nachmals, bei der ersten Ausfahrt des Columbus, eine der drei Karavellen befehligt und unter allen Seeleuten der Epoche die genialste Form des Mutes besitzt. Der Plan findet die Zustimmung der erfahrenen Männer, sie halten seine Ausführung durchaus für möglich, der Prior ermuntert Columbus, an den Hof nach Cordova zu reisen und gibt ihm ein dringliches Empfehlungsschreiben an den allmächtigen Hernando de Talavera mit, den jetzigen Beichtvater der Königin Isabella.

Columbus, unverbrüchlich sanguinisch wie alle fahrenden Ritter, sieht schon vollendet, was kaum erst keimt und macht sich frohgestimmt nach Cordova auf.

Wieder erweist sich die Zeit als ungünstig. Ferdinand und Isabella führen Krieg gegen die Mauren. Die Staatskassen sind leer, das königliche Paar ist in Bedrängnis und hat wenig Interesse für die phantastischen Vorschläge eines Unbekannten, Talavera verbirgt seine Skepsis nicht, der Erzbischof von Toledo, bei dem er sich Gehör verschafft, will sich durch keinen Bescheid binden, der reiche Herzog von Medina-Celi, der eine Schwäche für seefahrende Abenteurer hat, ist geizig, vorsichtig und launenhaft. Der armselige Aufzug, in dem Columbus bei Hof erscheint, trägt nicht dazu bei, sein Ansehen zu erhöhen. Man schickt ihn von einem großen Herrn zum andern, von Vorzimmer zu Vorzimmer, er folgt dem Hof nach Salamanca, sucht alle Welt für seine Ideen einzunehmen, wird von aller Welt vertröstet, belächelt, verspottet, und nach heißen Mühen gelingt es ihm endlich, daß er vor die Königin treten darf. Es geschieht auf Fürspruch des glaubensstrengen Erzbischofs von Toledo (er ist Großkardinal von Spanien), der nach ängstlichen Erkundigungen die Überzeugung gewonnen hat, daß in den Absichten des Genuesen nichts enthalten ist, was der Heiligen Schrift widerspricht, daß er sich vielmehr ausdrücklich und unverdächtig auf die Worte des Propheten beruft, nach denen »die Enden der Erde zusammengebracht und alle Völker, Zungen und Sprachen unter der Fahne des Heilands vereinigt werden sollen«.

Die Königin, in ihrer Meinung von den kirchlichen Würdenträgern abhängig, hört den Bittsteller an, zweifelt, begreift nicht recht, kann sich aber gleichwohl des seltsamen Eindrucks nicht erwehren, den der beunruhigend redebegabte, innerlich flammende Mensch auf sie macht. Wahrscheinlich erregt er nebstbei ihr weibliches Mitleid; sie ist eine gutherzige Frau trotz allen rabiaten Glaubenseifers. Das Verhältnis zwischen der Herrin und dem treuesten ihrer Diener enthält auch in der Folge geheimnisvolle Zartheiten. Fast in jedem der späteren Briefe des Columbus an sie schwingt im Verborgenen ein Ton, der weniger der Fürstin als dem Weib gilt und der sie bewegt haben muß, so daß sie ihn gegen seine geschäftigen Feinde in Schutz nimmt und seine Torheiten mit Nachsicht behandelt. Er gewinnt ihr Vertrauen durch seine expressive, sehr spanische Frömmigkeit, und da sie eine geborene Herrscherin ist, fühlt sie instinktiv die schicksalsvolle Willensgewalt in dem Manne und daß seine Versprechungen was ganz anderes sind als Windmacherei. Sie beschließt, eine Junta soll die Thesen und Behauptungen des Fremdlings prüfen und ein Gutachten darüber abgeben, und um seiner offensichtlichen Bedürftigkeit zu steuern, bewilligt sie ihm bis zur Erledigung seiner Angelegenheit ein kleines Wartegeld. So kann er sich wenigstens als Angestellter der Krone betrachten und seine Sache mit legitimem Hinweis betreiben.

Doch standen ihm noch Jahre qualvollen Harrens bevor, des vergeblichen Ansturms gegen höfische Umtriebe und kirchliche Vorurteile, und gewisse Andeutungen in seinen Briefen sowie die ganze Anlage seines Charakters lassen darauf schließen, daß in dieser Zeit die Verzweiflung sein seelisches Gleichgewicht aufs bedenklichste gefährdete.

Viertes Kapitel
Rechenschaft, Bittgänge, Vagabondage und wahnwitzige Forderungen

Befohlenermaßen versammelte sich die Junta, und zwar im Dominikanerkloster zu San Estéban in Salamanca, in welchem Columbus auch eine Wohnung angewiesen wurde. Es war die Jahreswende 1486 zu 87. Colón wird gerufen, er soll seine Entwürfe vortragen und erläutern. Was das Ergebnis betrifft, sind die Urkunden nicht mißzuverstehen: die gelehrten Würdenträger, mit Ausnahme des Fray Diego de Deza, Professors der Theologie, verhielten sich durchaus ungläubig und ablehnend.

Religion und Wissenschaft waren zu jener Zeit in Spanien identische Disziplinen. Die Inquisition hatte ihre größte Machtentfaltung erlangt, jede der Ketzerei verdächtige Meinung setzte ihren Bekenner blutiger Verfolgung aus. Daß das fromme Tribunal auch in diesem Fall voreingenommen war, erhellt aus seiner Verfassung und seinem Geist; Columbus erschien nicht so sehr als Beauftragter in königlicher Sache denn als Delinquent, dessen Irrtümer und Verfehlungen gerichtet werden sollten. Jedenfalls galt er für einen Glücksritter, am mildesten betrachtet für einen Volksverführer und mußte sich von Anfang an in eine feindliche Position verschanzen.

Der wesentlichste Einwurf war: Nachdem tiefe Philosophen die Gestalt der Welt zum Gegenstand ihrer Untersuchungen gemacht und tüchtige Seefahrer seit Tausenden von Jahren vertrauenswerte Zeugnisse beigebracht, sei es eine starke Anmaßung für einen gemeinen Mann, zu behaupten, eine so große Entdeckung, wie er sie verheiße, sei ihm vorbehalten. Es widersprächen dem die Psalmen Davids, die Aussprüche des heiligen Chrysostemus, des heiligen Hieronymus, des heiligen Gregorius, heiligen Basilius und heiligen Ambrosius. Vor allem war eine Stelle aus dem heiligen Lactantius im Wege, die lautet: »Ist wohl irgend jemand so von Sinnen, daß er glaubte, es gäbe Antipoden, die mit ihren Füßen gegen die unseren stehen, Menschen, die mit in die Höhe gekehrten Beinen und herunterhängenden Köpfen gehen? Daß eine Gegend der Erde existiere, wo die Dinge unterst zu oberst sind, die Bäume abwärts wachsen und es in die Höhe regnet, hagelt und schneit? Der Wahn, daß die Erde rund sei, ist die Ursache der törichten Fabel von den Antipoden mit den Füßen in der Luft, und solche Personen gehen in ihren Ungereimtheiten von dem anfänglichen Irrtum immer zu neuen Irrtümern und leiten einen aus dem andern ab.«

Auch der heilige Augustinus erklärt die Lehre von den Antipoden als unverträglich mit dem reinen Glauben; wer bewohnte Länder auf der andern Seite der Erdkugel annehme, der verneine die Abkunft ihrer Völker von Adam, da es für diese unmöglich gewesen sei, über das Weltmeer zu gelangen; er entziehe also der Bibel die fundamentale Wahrheit, daß alle Menschen von einem einzigen Elternpaar abstammten. Und heiße es nicht in den Psalmen, der Himmel sei ausgespannt gleich einem Fell? Was so viel bedeute, daß er die Decke eines Zeltes sei, die bei den alten Hirtenvölkern aus Tierfellen gemacht gewesen; daher habe der heilige Paulus im Brief an die Hebräer den Himmel ein Tabernakel genannt, das über die Erde gebreitet sei, womit deutlich gesagt sei, daß er in seiner ganzen Ausdehnung flach sein müsse.

Einige liberalere Mitglieder des Konziliums leugneten die Kugelgestalt der Erde nicht, gaben sogar die Existenz von Gegenfüßlern zu, doch hielten sie es für unmöglich, zu ihnen zu reisen, da in den Tropen das Meer in kochenden Wellen siede. Übrigens sei nach der Autorität Epikurs die Erde, wenn sie eine Kugel sei, nur auf der nördlichen Hälfte bewohnbar und von Himmel umgeben, auf der andern sei das Chaos, der Abgrund, die unendliche Wasserwüste. Angenommen, Indien könne zur See erreicht werden, auf welche Art solle man die Rückkehr bewerkstelligen, da man auf der Kugeloberfläche wohl hinab, nimmermehr aber bergauf fahren könne? Und hatte nicht schon Seneca, der Rhetor, in seiner Schrift Suasoriae die Frage aufgeworfen: Wird sich Alexander auf dem Ozean einschiffen, in Anbetracht, daß Indien das äußerste Land der Welt ist und jenseits dessen die ewige Nacht beginnt? Nein, antwortet er selbst, Alexander wird sich nicht einschiffen, um eine neue Welt zu suchen; wie darf also ein Heutiger so Ungeheures wagen, der weder Alexanders göttliche Kräfte noch seine königlichen Hilfsmittel besitzt?

Eigentümlicher Konflikt: Wie sollte Columbus den Sturm der scholastischen Diskussion und Verhörung abwehren, er, der mit allen Anschauungen und Begriffen auf dem nämlichen Boden stand wie seine Inquisitoren und ihnen nichts entgegenzusetzen hatte als ein unmitteilbares inneres Bild und seine felsenfeste Überzeugung? Er mußte versuchen, was ihm freilich bei seinem Rednertalent nicht schwerfiel, sie mit ihren eigenen Waffen zu schlagen; jeder wissenschaftliche Stützgrund, auch wenn er sich eines solchen wirksam hätte bedienen können, wäre ihm verhängnisvoll geworden.

In den Jahren des Glücks schrieb er einmal an König Ferdinand: »Ich kam als Abgesandter der heiligen Dreieinigkeit zu Eurer Hoheit, um den heiligen Glauben zu verbreiten, denn klar genug spricht Gott von diesen Ländern durch den Mund des Propheten Jesaias, der da versichert, daß von Spanien aus sein Name solle verkündet werden.« So beharrte er schon vor der frommen Körperschaft in San Estéban darauf, daß er als ein Erleuchteter anzusehen sei. Die gewaltsam ausgedeuteten Stellen im Jesaias befinden sich im vierundzwanzigsten und fünfundsechzigsten Kapitel: »Von den Enden der Erde hören wir Gesänge«, und: »Ich will einen neuen Himmel und eine neue Erde bauen.« Daß diese Mission dem König von Spanien vorbehalten sei, ist eine großartige Freiheit dieses Monomanen und Wortsklaven, und nicht minder willkürlich und das Wunder seiner Erwählung preisend verfährt er, wenn er die geheimnisvollen Worte aus dem Buch Hiob zitiert: »Woher kommt denn die Weisheit und wo ist die Stätte des Verstandes? Sie ist verhohlen vor den Augen der Lebendigen, auch vor den Vögeln unter dem Himmel, der Abgrund und der Tod sprechen: Wir haben mit den Ohren ihr Gerücht gehört, Gott weiß den Weg und kennt ihre Stätte, da er dem Wind sein Gewicht machte und setzte dem Wasser sein gewisses Maß.«

Mit solchen Tönen, ehrwürdig aus dem Urbrunnen der Menschheit emporschallend, bringt er die ihn hart bedrängende Versammlung zur Ruhe. Man sieht, auch er hat Autoritäten auf seiner Seite, er rollt seine Pergamente auf, liest mit majestätischer Stimme vor. Für ihn haben die Stammväter der Menschheit gesprochen, für ihn die Patriarchen. Da sind seine Karten, eingezeichnet ist bereits die Fahrt; doch um die möglichen und von ihm erkannten Wege nicht vorzeitig aufzudecken und so um die Früchte seiner Lebensarbeit betrogen zu werden (er ist nach König Joans Betrugsversuch klüger geworden), beschränkt er sich auf unbestimmte Andeutungen, die die Mönche, Prälaten, Äbte, Bischöfe und Erzbischöfe vielleicht mehr zum Aufhorchen zwingen als es eine klare Darlegung, als es etwa die Berufung auf einen Forscher wie Toscanelli vermocht hätte, die er hier wieder, ich erwähnte es bereits, durchaus unterließ. Man konnte nicht umhin, ihn zu hören und mit ihm zu rechten, aber die stärkste Wirkung ging von seiner Ergriffenheit aus, der Haltung eines unbeugsamen Fanatikers, und von dem visionären Auge, das die Länder und Reiche schon erblickte, deren Existenz erst zur Debatte stand.

Dennoch lautete das Urteil der Junta abweisend. Colón ging zur Königin und sagte: »Das Tribunal bringt Euch um Ruhm, Ehre und Reichtum.« Die Königin wollte ganz sichergehen und überwies das Projekt zur abermaligen Prüfung an den Staatsrat. Der Staatsrat fällte das Verdikt, die Meinung des genuesischen Fremdlings könne unmöglich richtig sein, er sei das Opfer wirrer Einbildungen. Die kriegerischen Verwicklungen hinderten die Königin in den nächsten Monaten daran, sich um ihren Schützling zu kümmern, sie ließ ihm jeweils geringe Geldsummen aushändigen, damit er an den Hof nach Malaga komme. Die Stadt war erobert worden, die große Moschee wurde als Kathedrale eingeweiht. Durch die Anhäufung von Menschen oder die leichtfertige Bestattung der Leichen brach, im August 1487, die Pest aus, und der Hof reiste eilig nach Cordova, dann, für den Winter, nach Saragossa, dann, im Frühjahr, nach Murcia, dann, im Herbst, nach Valladolid. In unerträglicher Gespanntheit und beklommener Ratlosigkeit folgte Columbus der Fürstin von Stadt zu Stadt, von Feldlager zu Feldlager, von Valladolid nach Medina del Campo, von da wieder nach Cordova. Er verfaßte Bittschriften über Bittschriften, bemühte sich um Audienzen bei Herzögen, Bischöfen, Ordensrittern, Prinzen und Prinzessinnen, erwarb bisweilen Gunst und Unterstützung, z. B. des Herzogs von Medina Sidonia, doch meist wurde er nur hingehalten und nicht selten verächtlich abgetan, bald als komische Figur, bald als aufdringlicher Supplikant, bald als wandernder Astrolog und manchmal sogar als ausländischer Spion.

An Unterstützungsgeldern erhielt er im Mai 1487 dreitausend Maravedis (ungefähr zweihundertvierzig Mark heutigen Geldes), im Juli wieder dreitausend, im August viertausend, im Oktober viertausend. Damit konnte er gerade seine Notdurft bestreiten. So wenig es war, beweist es doch, daß die Königin trotz der zweimaligen Ablehnung, die sein Projekt durch Junta und Ratsversammlung erfahren hatte, sich nicht entschließen konnte, ihn fallenzulassen.

Es ist noch ein königlicher Befehl vorhanden, ein in Form eines Freipasses ausgestellter Brief an die Stadträte, Richter, Regidoren, Ritter, Lehnsträger, Offizialen des Landes, worin diese alle aufgefordert werden, dem Cristobal Colón, wenn er in irgendwelchen Städten, Ortschaften, Dörfern eintreffen sollte, gutes Quartier ohne Bezahlung zu geben, nur die Verköstigung sollten sie zu den üblichen Preisen berechnen dürfen. Denn er sei um wichtiger, den königlichen Dienst betreffender Dinge willen an den Hof und nach andern Teilen des Reiches beschieden worden.

Es heißt, daß er nicht nur die Gefahren und Entbehrungen des Feldzugs mit seiner Fürstin teilte, sondern bisweilen auch große Tapferkeit an den Tag legte, wie bei der Belagerung von Baza, wo die Gegenwart der Königin den Mut ihrer Ritter aufs höchste entflammte und Muley Boabdil, der König von Granada, um Frieden bitten mußte. Es war ein schlauer politischer Schachzug des maurischen Herrschers, daß er den Sultan von Ägypten bewog, eine Abordnung jerusalemitischer Mönche an die Königin zu schicken, um ihr anzukündigen, daß er das Heilige Grab zerstören und alle Christen in Syrien und Palästina werde niedermetzeln lassen, wenn sie nicht ihre Hand von Granada abzöge. Isabella, in schwerem Seelenkampf, wich der Drohung nicht, sie entließ die Mönche mit dem Versprechen, daß sie jährlich tausend Dukaten zur Betreuung des Grabes Christi an die Klosterbrüder senden werde und gab ihnen als Weihgeschenk für die heilige Stätte einen Schleier mit, den sie selbst gewebt hatte.

Bei dieser Szene sei Columbus zugegen gewesen, wird berichtet, und sie habe einen so tiefen Eindruck auf ihn gemacht, daß er das Gelübde tat, alle Schätze, die er aus Indien heimbringen würde, zur Ausrüstung eines Kreuzzugs nach Syrien zu verwenden, um das Heilige Grab zu befreien. So verfügte er bereits, Urbild des Don Quichote, aufs generöseste über Reichtümer, zu denen es noch keinen Weg gab und die zu erlangen er nicht die geringste Aussicht hatte.

Mit dem königlichen Freipaß in der Tasche irrt er in Spanien herum, wahrscheinlich von Schenke zu Schenke, von Schloß zu Schloß, sucht Anhänger zu gewinnen, Gefolgschaft zu finden, Stimmung zu machen, Kapital für die Ausrüstung einer Flotte aufzutreiben, verfaßt Sendschreiben, zeichnet Karten und wieder Karten, lauert mit Angst auf die Nachrichten vom Kriegsschauplatz, da Sieg oder Niederlage, wie ihm oft bedeutet worden ist, auch für seine Sache Sieg oder Niederlage bringen müssen.

Im Verlauf des rast- und planlosen Herumziehens heftet sich allerlei zweideutiges und lästiges Volk an seine Fersen, Abenteurer, Deserteure, Schiffbrüchige, Unzufriedene aus allen Ständen, ruinierte kleine Hidalgos, entlaufene Mönche, gewerbsmäßige Schmarotzer, Leute, die ihm schmeicheln, das Gefühl der Zurücksetzung und der Auserwähltheit in ihm nähren und steigern, während sie sich insgeheim über ihn lustig machen und als Gesamtheit etwas Ähnliches vorstellen, was zweihundert Jahre später individuenhaft und typenbildend in der Sancho-Pansa-Figur gloriose Gestaltung gefunden hat. Eine bestimmte Lebensbewegung erzeugt unter allen Umständen die nämliche Gruppierung von Charakteren, die nämlichen Anziehungen und Geisteslagen, und manchmal verschweißt sie sie zu einer einzigen Person. Daß die Geschichte davon so wenig zu melden hat, beweist nur, wie dumm und unoriginell sie ist und mit was für einem großlöcherigen Sieb sie eine feine Materie aufzufangen sucht.

In diese Jahre fällt die Liebesbeziehung mit einer armen Adeligen in Cordova, Beatriz Henriquez, Schwester des Pedro de Arano, den er später zum Befehlshaber der Besatzung in Española ernannte. Wie es heißt, war sie schön und hatte eine schwärmerische Teilnahme für den um mindestens dreißig Jahre älteren Mann gefaßt. Er muß ihr viel an Aufmunterung und Obsorge zu verdanken gehabt haben, in einer Periode schwerster Verdüsterung mag sie das einzige Herz gewesen sein, das er wirklich besaß, denn noch in seinem Testament empfiehlt er seinen Erben dringend, sich ihrer anzunehmen, als einer Person, gegen die er hohe Pflichten habe. »Was ich hierfür tue«, sagt er, »geschieht, um mein Gewissen zu erleichtern, denn es lastet auf meiner Seele. Es ist nicht zulässig, hier den Grund davon zu nennen.«

Warum? Weil der Bund nicht von der Kirche sanktioniert war? Es scheint so. Seine Anschauungen in diesen Dingen wurden mit den Jahren immer strenger, errungene Würde beherrschte ihn, und obschon sich hinter seinen Worten noch ein Geheimnis verbergen kann, Gewissenslast bestand durch die Illegitimität allein, und er war ganz der Mann, dem die Last zur Qual wurde. Alle katholischen Schriftsteller haben sich daher bemüht, die sittliche Verfehlung mit Schweigen zu bedecken oder das Verhältnis in ein gesetzliches umzulügen.

Die Frucht dieser Liaison war ein Sohn, Hernando, derselbe, der in einem vielfach angezweifelten Werk voller falscher Angaben und pittoresker Entstellungen das Leben seines Vaters beschrieben hat. Das Buch ist wie eine schlechte Übermalung, die das darunter befindliche Bild für immer zerstört hat.

Vermutlich haben Schwierigkeiten, die mit der unehelichen Geburt des Kindes zusammenhingen, Columbus wünschen lassen, nach Portugal zu reisen. Es müssen dort noch unerledigte Geschäfte zu ordnen oder wichtige Papiere zu besorgen gewesen sein, vielleicht war er auch des tückischen Hinhaltens müde und wollte in seiner Trostlosigkeit Spanien entweder wirklich verlassen oder mit dem Entschluß hierzu einen Druck ausüben. Er richtete ein Gesuch an den König Joan und bat um die Erlaubnis, auf einige Zeit unbehelligt in sein Land kommen zu dürfen. Damit liegt am Tage, daß seine vormalige Flucht keine freiwillige Entscheidung gewesen war. Der König, der natürlich wußte, daß der Bittsteller in Diensten der spanischen Hoheiten stand und nun bedauerte, daß er selbst diese Dienste verschmäht hatte, antwortete, er solle unbesorgt reisen; das Schreiben schloß: »Und weil Ihr zufällig von meinen Behörden wegen gewisser Vorfälle, in die Ihr verwickelt wart, bedroht seid, so sichern wir Euch durch diesen Brief zu, daß Ihr weder gefangengenommen, angeklagt, vorgefordert, noch überhaupt befragt werden sollt wegen irgendeiner Angelegenheit, sei es Zivil- oder Kriminalsache oder was sonst.«

Ob er die Reise unternommen hat, weiß man nicht. Er scheint nur Vorbereitungen getroffen und dann seine Freunde in La Rabida aufgesucht zu haben, ebenso niedergedrückt, ebenso hoffnungslos wie bei seinem ersten Aufenthalt vor fünf oder sechs Jahren. Von ihm selbst oder von seinen Anhängern wurde das Gerücht verbreitet, er wolle Spanien gänzlich den Rücken kehren und sein Glück in Frankreich und England versuchen; erschreckt durch diese Botschaft, schickte ihm die Königin ihre Bevollmächtigten nach, um die Unterhandlungen wieder anzuknüpfen. Sie hegte einen seltsam ahnungsvollen Glauben an ihn; seit sie von seinem Gelübde erfahren hatte, das Gold Indiens für die Eroberung des Heiligen Grabes zu verwenden, hatte sich diesem Gefühl eine Art frommer Dankbarkeit gesellt. Ein beweglicher Brief des Fray Juan Perez, dem sie unbedingtes Vertrauen schenkte, ließ ihr als Pflicht erscheinen, was bisher vielleicht nur Gedankenspiel gewesen war.

Sie ruft also Columbus zu sich. Sie sendet zwanzigtausend Maravedis in Guldenstücken für die Reise und Instandsetzung seiner Garderobe. Er ist in Palos bei dem Arzt Garcia Hernandez, es hat ihn in die Hafenstadt getrieben, er will das Meer sehen, es ist ihm zumute, als sei der Ozean nicht mehr da. Man händigt ihm Brief und Geld aus. Es wird für ein wohlgezäumtes Roß, anständige Diener und seidene Gewänder gesorgt. Er reitet nach Santa Fé, in der Vega von Granada, wo das Hoflager ist.

Aber was hat ihm die Königin zu sagen? Nichts. Soviel wie nichts. Er möge sich noch gedulden. Granada ist vor dem Fall, die Ungläubigen haben sich in der Alhambra eingeschlossen, jede Stunde kann die Entscheidung bringen. Man schreibt Dezember 1491. Geduld? Er hat die letzten Reste davon verbraucht.

Der Hunger zwingt den maurischen König Mohamed Boabdil zur Übergabe von Stadt und Festung. Damit ist ganz Spanien von den Sarazenen befreit, achthundert Jahre nach der Eroberung. Großer Jubel im spanischen Lager, Siegesfeste, Dankgottesdienste. Darf der unglückliche Supplikant jetzt endlich Hoffnung schöpfen? Wird man ihn hören? Wird man ihm glauben? Trübsinnig und fast mit Haß blickt er auf die allgemeinen Lustbarkeiten, zuviel von seiner Lebenskraft ist aufgezehrt, der Körper ist morsch, der Geist hat die Biegsamkeit eingebüßt, die Seele ist erfroren. Er erscheint vor dem königlichen Paar, um seine Glückwünsche darzubringen, man bemerkt ihn, die Königin würdigt ihn gnädiger Anrede, sie verspricht ihm, daß eine Kommission eingesetzt werden soll, um bestimmte Abmachungen mit ihm zu treffen. Sie hält Wort. Zum Haupt der Kommission wird Talavera ernannt, der eben Erzbischof von Granada geworden ist. Er hat nicht viel übrig für die überspannten Ideen dieses Cristobal Colón und noch weniger für ihn selbst. Doch die Königin wünscht, daß er mit ihm verhandle, und so befiehlt er ihn zu sich. Man wird ihm den kleinsten Teil des unumgänglich Nötigen bewilligen, damit ist die Sache abgetan, und der aufdringliche Graukopf mag zeigen, ob seine Verheißungen was anderes sind als eitel Dunst. Schön; was geschieht aber zum unermeßlichen Erstaunen des Kirchenfürsten? Der hergelaufene Fremdling und projekteschmiedende Hungerleider, der von Almosen des Hofs und einiger Granden lebt und mit seinen ungereimten Anerbietungen jahrelang die Langmut der Majestäten mißbraucht hat, schlägt auf einmal, kaum daß er der durch ihren Sieg über die Ungläubigen froh gestimmten Regentin die erste Gewährung abgelistet hat, einen Ton an, der alles überbietet, was man je an frecher Anmaßung gehört hat, so daß man noch milde verfährt, wenn man die Verhandlungen wortlos abbricht und dem unverschämten Narren die Tür weist.

Laßt uns sehen. Columbus hat also seine Forderungen

gestellt. Er ist durchaus nicht geneigt, sich mit dem zu begnügen, was ihm die Monarchin freundlich bietet, einige Schiffe, eine angemessene Geldunterstützung, ihren gnädigen Schutz und Schirm, sondern gibt seinerseits die Bedingungen bekannt, unter denen er die Reise antreten will. Und wahrhaftig, es ist nichts Geringes, was er verlangt. Es ist sogar, im ganzen und im Hinblick auf seine Situation betrachtet, etwas derartig Unfaßliches, daß die nüchtern rechnenden Leute am spanischen Hofe sich wirklich fragen müssen, ob der gute Mann nicht einfach den Verstand verloren hat. Folgendes ist es, was er fordert: Das Amt des Vizekönigs und Generalgouverneurs über alle Inseln und Festländer, die er entdecken und für Spanien in Besitz nehmen wird; Erhebung zum Admiral des Weltmeers; ein Zehntel von allen Reichtümern: Perlen, Diamanten, Gold, Silber, Gewürzen, Früchten und Produkten irgendwelcher Art, die in den seiner Verwaltung unterstellten Gebieten gefunden und nach Spanien sollen ausgeführt werden; das Eigentumsrecht auf ein Achtel der zu entdeckenden und zu erobernden Länder sowie aller daraus gezogenen Einkünfte, wogegen er seinerseits ein Achtel der Ausrüstungskosten zu tragen sich erbot (am Rande: er besaß ja keinen roten Heller, wahrscheinlich hatte ihm die wohlhabende Familie Pinzon bereits damals eine Kapitalsbeteiligung in Form eines Schiffes zugesagt); schließlich: Vererbung aller dieser Rechte, Titel und Würden auf seine Nachkommen, vom Erstgeborenen zum Erstgeborenen.

Überraschende Manifestation. Sie legt die Frage nach der innersten Beschaffenheit dieses geheimnisvollen Menschenwesens nah.

Fünftes Kapitel
Letzte Hindernisse und endliche Ausreise

Was der Figur des Columbus die donquichotische Prägung verleiht, ist nicht bloß der eine zentrale Irrtum, der ihn bis zu seinem Tod aufs leidenschaftlichste die Erkenntnis abwehren hieß, daß er einen neuen Kontinent, eine neue Welt entdeckt hatte, es ist im weitesten Ausmaß Richtung und Anlage seines Geistes, alle dessen Behelfe, Berufungen, Urteile, Schutzwaffen, Verklausulierungen und Kundgebungen. Und zwar so sehr, daß ich die Empfindung nicht loszuwerden vermag, Cervantes müsse bei der Konzeption seines unsterblichen Junkers von diesem realen Vorbild beeinflußt worden sein. Man darf nicht glauben, daß ein Genius solchen Ranges seine welthistorische Gestalt sozusagen in einer privaten Dichterlaune zeugte. An einer so großartigen Vision hat das Volk, die Nation keinen geringeren Anteil als der unmittelbare Erschaffer, der sie zur Sichtbarkeit bringt. Die Jahrhunderte arbeiten schweigend daran, bis der Auserwählte ihr die gültige Form gibt.

Die Assoziation ist weder willkürlich, noch entspringt sie einer literarischen Marotte. Ich habe mich lange gegen sie gesträubt. Aber der Blickpunkt war in jeder Hinsicht aufklärend. Bevor ich ihn erlangt hatte, sah ich das Bild des Mannes nicht. Bei genauer Betrachtung hatten die verschiedenen Charakterzüge etwas Zerspaltenes, es war oft, als seien drei, vier Personen in ihm gemischt, wie wenn er gar nicht wirklich gelebt hätte, sondern bloß eine stümperhafte Erfindung der Historiographen sei, symbolischer Entdeckerheros, eine zu Verklärungszwecken unternommene Zusammensetzung von Eigenschaften.

Er erschien mir ungewöhnlich borniert, zugleich aber vorbestimmt, die begrifflichen Grenzen seiner Zeit in ungeahnter Weise zu erweitern und ihre Vorstellungswelt umwälzend zu verändern. Er ist frommer Katholik und dabei von einem heidnischen Aberglauben in bezug auf alle Naturgesetze und Naturvorgänge erfüllt. Seiner Idee bis zum Paroxysmus, bis zur Selbstauslöschung hingegeben, beugt er sich jeder Gewalt von außen, gehorcht er jeder Einflüsterung, verfällt er jeder Täuschung. Praktisch, schlau und geschickt in der Anlage seiner Pläne, zeigt er sich bei der Ausführung dilettantisch, kurzsichtig und eigensinnig. Er ist finster wie ein Mönch, verschlagen wie ein Bauer, hat keinen Schimmer von Humor, nicht der leiseste Strahl von Heiterkeit liegt über seinem Wesen, alles an ihm ist Seufzen, Klage, Bedrücktheit, Dumpfheit, dennoch sind seine Leidensfähigkeit und seine Geduld im Ertragen des Leidens außerordentlich und haben etwas Rührendes wie Züge aus einem Heiligenleben. Er hat fast nichts gelernt und weiß alles, was seinen Zwecken dient. Er ist kränklich und erträgt mit eiserner Ausdauer die beispiellosesten Strapazen. Er stammt aus dem untersten Volk und hat die Manieren eines Grande und den Briefstil eines Machiavell. Lebensgenuß kennt er nicht, Häuslichkeit bedeutet ihm nichts, er ist bedürfnislos wie ein Derwisch und vermag weder zu erwerben noch zu besitzen, aber er stirbt vor Kummer, weil er die vierzigtausend Pesos nicht bekommen kann, die ihm das Kolonialamt schuldet.

Solche komplizierten Charaktere sind selten in der Geschichte, und wenn sie vorkommen, kümmert sich die Überlieferung nicht um Widersprüche und Feinheiten, die Zeit vereinfacht, indem sie das Allgemeine und Allgemeinverständliche an die Oberfläche treibt. Infolgedessen wird jede große historische Figur nach einigen Jahrhunderten zum verwitterten Torso, und um die tausendfältigen Wahrheiten des Lebens zu finden, muß sie wie aus dem Traum wiedergeboren werden.

Den vorgebildeten Don Quichote in Columbus sehen, das hieß: ihn sehen. Allerdings ist Don Quichote ein spezifisch spanischer Typ, und Columbus war Italiener. Er hat ja auch hervorstechende Kennzeichen seiner Nation; der Nepotismus, den er als Großadmiral treibt, ist zum Beispiel eines. Söhne, Brüder, Schwäger gehen ihm über alle andern; wo Ämter oder Ehrenstellen in den neuen Ländern zu vergeben sind, beansprucht er sie für seine Verwandten. Die Zähigkeit im Verfolgen eines Ziels, die Bescheidenheit der Lebensführung, die blendende Beredsamkeit, das alles sind sehr italienische Züge. Aber wenn er nicht Spanier von Geblüt ist, so wird er es durch Anschmiegung und Einfügung, durch die Sprache, die Landschaft und durch seinen Entschluß. Er ist ein Heimatloser, ein Wanderer, er ist nie seßhaft, er kehrt nur ein, er faßt nicht Wurzel, er läßt sich nur nieder.

Das Merkwürdigste an ihm, das Don-Quichote-Ähnlichste, ist der Bestimmungshochmut, Bestimmungsdünkel, unleugbar eine Kraft, eine sehr einsam machende Kraft, deren verhängnisvolle Wirkung ist, Mißverständnisse über den zu erzeugen, der sie besitzt, und ihn außerhalb der Liebe zu stellen. Wer könnte auch einen Don Quichote lieben, es sei denn, man liebe ihn als Gestalt, und wer könnte ihn verstehen, es sei denn, dreihundert Jahre, nachdem er gelebt hat? Ich hätte nicht einen Tag mit ihm sein können, jede seiner Äußerungen wäre mir unleidlich, jede seiner Handlungen widerwärtig gewesen. Und doch, was für ein ewiges Inbild des Menschentums, menschlicher Torheit, Verwirrung und Größe! Jener Bestimmungshochmut oder Bestimmungsdünkel beruht hier auf einer von der Natur aus gesehen tiefsinnigen Umlagerung spanisch-katholischer Dogmenstarrheit, wodurch der Charakter, als Niederschlag nationalen Wesens, sehr sublimiert erscheint, sehr umwegig, sehr spiegelungsreich, und fast denkmalhaft in der Mitte steht etwa zwischen der Cidgestalt und dem finstern Torquemada.

Wenn sich Columbus für einen vom heiligen Geist Erleuchteten gibt, so ist er bis ins Herz davon durchdrungen. Wenn er beteuert, daß er ohne die vierundzwanzig Bücher des Alten Testaments, die vier Evangelien und die dreiundzwanzig Apostelbriefe nichts ausgerichtet hätte, so ist es keine Floskel, keine Hypokrisie, kein Versuch, sich den Machthabern der Kirche genehm zu machen, sondern es ist sein bitterer, tiefer Ernst. Und wenn er sich auf den Marco Polo und den Sir John Mandeville stützt, so geschieht es mit derselben Dankesgeste und derselben Glaubensinbrunst, mit der Don Quichote den Don Belianis und den Amadis von Gallien seine Lehrer und Vorbilder nennt.

Manche geschichtliche Anekdoten verhalten sich zu der Person, in deren Namen sie umlaufen, wie die falschen Ergänzungen zu antiken Statuen. So die sattsam bekannte Erzählung, nach welcher Columbus, um den Zweiflern und Nörglern zu zeigen, daß es gar nichts so Schweres gewesen, was er vollbracht, ein Ei mit der Spitze auf den Tisch drückte, nachdem sich alle Anwesenden vergeblich bemüht hatten, es zum Stehen zu bringen, wie verlangt worden war. (Nebenbei bemerkt, soll der wahre Urheber des Kunststückchens Brunelleschi sein, der an diesem Beispiel seinen Widersachern beweisen wollte, daß die ellipsoide Kuppel des Florentiner Doms baumöglich sei.) Niemals wäre Columbus dessen fähig gewesen. Er hätte sich selbst damit verleugnet. Da ihm als gläubigem Katholiken jede Geistes- und Entschlußfreiheit fremd war, konnte er sich nicht dazu bekennen und sie rühmen. Nicht als etwas Geringes und Zufallhaftes erschien ihm seine Tat, sondern im Gegenteil, sie war etwas so Ungeheures, etwas so unausdrückbar Großes in seinen Augen, daß sie nur durch das unmittelbare Eingreifen Gottes möglich war.

Die unerhörten Forderungen erregten am Hof solchen entrüsteten Unmut, daß von weiteren Verhandlungen einstweilen keine Rede war. Ein bettelhafter Glücksritter, Ausländer ohne Namen, erdreistete sich, Anspruch auf die höchsten Staatsämter, ja auf königlichen Rang zu erheben; dafür gab es noch kein Beispiel, in das ärgerliche Staunen mischte sich Hohn, es hieß, der Genuese habe wahrscheinlich unter der spanischen Sonne gelitten, und wenn er tiefsinnig und düster mit gesenktem Haupt über die Straße ging, äfften ihn die Kinder nach und die Erwachsenen deuteten mit dem Zeigefinger gegen ihre Stirn.

Nach einer Weile wurde ein Vergleich versucht, allein Columbus ließ sich nichts abmarkten, für jeden Einwand war er taub, den Vorhaltungen seiner Freunde setzte er ein kaltes Schweigen entgegen, und um zu beweisen, daß er in keinem Punkt zur Nachgiebigkeit gesonnen sei, traf er wieder einmal Anstalten zur Abreise. Die Königin konnte nicht schlüssig werden. Es scheint, daß sie ausgleichend und versöhnend zwischen den schroff aufeinanderprallenden Meinungen des Erzbischofs und des Schatzmeisters Santangel stand. Diese beiden fochten den entscheidenden Kampf aus, wer siegen würde, ließ sich nicht absehen. Talavera wies mit verstärktem Nachdruck darauf hin, daß dieser Columbus nur ein unfruchtbarer Träumer sei; die Forderungen erklärte er auch im Falle des glücklichen Erfolgs für ungemessen, ja frevlerisch, wenn aber die Sache fehlschlage, würde dadurch die Leichtgläubigkeit der spanischen Herrscher ins Lächerliche gezogen werden. Isabella konnte nicht wagen, ihm zu widersprechen. Sie war gegen die Granden der Kirche so demütig wie eine Frau aus dem Volk. Hatte ihr doch einst der General des Franziskanerordens während der Erörterung einer weltlichen Angelegenheit zugerufen: »Ich bins, der recht hat, und wenn ich auch mit der Königin von Kastilien spreche; was ist sie? Ein Häuflein Staub wie ich.«

Auch sie war der Meinung, die möglichen Vorteile würden um zu großen Preis erkauft. In ihrer Denkungsart zu redlich, um gewisse jesuitische Andeutungen Santangels zu verstehen, daß ein unterschriebener Vertrag nicht in allen Teilen erfüllt werden müsse, wandte sie sich an Columbus selbst, fand ihn aber zu ihrer Verwunderung vollkommen unzugänglich für Vernunftgründe. Das war ja das Seltsame: er vergaß, daß er noch gar keine Sicherheiten hatte, daß er ruhmlos, arm, verachtet und hilfsbedürftig war; er sah die Länder, die er erst entdecken wollte, schon greifbar und wirklich vor sich, und bei dem ersten schüchternen Aufdämmern der Ermöglichung hatte er bereits das Gefühl der vollzogenen Tatsache.

Vielleicht war es gerade dies, was die Königin wie etwas Übernatürliches magisch berührte. Sie geriet in einen wahrhaften Konflikt. Sie fürchtete die Verantwortung. Ihr Gemahl stand dem Unternehmen kalt, wenn nicht feindselig gegenüber, mit ihm natürlich eine ganze Partei. Fürsprecher waren nur Alonzo de Quintanilla, der Erzbischof von Toledo, der Schatzkanzler Santangel und die Marquise de Moya, die der Königin befreundet war und ihr mit einem Enthusiasmus zuredete, dessen Motive man nicht kennt; vermutlich waren es die uneigennützigsten von allen, geboren aus romantischem weiblichen Entzücken am Ungewöhnlichen, am schönen Abenteuer.

Santangel und sein Anhang bekamen allmählich Oberhand gegen den König und Talavera. Santangel, ein Marrane, gewiegter Geschäftsmann, schlauer Politiker, konnte nicht verdächtigt werden, leeren Hirngespinsten nachzuhängen. Ich habe den Eindruck, daß er an dem Projekt in einer heute nicht mehr zu ergründenden Weise interessiert war. Er brachte Argumente vor, die der Königin einleuchteten. Da sie den Mut gehabt, sagte er, in ihrem Kampf gegen die Ungläubigen alles aufs Spiel zu setzen, warum zaudere sie bei einer Sache, wo der Verlust so unbedeutend, der mögliche Gewinn so unberechenbar groß sei? Er rief ihr ins Gedächtnis, welchen Zuwachs an Macht andere Fürsten durch Entdeckungen erlangt hätten, hier zeige sich Gelegenheit, sie alle zu übertreffen. Und wieviel geschehe damit für die Ehre Gottes, die Macht der Kirche; keineswegs könne das Fehlschlagen ein übles Licht auf die Krone werfen, Mühe und Kosten würden schon dadurch aufgewogen, daß man durch eine solche Fahrt Fragen von hoher Wichtigkeit nachforschen und bisher verborgene Wunder des Universums entschleiern könne.

Die Königin wandte ein, daß die Finanzen durch den

Krieg völlig zerrüttet seien. Sie könne doch nicht eine Anweisung auf den Schatz ausstellen in einem Geschäft, dem der König entgegen war. Indessen erklärte sie nach sorgenvoller Überlegung, sie wolle es auf ihre eigene kastilische Krone übernehmen und, um die nötigen Gelder herbeizuschaffen, ihre Juwelen verpfänden. Santangel erwiderte, dessen bedürfe es nicht, er könne aus den Rentenkassen von Arragon die nötigen Fonds vorschießen. Isabella, auf einmal ungeduldig, die Dinge zum Ende zu bringen, war einverstanden, beim König, gegen ziemlich hohe Verzinsung freilich, eine Anleihe von siebzehntausend Gulden aufzunehmen. (Wenn man aus den vielen Berechnungen der Historiker das Mittel zieht, ergibt sich, daß ihr Beitrag zu den Ausrüstungskosten sich ungefähr auf dreißigtausend Mark heutigen Geldes belief.)

Colón wurde also verständigt, daß man willens sei, die Kapitulation mit ihm abzuschließen. Seine Bedingungen wurden ohne weiteres Feilschen akzeptiert. Der Vertrag schloß mit den Worten: »Vollzogen und ausgefertigt in der Stadt Sante Fé, in der Vega von Granada, den 17. April 1492: Ich der König. Ich die Königin.« Zwei Wochen darauf wurde ihm die förmliche Bestallung als Admiral, Vizekönig und Gouverneur der zu entdeckenden Länder überreicht und als besondere Gnade der Titel Don schon jetzt verliehen.

Sonderbares Traum- und Luftgeschäft, ohne Beispiel in der Geschichte, bei dem beide Vertragsparteien mit dem gleichen amtlichen Ernst Wechsel auf die Zukunft ausstellen ohne die mindeste Gewähr der Einlösung. Was für eine Persönlichkeit muß dieser Mann gewesen sein, mit welcher unheimlichen Kraft der Übertragung begabt, daß er es vermochte, die Königin, den König, einen so klaren Kopf wie Santangel und viele andre außerdem mit der dämonischen Problematik, die ihm innewohnte, zu behexen. Der Vorgang ist schlechtweg unbegreiflich. Zuerst jagt man ihn davon, nennt ihn seiner verrückten Forderungen halber einen Halunken und Idioten, erklärt, sich nicht weiter mit ihm und seinen Ideen befassen zu wollen, ist dann doch beunruhigt, als er sich unbeugsam zeigt, gibt trotz der anfänglichen Empörung Punkt für Punkt nach, bis man schließlich alles in Bausch und Bogen bewilligt, blindlings, einwandlos, als ob man die Geschichte schnell vom Hals haben wolle, an ernsthafte Konsequenzen gar nicht recht glaube und es nur deshalb tue, um sich vor dem Vorwurf oder Selbstvorwurf eines Versäumnisses zu schützen: das war ungefähr die Stimmung, in der man eine anzweifelbare Persönlichkeit ohne Namen und Stand zum Herrn des Meeres und zum Souverän über eine noch unentdeckte Welt machte.

Colón wählte den Hafen von Palos de Moguer als Ausreisestation, vermutlich weil dort die Pinzons ihren Sitz hatten, die ihm eine segelfertige Caravelle zugesagt hatten: das Achtel, das er sich verpflichtet hatte, zu den Gesamtkosten beizutragen. Man hat lange Zeit angenommen, der Herzog von Medinaceli habe ihm das Geld für dieses Schiff vorgeschossen; es ist schon deshalb unwahrscheinlich, weil dann der Herzog darauf bestanden hätte, daß die Expedition aus seinem Hafen Santa Maria in See gehe.

Columbus hat den Pinzons später ihre Hilfeleistung nach seiner Weise schlecht gedankt. Alonzo Pinzon war ein sehr erfahrener Schiffer; ohne seine Unerschrockenheit und genaue Kenntnis des Meeres wäre Columbus kaum nach Westindien gelangt; Grund genug für ihn, einem solchen Mann zu grollen und seine unleugbaren Verdienste zu verschweigen. Alonzos Bruder Martin hat in der Folge behauptet, der Gedanke der Entdeckungsfahrt sei von seinem Vater ausgegangen, was eine auf tiefer Kränkung beruhende Familienüberlieferung und selbstverständlich Unsinn ist; aber die Kränkung läßt sich begreifen. Als Diego Colón im Jahre 1513 den berühmten Prozeß gegen die Krone führte, dessen Akten eine Fundgrube für viele verborgen gewesene Tatsachen sind, erklärte Arias Perez Pinzon, Sohn des Martin, sein Vater habe ein Pergament aus König Salomons Zeit besessen, des Inhalts: »Schiffe durch das Mittelländische Meer nach dem Ende von Spanien und von da nach Westen in der Richtung zwischen Nord und Süd bis zur Entfernung von fünfundneunzig Graden, so wirst du das Land Zipangu finden, fruchtbar und voll Überfluß und an Größe Afrika und Europa gleich.« Die Handschrift habe er in Rom gekauft und nach Hause gebracht, wo er es dem Columbus gezeigt habe. Daher dessen Plan.

Ein Märchen, das offenbar allen Pinzons bis in späte Geschlechter schon von ihren Ammen erzählt wurde.

Palos mag auch deswegen als Ausgangshafen bestimmt worden sein, weil der Stadt während des Krieges mit den Mauren wegen eines Ungehorsams vom König die Buße auferlegt war, zwei ausgerüstete Schiffe auf zwölf Monate zur Verfügung der Krone zu stellen. Durch eine Ordonnanz vom 30. April 1492 wurde der städtische Magistrat aufgefordert, diese beiden Schiffe innerhalb zehn Tagen segelfertig zu machen und sie dem Cristobal Colón zu übergeben. Die Bürgerschaft weigerte sich jedoch, das Strafmandat anzuerkennen, es bedurfte wiederholter Befehle und strengen Eingreifens. Als Vollstrecker wurde ein Beamter des königlichen Hausmarschallamtes, Juan de Penalosa, nach Palos geschickt, der so lange, bis die Schiffe abgeliefert sein würden, zweihundert Maravedis Taggelder von der Stadt erheben sollte. Da aber weder diese Gelder bezahlt noch die Schiffe gerüstet wurden, schritt die Regierung zu gewaltsamer Requisition; so wurde die Caravelle Pinta ihren Eigentümern einfach weggenommen.

Nur die Santa Maria war ein Nao oder Vollschiff von hundertsiebzig Tonnen, nach Art der Gallionen mit vollständigem Deck; die beiden andern, die schnellsegelnde Pinta, die Bemalte, und die kleine Niña, das Kind, waren leichte Fahrzeuge mit drei Masten, in der Mitte offen, an den Enden überdeckt, zu ansehnlicher Höhe emporsteigend, mit Vorder- und Hinterkastell und Kajüten für die Mannschaft. Die Niña hatte nur lateinische Segel. Die Santa Maria wurde für die Königin gemietet, sie trug die Admiralsflagge, Colón befehligte sie selbst. Kapitän der Pinta war Martin Alonzo Pinzon, sein Bruder Vincente Yañez führte die Niña. Als Piloten wurden Sancho Ruiz, Pedro Alonzo Niño und Bartholomeo Roldan, der spätere Rebell, aufgenommen. Als königlicher Notar ging Rodrigo de Escobar mit; als Ober-Alguazil Diego de Arana aus Cordova, Oheim der Beatriz, als Generalinspektor und Vertreter der Regierung Rodrigo Sanchez aus Segovia. Der Besitzer der Santa Maria, der nachmals so berühmte Kartograph Juan de la Cosa, diente auf seinem eigenen Schiff als Maestre, Mastmeister, und der Besitzer der Pinta, Cristobal Quintero, ein Bürger von Palos, scheint als Passagier an der Fahrt teilgenommen zu haben; ihm schlossen sich einige andere Personen sozusagen als Privatabenteurer an. Ein einziger Arzt und neben ihm ein Wundarzt fanden sich bereit, die gefährliche Reise zu wagen.

Das waren Leute, die ihren Vorteil suchten, von Reichtümern träumten und für ihren Traum etwas aufs Spiel setzen wollten, mutige, seegewohnte Männer auch, die nicht leicht zu schrecken waren, für die das ungewöhnliche Unternehmen einen lockenden Reiz hatte, dann auch königliche Beamte, die im Bewußtsein der Pflichterfüllung höherem Befehl gehorchten; mit ihnen allen war aber dem neuen Admiral nicht gedient, sie machten keine Besatzung aus, sie konnten nicht die schwere Schiffsarbeit verrichten. Woher die notwendige Mannschaft nehmen? Das war von Anfang an die Schwierigkeit, denn unter den Matrosen und dem gemeinen Schiffsvolk hatte die Nachricht von der Unternehmung des Genuesen abergläubisches Entsetzen verbreitet, und es scheint eine förmliche Verschwörung bestanden zu haben, ihm den Dienst zu verweigern.

So erging ein königlicher Aufruf, daß gegen diejenigen,

die sich auf den Schiffen des Capitan general Cristobal Colón anwerben ließen, jede Kriminaluntersuchung eingestellt werden sollte. Die verzweifeltste Maßregel, die zu erdenken war. In einer Ordre, gerichtet an sämtliche Gerichtsbarkeiten des Reiches, hieß es: »Ihr wißt, daß wir den Cristobal Colón beauftragt haben, in das ozeanische Meer zu schiffen. Nun sagt er, daß es, um Mannschaft für seine drei Caravellen zu erhalten, notwendig sei, den Personen, die er heuert, Sicherheit zu geben, da sie auf andere Weise nicht willens sind, mit ihm zu gehen. Und da er Uns gebeten, daß Wir die Befehle hiezu erteilen möchten, und Wir es für gut finden, so geben Wir durch Gegenwärtiges Sicherheit allen und jeden Individuen, die mit dem genannten Cristobal Colón sich zur genannten Reise nach dem genannten ozeanischen Meer einschiffen, so daß ihnen weder an ihrem Leibe noch an ihrem Eigentum irgendein Schaden oder eine Strafe zugefügt werden kann aus keinerlei Anlaß irgendeines Verbrechens, das sie bis zum heutigen Tag begangen, und solches soll für die Dauer der Reise bis zu ihrer Heimkehr und noch zwei Monate darüber hinaus Gültigkeit haben.«

Erklärlicherweise fehlte es nun an Leuten nicht; das verworfenste Gesindel meldete sich, Straßenräuber, Piraten, dem Zuchthaus entflohene, dem Galgen entsprungene Burschen, Diebe, Mörder, Münzfälscher, Gebrandmarkte aus dem ganzen Königreich. Columbus hatte keine Wahl. Er nahm sie auf. (Wer erinnert sich da nicht der grandios-lächerlichen Szene, wie Don Quichote den Galeerensträflingen die Fesseln abnimmt und ritterliche Worte zu ihnen spricht, über die sie sich lustigmachen?) Aber auch von diesem Abschaum lief ein großer Teil, kaum gedungen, wieder davon, obgleich ihnen der Sold wie auf Kriegsschiffen zugesagt und auf vier Monate vorausbezahlt wurde. Das Grauen war stärker als die Lockung, Stadt und Hafen schwelten von schlimmen Gerüchten, Trotz und Aufsässigkeit machten sich allenthalben bemerkbar, sogar die mit der Ausbesserung der Schiffe beschäftigten Arbeiter verrichteten ihr Tagewerk widerwillig, alles mußte mit den härtesten Maßregeln gegen das öffentliche Vorurteil durchgesetzt werden.

Endlich, in den ersten Tagen des August, waren alle Hindernisse überwunden und die Flotte zur Abfahrt bereit. Columbus ordnete seine Angelegenheiten, nahm Abschied von seinen Gönnern und Freunden und stellte seinen Sohn Diego, der bisher im Kloster La Rabida gewesen war, unter die Aufsicht eines Geistlichen in der Stadt Moguer; dieser sollte ihn dann an den Hof bringen, denn die Königin hatte ihn durch ein Albala oder Patent zum Pagen beim Prinzen Don Juan ernannt, eine Ehre, die sonst nur Personen höchsten Ranges widerfuhr. Um die Reise nicht mit schuldbelastetem Gewissen anzutreten, ging der Admiral mit seinen Kapitänen, Piloten und gesamten Mannschaften zur Messe, Beichte und zum Abendmahl nach La Rabida. Es waren, auf den drei Schiffen, im ganzen hundertzwanzig Personen. Columbus blieb die Nacht über im Gebet und Gespräch mit den Franziskanern, am Morgen des dritten August verließ er in Begleitung des Priors Juan Perez das Kloster und wandte sich zum Hafen. Die ganze Bevölkerung hatte sich ans Ufer des Rio Tinto begeben. Um acht Uhr gab der Admiral vom Deck der Santa Maria mit mächtiger Stimme im Namen Jesu Christi Befehl zum Lichten der Anker und Hissen der Segel.

Sechstes Kapitel
Fahrt ins Unbekannte

Wenn Christoph Columbus derjenige Mensch ist, der nach der üblichen Geschichtsauffassung das Tor des Mittelalters zuschlug, um eine neue Welt und Zeit heraufzuführen, so ist der Augenblick, wo die drei armseligen Kähne den spanischen Hafen verlassen, sicherlich einer der epochalsten in der Geschichte der Menschheit.

Man muß sich das Ungeheure der Tatsache nur versinnlichen. Da es uns so geläufig geworden ist wie das Einmaleins, haben wir das Maß und die Anschauung verloren. Das Einzigartige ist natürlicherweise dem Schicksal verfallen, außerhalb jedes Gleichnisses zu stehen, und die heftigste Phantasie-Entzündung bewirkt manchmal etwas wie Blindheit gegenüber dem Bild, das die Veranlassung dazu war.

Nicht im Aufgeben aller bisherigen Bindungen liegt die Größe des Entschlusses, im Hintersichlassen des Gewohnten, Vertrauten, Befriedeten, von Regel, Behelf, Erwerb und Sicherung, Gesellschaft und Gesetz, in keinem Hintersichlassen überhaupt, sondern durchaus in der inneren Gestaltsetzung des Kommenden, des Vorsichhabens, des Nochnichtvorhandenen. Was ja auch der tiefste Gedanke des Don Quichote ist.

Darin äußert sich die verehrungswürdige dunkle Kraft des mittelalterlichen Menschen, daß er keine Selbstbestimmung kennt und immer Kreatur bleibt im Fühlen und Handeln, mit dem Aufblick zu einem unbekannten Wesen und der Verhaftung in ihm. Das Religiöse an Columbus ist daher weder Vorwand, noch Kostüm, noch beruht es auf dogmatischer Lebenshaltung, es ist sein eigentlicher Kern, als solcher umfaßt er das Bewußtsein der Schickung, der Sendung, und daß der Mensch sich gegen das Element zu stellen habe als gegen das niedrig Unbeseelte und Gottfeindliche, um es zu überwinden, wie er auch dabei fahre.

Es ist außerordentlich schwierig, mit einer auch nur geringen Aussicht auf Wahrscheinlichkeit die Empfindungen jener Männer zu rekonstruieren, die da auf unzulänglichen, schlecht ausgerüsteten alten Fahrzeugen in die grenzenlose Wasserwüste hinaussegelten. Wenn es nicht überpflanzte Gefühlskomplexe aus heutiger Welt sind, ist es Dichtung; eines kann so wenig befriedigen wie das andre, beides wird zum Experiment. Ich glaube, daß es unvorstellbar und unausdenkbar ist. Jede moderne Leistung, die man etwa in Analogie setzen könnte, Durchquerung Afrikas, Erforschung des Südpols, Flug ins Polargebiet, Überfliegung des Atlantik, jede ähnliche auch aus den letztvergangenen Jahrhunderten, vollzog und vollzieht sich innerhalb der Überlieferung des Wissens um bekannte Naturgesetze und im Vertrauen auf eine bewährte kosmische Ordnung.

Dies fehlte Columbus und seinen Leuten. Es fehlte ganz und gar. Der Bau der Welt, die Größe der Erde, die menschliche Kapazität, die Wirksamkeit und Verläßlichkeit gewisser Hilfsmittel, alles das war sozusagen noch Annahme, Vermutung, Aberglaube. Nichts war bewiesen, nichts in der Erfahrung bewährt, nichts durch gültiges Zeugnis erhärtet; draußen auf dem Ozean war man von einem bestimmten Längengrad ab der allererste Mensch, und was immer man erblickte und erlebte, stand auf der schauerlichen Grenzscheide zwischen Leben und Tod. Der Ablauf der Tage ist ein einziges Grauen, jede zurückgelegte Meile vermehrt das Grauen. Es gibt eigentlich kein Ziel; was sie davon gehört haben, ist Einbildung, bestenfalls Behauptung, die Phantasie vermag auf diesem Weg keinen Endpunkt zu finden, der Horizont ist rund, seine Rundheit macht das Auge rasend, der Blick irrt verzweifelt zwischen Himmel und Wasser, die Schiffe tanzen im Runden rundum, vorne, hinten, links und rechts wechseln wie auf einer schwindelnd-schwingenden Drehscheibe, es ist ihnen zumut, als wären sie lauter Bälle, die über die brüllende See ins Nichts geschleudert werden sollen. Und das ist die Quelle und der Gegenstand des Grauens, das Nichts, die Erwartung des Nichts. Jeder von uns hat es als Kind gespürt, im Traum, und es ist ein atavistischer Traum: man macht sich auf, um ans Ende der Welt zu gehen, und die ganze Seele ist erfüllt von dem unsinnigen Grauen vor dem Nichts.

Ein Teil der Briefe und Berichte des Columbus ist erst 1791 von Navarrete, einem spanischen Marineoffizier, in den Archiven des Klosters San Estéban und des Herzogs von Veragua, einem Nachkommen des Admirals, aufgefunden worden. Sie sind von Columbus' eigener Hand geschrieben, und es war oft schwer, ja fast unmöglich, die veraltete Schreibweise, die verblaßten Lettern, die nicht mehr gebräuchlichen nautischen Fachausdrücke, die häufig eingestreuten italienischen und portugiesischen Worte zu entziffern und den schleppenden Stil, dem jede Interpunktion fehlte, in die moderne Sprache zu übersetzen, ohne die charakteristische Art des Autors zu verwischen. Die Schiffstagebücher hat Hernando Colón zusammen mit dem Bischof Las Casas schon 1536 veröffentlicht.

Die bei dieser Reise und auch bei den späteren am häufigsten gerühmte, selbst von Alexander von Humboldt hervorgehobene Eigenschaft des Columbus ist die richtige und scharfe Beobachtung von Phänomenen, die sich nach der ganzen Lage der Dinge vollkommen außerhalb seines Erfahrungskreises befanden. Er macht die gewissenhaftesten und genauesten Notizen über die Richtung der Meeresströmungen, die inselartigen Anschwemmungen des Seegrases im sogenannten Sargassomeer, die Veränderung der Lufttemperatur, den Flug der Vögel und hauptsächlich über eine Erscheinung, die ihn und seine Leute am meisten beunruhigen mußte: die Abweichung der Magnetnadel und die damit zusammenhängende Bewegung des Polarsterns, eine Entdeckung, die ohne Zweifel ihm als erstem zuzuschreiben ist.

Es war am 13. September 1492, bei Anbruch der Nacht, als er bemerkte, daß die Magnetnadeln von Nordosten nach Nordwesten abwichen, wodurch die Steuerleute, wie er gesteht, in nicht geringe Furcht versetzt wurden. Er berichtigte die Nadeln nach Methoden, die er so verworren schildert, wie er sie vermutlich betrieben hat, und obwohl aus der ganzen Darstellung, wissenschaftlich genommen, ersichtlich ist, daß er durchaus keinen klaren Begriff von dem Vorgang hat, und obwohl auch er die Furcht der Piloten teilt, als ob sich damit die Grundgesetze der Natur veränderten und er in eine neue Welt mit neuen Gesetzen einträte, ahnt er doch zugleich, daß die Abweichung der Nadel ein Mittel werden kann, den Längengrad zu bezeichnen und die Ortsbestimmung zu treffen.

Niemals vermochte er eine nautische Berechnung selbst zu machen, dazu reichten seine Kenntnisse nicht aus; wenn er es versuchte, war das Resultat kläglich, wie zahlreiche Spezialuntersuchungen bewiesen haben. Jedoch auf Forschung ging er nicht aus, an Forschung war ihm nicht gelegen, er konnte eine Wirkung feststellen, nicht aber eine Ursache ergründen, er konnte schauen, er konnte die Frage formulieren und mit ahnendem Sinn hinter das Geschaute dringen, das hat nichts mit der Exaktheit des Beobachters zu tun, überhaupt nichts mit Beobachtung, sondern es ist eine Kategorie für sich, und eine große noch dazu. Seine sämtlichen Berichte, ob sie nun das schreckenerregende Benehmen des Kompasses, das wechselnde Bild des Tangmeers, den Flug der Vögel oder was immer zum Gegenstand haben, bestätigen schlagend, daß er nichts weniger als ein Beobachter, daß er ein visionärer Mensch war und seine Aufgabe völlig aus der Vision heraus schöpfte und erfaßte. Träfe dies im allermindesten nicht zu, dann wäre er wirklich der Scharlatan und Abenteurer, als den ihn neidische und boshafte Zeitgenossen manchmal darzustellen beliebten.

Ich bin mir aber wohl bewußt, daß ich mit alldem erst zaghaft die Grenzlinien seines Wesens und Charakters umrissen habe.

Das Schiffstagebuch beginnt, zeremoniös und umständlich, mit einer Evokation der spanischen Hoheiten, gibt einen Rückblick auf des Schreibers Verdienste und Bemühungen, dann dankt er für alle voraus empfangenen Wohltaten und Belohnungen, oder stellt sie wenigstens trocken fest, und verspricht, jede Nacht niederzuschreiben, was ihm am Tag begegnet ist, bis er Indien entdeckt haben würde. »Dabei kommt es hauptsächlich auf eines an«, schließt er in seiner intransigenten Manier, »nämlich, daß ich, um alle Verpflichtungen zu erfüllen, auf den Schlaf verzichten lerne.«

Dies ist keine eitle Ruhmredigkeit, er hat es buchstäblich getan. Er war imstande, wochenlang, genau, wie er sagt, auf Schlaf zu verzichten. Ich finde ihn in dieser Hinsicht geradezu unheimlich. Freilich, in jenen ersten Wochen war es schwer für ihn zu ruhen und zu schlafen. Wie ein dunkles Gespenst ist er vom Abend bis zum Morgengrauen am Bug der »Santa Maria« gestanden, die hellgrauen Fanatikeraugen in gefrorener Glut nach Westen gerichtet. Daß ihn seine Untergebenen geliebt haben, läßt sich schwerlich annehmen; solche Männer werden nicht geliebt; schreibt er doch von sich selbst: »Ich bin nicht schmeichlerisch von Worten, vielmehr gelte ich für rauh«; die bewußtseinslähmende Spannung, die ihn bis zum zwölften Oktober erfüllte, trieb ihn von aller Menschheit weg, und wenn es auch Leute waren, die vor nichts und niemand zurückschreckten, ihm wichen sie in scheuem Bogen aus, wie sie einem verrufenen Zauberer ausgewichen wären. Dabei mußte er mehr vor ihnen auf der Hut sein als sie vor ihm. Damit die Ungeduld sie nicht zu früh rebellisch werden ließ, griff er von vornherein zu dem nicht ganz einwandfreien Mittel, sie über den zurückgelegten Weg zu täuschen, indem er doppelt Buch führte, einmal, in der wirklichen Zahl der Seemeilen, für sich, und einmal, in verkürzten Ziffern, für das Schiffsvolk, eine Maßregel, die wahrscheinlich auf allen drei Caravellen gleichmäßig getroffen werden mußte, da man sich ja bei ruhigem Wetter von Fahrzeug zu Fahrzeug leicht verständigen konnte.

Eine Sonderbarkeit des Tagebuchs besteht darin, daß er bisweilen in der Ichform berichtet, dann wieder, ohne Übergang, von sich in der dritten Person als dem Admiral spricht. Es scheint mir nicht, als sei dies bloß eine stilistische Achtlosigkeit oder leere Form. Es wird wohl tiefer liegen. Das Ich und der Admiral standen in seiner Brust einander fremd gegenüber. Es waren zwei Personen von verschiedenem Rang, verschiedener Verantwortlichkeit, verschiedenem Belang, die eine ein mißtrauischer, fieberhaft erregter, traumgequälter, selbstquälerischer, müder alter starrer Mensch, die andere ein zum Symbol erhobenes Werkzeug göttlicher Mächte, unfehlbarer Geist.

Da schon drei Tage nach der Ausfahrt das Steuerruder der »Pinta« zerbrach (man hatte den Cristobal Quintero, den Eigentümer der Barke, in Verdacht, die Havarie mit Absicht herbeigeführt zu haben), mußte die Flottille die kanarische Insel Lanzerot anlaufen und konnte die Reise erst am achten September fortsetzen. Am siebzehnten meldet er im Logbuch, daß die Luft immer milder wird und daß er einen weißen Vogel gesehen hat, der nie auf dem Meer schläft. Der Ozean ist so ruhig wie der Fluß bei Sevilla. Am neunzehnten ist die Flotte vierhundert Meilen von den Kanaren entfernt. Am zwanzigsten fängt einer mit der Hand einen Vogel, der einer Meerschwalbe gleicht, es ist aber bei näherer Untersuchung ein Flußvogel. So wird gesagt, vielleicht nur, um die Hoffnung zu beleben. Auch ein Alcatraz, eine Pelikanart, fliegt von Nordwest nach Südost, Colón vermutet daher im Nordwesten Land. Am einundzwanzigsten herrscht Windstille, in der Nacht ist das Meer dicht mit Gras bedeckt. Am zweiundzwanzigsten, als sich

Gegenwind erhebt, schreibt Columbus: »Der Admiral sagt, der widrige Wind war ihm notwendig, denn es war eine Gärung unter den Leuten, weil sie glaubten, es wehen unter diesen Himmelsstrichen keine Winde, die die Rückkehr möglich machen.« Am dreiundzwanzigsten fängt das Schiffsvolk ernstlich zu murren an, weil die See immerfort ruhig und glatt ist, bald aber regt sich das Meer, ohne daß ein Wind bläst, und wird so mächtig, daß alle sich verwundern. Columbus sagt hierzu: »Das ist noch nie geschehen, außer zur Zeit der Juden, als die Ägypter aus Ägypten auszogen, um Moses zu verfolgen.«

Es ist immer wieder das nämliche, was zum Ereignis wird: Abflauen und Auffrischen des Windes, gesichtete Vögel und Fische, die wundersamen Flächen grünen stillen Grases auf dem Wasser, die zarten Nebelbänke am Horizont, die die Hoffnung auf Nähe von Land wecken, um dann schmerzliche Enttäuschung zu hinterlassen, die Bahn der Sterne, ein schwimmender Zweig mit wilden Rosen, ein aufgefischtes Rohr. Es herrscht Unsicherheit über die Richtung, und von Schiff zu Schiff wird mit Alonzo Pinzon über den zu verändernden Kurs beraten, wobei der erfahrenere Kapitän der »Pinta« schroff seine bessere Meinung durchsetzt; der Admiral gibt den direkten Kurs nach Westen auf und befiehlt, das Steuer gegen Westsüdwest zu kehren.

In neuerer Zeit sind allerlei Zweifel an der Unbeirrbarkeit des Columbus während der Fahrt laut geworden, man hat behauptet, er selbst sei, beeinflußt von der Stimmung der Mannschaft, kleinmütig geworden und habe sich mit dem Gedanken an Umkehr befaßt; da sei es eben jener Alonzo Pinzon gewesen, der das Unternehmen durch seine entschlossene, geradezu drohende Haltung gerettet habe. Und um auch das Verdienst des Pinzon noch um einen Grad herabzudrücken, wird hinzugefügt, für ihn seien so viele materielle Interessen auf dem Spiel gestanden, daß er unverrichteter Dinge nicht auf halbem Weg hätte zurückkehren können.

Ich glaube von alledem kein Wort. Äußere Gründe mögen dafür sprechen, die innere Unwahrscheinlichkeit ist evident. Und selbst wenn es wahr wäre, d. h. wenn es das trügerische Zeugnis eines Vorgangs, eines Tages, einer Stunde für sich hätte, so wäre es doch menschlich und psychologisch unwahr. Es gibt forschungsmäßige Nachweise und Erhärtungen von rein destruktiver Natur, die immer dort Verwirrung hervorbringen, wo Bild und Anschauung fehlen. Umkehr: die Vokabel existierte nicht für den Admiral des »ozeanischen Meeres«. Don Quichote läßt sich steinigen, verhöhnen, er verzichtet auf Schlaf und Nahrung, er gibt sich preis, er gibt sich auf, aber er kehrt nicht um.

Hernando Colón erzählt, daß das meuterische Schiffsvolk sich verschworen habe, den Admiral zu einer bestimmten Zeit der Nacht, wenn er wieder berauscht von den Sternen sei, ins Meer zu werfen. (Wie unmittelbar wirklich, in einem knappen Nebensatz, das Bild des Mannes! Berauscht von den Sternen! Auf einmal steht er da, als ob ihn Greco gemalt hätte; expressiver ließ es sich kaum sagen.) Die aufgeregte Szene, in der dem Columbus von der empörten Rotte drei Tage zugestanden werden, wenn bis dahin nicht Land in Sicht käme, hätte er sein Leben verwirkt, dieser dramatische Knalleffekt geht auf den zeitgenössischen Geschichtsschreiber Oviedo zurück, einen kritiklosen Zusammensteller unsicherer Tatsachen. In dem Punkt darf man dem Admiral schon trauen, daß es mit der ganzen Revolte nicht weit her war, so skeptisch auch sonst seine Nachrichten aufzunehmen sind; wäre es zu jener äußersten Ausschreitung gekommen, so hätte er gewiß nicht versäumt, sie mit der Breite und Großartigkeit mitzuteilen, die ihm bei solchen Gelegenheiten eigen waren; es wäre für ihn ein willkommener Anlaß gewesen, sich eine Gloriole ums Haupt zu flechten und mit seiner überlegenen Geisteskraft zu prahlen. Jedoch er spricht immer nur von vorübergehenden Ungeduldsausbrüchen der Mannschaft, von hervorbrechender und wieder schwindender Mutlosigkeit, von Unruhe, Beklommenheit, sogar Widersetzlichkeit; von meuterischen Exzessen keine Silbe; an dem Tag, wo die offene Meuterei hätte stattfinden müssen, am zehnten Oktober, notiert er nur: »Die Leute beklagten sich über die Länge der Reise und wollten nicht weiter. Der Admiral begütigte sie, indem er ihnen den Nutzen vorstellte, den sie aus der Fahrt ziehen würden. Er fügte aber auch hinzu, ihr Murren sei ganz vergeblich, da sein fester Entschluß, nach Indien zu gelangen, durch nichts erschüttert werden könne.«

Daß seine Situation von Tag zu Tag bedenklicher wurde, verhehlte er sich nicht. Alle Anzeichen, die grenzenlose Ödnis der Wasserwüste könne endlich an ein Ufer stoßen, hatten getrogen. Die in der Ferne wahrgenommenen Gebirge und Städte hatten sich als Sinnestäuschungen erwiesen. Die Schiffe waren zu schwach für die lange Fahrt, und wenn sie mit jedem Augenblick den ungeheuren Raum vergrößerten, der sie von der Heimat trennte, wie sollten sie die Rückfahrt bewerkstelligen, da doch weit und breit kein Hafen war, um die jämmerlichen Barken auszubessern und frische Lebensmittel zu erhalten; die Vorräte schrumpften schon jetzt in besorgniserregender Weise. Er kannte natürlich die Gefahr, obschon er sie vielleicht verachtete oder nicht in sich eindringen ließ, vorauslebend, in die Zukunft langend, »berauscht von den Sternen«. Ein solcher Mensch, geisterhaft isoliert, geisterhaft unnahbar, mußte auf die rohen und einfachen Charaktere seiner Umgebung eine willensaufhebende Gewalt ausüben; in ihm war das grauenhaft Unverständliche der ganzen Expedition verkörpert und sichtbar; das dichte Zusammenleben an Bord hatte ihnen nicht eine Spalte seines rätselhaften Innern aufgeschlossen; er schleifte sie hinaus in eine Unwelt, in die Weltlosigkeit; Verzweiflung war so unnütz wie Aufstand, von ihm hing schließlich alles ab, er hatte vermutlich Hilfsmittel und war magischer Sprüche mächtig wie kein Sterblicher sonst; darin lag sicherlich das Wesen ihrer Gefolgschaft überhaupt, denn wäre ihnen nicht ein schreckerstarrter Rest von Vertrauen dieser Art geblieben, so sehe ich nicht ein, warum sie ihm nicht schon nach drei Tagen den Schädel zertrümmert und seine Leiche ins Wasser geworfen haben sollten, anstatt sich zehn Wochen lang von ihm und den durch ihn verzauberten Brüdern Pinzon in einen unbekannten Tod jagen zu lassen, wie sie fürchten mußten.

In dem bereits erwähnten Prozeß des Diego Colón machte ein gewisser Francisco Garcia Vallejo, der auf der »Pinta« Matrose gewesen, einundzwanzig Jahre nach der Entdekkung folgende Aussage: »In der Nacht vom Donnerstag auf den Freitag, vom elften auf den zwölften Oktober, war Mondschein, und ein Mann namens Juan Rodriguez Bermejo, Einwohner von Molinos in der Provinz Sevilla, sah einen weißen Sandhügel, riß die Augen weit auf und erblickte Land. Sogleich rannte er zu einer Kanone, gab Feuer und schrie: ›Land! Land!‹ Die Mannschaft stürzte an Deck und blieb auf, bis der Tag anbrach.«

Im Logbuch steht es anders. Da heißt es, das ausspähende Auge des Admirals habe schon um zehn Uhr abends ein hin und her bewegtes Licht gesehen, in dem er sofort ein künstliches, von Menschenhand erzeugtes habe erkennen können, und das auch von denen, die er herbeigerufen, gesehen wurde. Er befahl dem Matrosen im Mastkorb aufmerksamen Auslug, erinnerte ihn auch an die von der Königin ausgesetzte Belohnung von zehntausend Maravedis für den, der zuerst Land wahrnahm, und versprach, aus eigenem eine seidene Jacke hinzuzutun.

Doch nicht der arme Matrose erhielt den Preis, sondern der Admiral beanspruchte ihn für sich selbst, und zwar gleich nach dem Tedeum, das die Mannschaft der drei Schiffe am Morgen anstimmte. Manche sagen: aus Habsucht; manche sagen: aus Ruhmsucht; manche sagen: aus beiden Motiven. Ihn von der abscheulichen Schäbigkeit freizusprechen, wagen die beflissensten Verteidiger nicht. Allein: Habsucht, Ruhmsucht, das trifft den Mittelpunkt nicht, das war unter ihm, hinter ihm, es war die unbändige Gefräßigkeit des nach der Prämie Lechzenden, als ob ihm nun die Erde, die Menschen, das Schicksal zu ungemessenem Tribut im größten wie im kleinsten verpflichtet seien.

Schwerlich hat irgendein Sterblicher jemals einen erhabeneren Augenblick erlebt als Columbus, da er auf Guanahani ans Land ging. Schwerlich auch ist jemals ein Tedeum das Vorspiel zu solchen blutigen Tragödien, zu solchen Orgien der Verfolgung und Menschenschlächterei gewesen wie das von der Besatzung der drei Admiralschiffe am 12. Oktober 1492 gesungene.

Siebentes Kapitel
Die Indios und das Gold

Guanahani hieß die Insel; eine melodiöse Verbindung von Vokalen, wie Urlaute, kindlich, schmeichlerisch, onomatopoetisch. Sie gehört zur Gruppe der Bahama-Inseln: der Streit gelehrter Geographen hat erst spät zu der vorläufigen Feststellung geführt, daß es die heutige Watlingsinsel sein müsse. Nachforschungen an Ort und Stelle kamen nicht in Frage, es gab keine Überlieferung mehr, denn wenige Jahre nach der Entdeckung wurden die gutmütigen und zutraulichen Bewohner des ganzen Archipels wie Schlachtvieh nach Kuba transportiert, um dort nach Perlen zu tauchen oder furchtbare Zwangsarbeit in den Minen zu verrichten, so daß sie in kurzer Zeit insgesamt zugrunde gingen. Schon im Jahre 1520 fanden spanische Schiffe die ehemals blühenden Eilande vollkommen ausgestorben und wüst.

Der Admiral ruft die beiden Kapitäne sowie den Notar der Flotte zu sich und fordert sie auf, Zeugen zu sein, daß er in dieser Stunde die Insel für den König und die Königin rechtskräftig in Besitz nehme. Er zieht sein Schwert, entfaltet das kastilische Banner und entbietet die sämtliche Mannschaft, daß sie ihm als Admiral und Vizekönig den Eid der Treue leiste. Die feierliche Veranstaltung hatte er zweifellos lange vorher in allen Einzelheiten ausgedacht. Sie ist die Verwirklichung des ersten aus einer fortgesponnenen Reihe von Träumen. Ihm geschah, was unter Millionen einmal einem geschieht: Wahrwerden des heimlichsten, inbrünstigsten Traumes. Die Chronisten versichern, die Leute seien vor Begeisterung wie verrückt gewesen; sie drängten sich um den Admiral, sie umarmten ihn, sie küßten seine Hände, und die noch gestern die Widerspenstigsten gewesen, zeigten sich nun als die Demütigsten und

Dankbarsten. Nicht zu verwundern. Der Explosionsgewalt dieses Moments war keine Menschenvernunft gewachsen. Es gibt Erschütterungen, unter denen die Bösen aufhören böse zu sein, die Schwächlinge nicht mehr schwach, die Trübsinnigen nicht mehr melancholisch sind, da bricht die elementare Triebnatur hervor, die alles Eigenschaftliche und auf den Zweck Gerichtete überschwemmt und verbrennt. Dieser Auswurf Europas wird sich auch nicht mit harmlosen Freudenbezeugungen begnügt haben; in ihren tollhäuslerischen Rausch mengten sich wahrscheinlich gleich die wildesten Hoffnungen, und die Brunst einer noch wesenlosen Begierde verwandelte jeden einzelnen im Nu in einen heimlichen, zu jeder Untat bereiten Verschwörer.

Ich war ein zehnjähriger Junge, als ich zum erstenmal las, wie Columbus von Guanahani »rechtskräftig« Besitz ergriff. Ich entsinne mich, daß mich der Ausdruck »rechtskräftig« so in Erstaunen setzte, daß ich tagelang darüber grübelte. In meiner Naivität fragte ich mich, wie denn das möglich sei, da doch auf der Insel bereits Menschen lebten und vermutlich von alters her. Mich erstaunte vor allem die Selbstverständlichkeit des Vorgangs, und daß sich die Spanier nicht wenigstens vorher erkundigten, ob das Land bereits jemandem gehörte. In diesem Fall schien es mir höchst seltsam, von Rechtskraft zu sprechen, und die Begriffe verwirrten sich mir. Es war natürlich eine kindliche Auffassung, ich sah es später ein, besonders da die Tatsache in allen Büchern mit der gleichen Selbstverständlichkeit berichtet wurde und ich auf keinen Menschen stieß, der mein Befremden geteilt hätte.

Der Admiral ließ die Eingeborenen um sich versammeln, und folgendes sind seine Worte über sie, die ersten, die über die blumenhaften Wesen dieser Inselwelt von einer Menschenhand niedergeschrieben wurden: »Ich erkannte, daß es Leute seien, die sich eher durch Sanftmut und Überzeugung als durch Gewalt zu unserem heiligen Glauben bekehren lassen würden, und gab darum einigen von ihnen Glasperlen und farbige Kappen und viele andre wertlose Dinge, die ihnen großes Vergnügen bereiteten und uns ihre Freundschaft schnell erwarben. Sie kamen darauf an unsere Schiffe geschwommen, brachten Papageien, Garnknäuel, hölzerne Lanzen und vieles andere, was sie gegen die Dinge austauschten, die wir ihnen boten, Spielzeug und kleine Schellen. Männer und Frauen gehen ganz nackt, sie sind schön gewachsen, haben schöne Glieder und Angesichte. Ihre Bewegungen sind zierlich, sie müssen gute Dienstboten sein, von sehr gutem Charakter, ich glaube auch, daß man sie ohne Schwierigkeit zu Christen machen kann.«

Zwei Tage später, als er sich entschlossen hatte, nach Südwesten zu steuern, wo nach den Andeutungen der Indios (so nannte er sie, da er ja überzeugt war, sich in Indien zu befinden) noch anderes Land war, berichtet er, daß beim Tagesgrauen der Strand von lauter jungen Menschen voll gewesen sei, alle von hohem Wuchs. »Es ist wahrhaftig ein schöner Menschenschlag«, beteuert er »ihre Haare sind nicht gekräuselt, sondern fallen lang herab und sind grob wie Roßhaar. Die Augen sind schön und keineswegs klein. Ihre Hautfarbe ist nicht schwarz, sondern wie die der Leute auf den Kanarischen Inseln, die Füße sind ganz gerade. Ich frug sie aufmerksam aus, um zu hören, ob sie Gold haben. Ich bemerkte, daß einige ein kleines Stückchen Gold in einem Loch tragen, das sie sich in die Nase machen, und es gelang mir, durch Zeichen zu erfahren, daß, wenn ich ihre Insel umschiffe und mich nach Süden wende, ich ein Land finden werde, dessen König eine große Menge von diesem Metall besitze. Ich versuchte sie dazu zu bringen, mich zu diesem Land zu führen, begriff aber bald, daß sie nicht wollten. (Das heißt, er hatte sich einer Anzahl von ihnen mit Gewalt bemächtigt und zwang sie zu Führerdiensten.) Das Gold, das sie in den Nasenlöchern tragen, findet sich wohl im Lande, aber ich lasse nicht danach suchen, um keine Zeit zu verlieren, denn ich will trachten, daß ich an der Insel Zipangu landen kann.«

Derselbe bezeichnende Vorgang wiederholt sich nun immer wieder. Er verläßt Guanahani, dem er den Namen San Salvador verleiht, und entdeckt eine zweite Insel, die er Santa Maria de la Concepcion nennt, eine dritte, die den Namen Fernandina, eine vierte, die den Namen Isabella erhält. Schickliche Ordnung: zuerst der Erlöser und die Mutter Gottes, dann die irdischen Majestäten. Überall begegnen ihm die Indios mit scheuer Freundlichkeit, nachdem sie die tiefe Angst vor den Fremdlingen überwunden haben, in denen sie Götter und Halbgötter erblicken. Niemals das geringste Anzeichen feindseliger Gesinnung, niemals eine boshafte Handlung, höchstens stehlen sie gelegentlich eine Kleinigkeit auf einem der Schiffe, etwas Glänzendes oder Buntes, das ihr naives Verlangen erweckt hat; damit machen sie sich dann eilig aus dem Staub, um es in Sicherheit zu bringen, sind aber, zur Rede gestellt, gern bereit, ihr ganzes Eigentum hinzugeben, wenn man ihnen nur erlaubt, das wunderbare glänzende oder bunte Ding, einen Spiegelscherben, einen Fetzen rotes Tuch, zu behalten. (Dies scheint, in allen Jahrhunderten vorher und nachher, das symptomatische Benehmen der sogenannten Wilden gewesen zu sein: der Kehricht europäischer Zivilisation, der glänzende Scherb und der bunte Fetzen reichen hin, sie in Entzücken zu versetzen und den Geist anzubeten, der dergleichen hervorzubringen imstande ist. Zweihundertsiebzig Jahre nach Columbus macht Kapitän Cook genau dieselbe Erfahrung in der Südsee.)

Ihr ganzes Gefühl gegen die Ankömmlinge ist Bewunderung und Verehrung. Uralte Sage, die in allen Stämmen von hier bis nach Mexiko, Guatemala und Peru lebendige Tradition ist, hat die Erwartung göttlicher Wesen in ihnen erregt, von Söhnen der Sonne, die aus dem Osten kommen und unermeßliche Freude und Schönheit spenden werden: ein Erlösungsmythos, der die Menschheit durch alle Formen ihres frühen Bewußtseins begleitet. »Sie dankten Gott«, notiert Columbus am vierzehnten Oktober, »warfen sich auf die Erde nieder, erhoben die Hände zum Himmel und luden uns ein, an Land zu kommen.« Aber das erste, was er am andern Morgen unternimmt, ist, einen Ort zu bestimmen, wo er eine Festung bauen kann. Etwas beschämt fügt er dem Bericht hinzu, es sei vielleicht doch nicht nötig, da die Leute in bezug auf den Krieg äußerst einfältig seien. In dieser Feststellung tritt eine nicht geringe Verachtung des zivilisierten gegen den unzivilisierten Menschen, des kriegerischen frommen Katholiken gegen den friedfertigen Heiden zutage, und so läßt sich auch seine Sorge über ihren Unglauben begreifen und wie man sie möglichst rasch zu Christen machen könne. Er hat Angst um ihr Seelenheil, soviel herrenloses Gut der Kirche bedrückt sein Gemüt. Doch weiß er sich am Anfang nicht zu stellen; er und seine Sendlinge sind im Befragen der »Wilden« nicht geschickt, es ergeben sich wunderliche Mißverständnisse, aber der Admiral hört nur, was er zu hören wünscht, d. h. er hört überhaupt nicht. Nur mit seinem fertigen Traumbild beschäftigt, erwartet er alsbald, daß die Schiffe des Groß-Chans in den von ihm entdeckten Häfen erscheinen werden und daß er das asiatische Festland in zehn Tagen erreichen muß. Da er an dieser Überzeugung nicht rütteln läßt, werden alle Auskünfte der Indios falsch gedeutet, umgedeutet und in seinem Sinn übersetzt, und was die Dolmetscher wie der sprachgelehrte Jude Luis de Torres, den er an Bord hat, hierin versäumen, besorgt er selbst. Wenn sie von einer Gegend namens Cami sprechen, glaubt er, sie reden vom Grandchan, und wenn sie von der großen Insel Kuba erzählen, versteht er Zayton und Quinsay. Sie bringen ihm Gemüse und Früchte, er aber will Gold. Er bemerkt und anerkennt ihre Zutraulichkeit und Sanftmut, ihren Diensteifer und ihre Bereitschaft, ihn als Gott anzubeten, jedoch ihre vollkommene Armut übersieht er gänzlich, er konstatiert nur mit Verwunderung, daß sie sich aus Gold nichts machen, was ihn noch mehr in der Meinung befestigt, daß jedes dieser kleinen Gartenparadiese von verborgenem Golde starrt. Und eine tiefe grüblerische Unruhe bemächtigt sich seiner: wie kann man des Goldes habhaft werden? wie die Indios zwingen, daß sie es herausgeben?

Seine Aufzeichnungen lassen keinen gültigen Schluß darüber zu, wie er sich in seinem Innern zu den Indios wirklich verhielt. Meines Wissens hat auch noch niemand diese Frage zum Gegenstand der Forschung gemacht, obwohl sie sicherlich geeignet wäre, manche Unergründlichkeiten seines Charakters aufzuhellen. Man kann ihn nicht beim Wort nehmen, es gibt auch keines, bei dem er zu fassen wäre. Der Mensch des fünfzehnten Jahrhunderts hat im Hinblick auf soziale Konvention und humane Regelungen eine Verstellungsfähigkeit, für die dem heutigen Menschen jeder Begriff fehlt, und wenn man meint, die Insulaner seien für ihn nichts weiter als die lebendige Staffage in einer fremdartig-anmutigen Landschaft gewesen, so wäre das ebenso falsch, als wenn man im sentimentalen Geist des achtzehnten Jahrhunderts annähme, er habe einfache Naturgeschöpfe in ihnen gesehen, die er aus dem Dunkel der Unwissenheit befreien wollte. Voraussetzen darf man nur die absolute Fühllosigkeit, und nicht bloß die des Menschen seiner Zeit gegen den Nichtchristen, den nackt gehenden Gottlosen und in Glaubensfinsternis vegetierenden Wilden, sondern noch viel mehr die Taubheit und Blindheit des von seiner Idee besessenen Menschen gegen alle Erscheinung auf Erden, es sei denn, er bedarf ihrer, damit sie von der Idee zeuge und sie fördere. Aus diesem Grund kann man auch nicht von der Habsucht des Columbus reden, wie es oft geschehen ist; sein unstillbares Verlangen nach Gold hat eine andere Wurzel als die gemeine Gier. Don Quichote ist nicht habsüchtig, wenn er von den Schätzen des Kaisers von Trapezunt phantasiert; er betrachtet sie als Tribut, den ihm das Schicksal schuldig ist, er braucht sie zu seiner Bestätigung.

Seine Haltung gegen die Indios ist von Anfang an feig, verräterisch und unsicher. Einerseits kann er ihre Naturhaftigkeit und Unverdorbenheit nicht genug rühmen, andererseits zerbricht er sich fortwährend den Kopf, wie er möglichst viel Profit aus ihnen ziehen kann, denn er betrachtet sie ja als sein Eigentum, in erster Linie als seines und dann erst als das der spanischen Krone. Am liebsten möchte er durch die Folter aus ihnen herausfragen, was er zu wissen begehrt; oder vielmehr, er will von ihnen hören, was er zu wissen vermeint, so behauptet er zum Beispiel, sie hätten ihm von hundsköpfischen Menschen und von anderen mit einem Auge mitten auf der Stirn erzählt, oder von Inseln, die nur von Amazonen bewohnt seien; er bezweckt dadurch, die Fabeleien antiker Schriftsteller, die für ihn ein scholastisch-wissenschaftliches Gepräge haben, mit der Wirklichkeit in Einklang zu bringen. Andererseits ist er klug genug, sie nicht einzuschüchtern, ehe sie ihm nicht ihre Goldlager (die nur in seiner Einbildung existieren) und den Weg nach der Hauptstadt des Groß-Chans verraten haben (der ebenfalls nur in seinem Wahn besteht). »Wenn es unserm Herrn gefällt, werde ich bei meiner Abreise sechs von ihnen für Eure Hoheiten mitnehmen, damit sie sprechen lernen«, schreibt er, ganz wie ein Entomologe, der eine Sammlung merkwürdiger Käfer heimzuschicken verspricht.

Immer wieder heißt es: »Ich war sehr aufmerksam und gab mir viele Mühe, zu erfahren, ob Gold vorhanden sei«; oder: »Ich vernahm, daß im Süden ein König sei, der große Gefäße aus Gold besitze.« Auf Haiti bringt ihm ein Kazike ein handgroßes Stück Gold; er ist hochbeglückt und wendet sich im Gebet an Gott: »Möge der Allmächtige nach seiner Barmherzigkeit mir beistehen, daß ich die Minen finde, aus denen dieses Gold gewonnen ist.« Er verkauft den Indios kupferne baskische Trommeln: für Gold; er läßt ihnen Sirup verabreichen: für Gold; das meiste Ergötzen bereiteten den verspielten Naturkindern die kleinen Schellen aus Messing, die die Spanier als Tauschartikel mit sich führten; der Admiral überschwemmte die Bahama-Inseln, Kuba, Española und später die Küste des Kontinents zu Tausenden mit Klingelschellen: und bekam Gold dafür. Er schreibt: »Meine Leute sahen einen Indio, der ein Goldstück von der Größe eines kastilianischen Talers trug, und ich machte ihnen Vorwürfe, daß sie es nicht gekauft hatten.« An anderer Stelle: »Ganz gewiß ist es Gold, was ich sah, und ich hoffe mit Hilfe unseres Heilands den Ort zu finden, wo es wächst.« Oder: »Ich werde den König dieser Insel sehen, dessen Kleider, wie ich höre, mit Gold bedeckt sind.« Oder: »Ich werde auf dem Weg nach Bohio alle Eilande besuchen und, je nachdem ich Vorräte von Gold und Spezereien finde, beschließen, was ich zu tun habe.« Am 23. Oktober: »Ich sehe davon ab, die Insel Kuba zu besuchen, die ganz gewiß Zipangu sein muß, weil ich glaube, daß es dort keine Goldminen gibt.« (Er ändert aber dann seinen Entschluß.) Am neunundzwanzigsten kommen sechzehn Kanoes auf das Schiff zu, beladen mit gesponnener Baumwolle; der Admiral schärft seinen Leuten ein, nichts davon zu nehmen, damit sie merken, er suche nichts als Gold (wörtlich). Am 6. November: »Die mich begleitenden Indios sagen, auf der Insel Baneque sei so viel Gold, daß man es unter einer dünnen Erdschicht erkennen könne.« Am 25. November: »Der Admiral ging an den Fluß und sah dort viele goldgefleckte Steine glänzen.« Die gierigen Sinne täuschen ihn, es ist gewöhnlicher Kalkspat oder Glimmerschiefer, wie sich später bei der Untersuchung in Spanien erweist.

Er denkt und träumt nichts anderes als Gold. Es ist seine Qual, sein Stachel, seine Manie, seine Hoffnung. Ich habe von der Bestätigung gesprochen, nach welcher Don Quichote verlangt und nach der Art seines aller Wirklichkeit zutiefst entfremdeten Geistes schmerzlich verlangen muß. Ein Mittel zur Bestätigung ist auch das Gold, aber es öffnet sich da noch ein Abgrund: Ein Mann, der mit solcher Besessenheit vom Gold spricht, nach Gold lechzt, ein Mann von reifen Jahren, verrät damit, daß er sein bisheriges Leben in Dürftigkeit und Entbehrung hingebracht hat, und nicht allein das, auch die allgemeinen sozialen Bedingungen müssen die engsten, bedrückendsten, kümmerlichsten gewesen sein, die höfischen, die bürgerlichen, die des ganzen Volkes, ja des ganzen europäischen Kontinents. Und das trifft kulturgeschichtlich zu. Da ist keine Lockerheit, kein Behagen, nicht der schüchternste Lebensgenuß, und für die Kargheit und Strenge, die das private Dasein in Fesseln schlug, entschädigten nur prunkvolle Massenaufzüge, religiöse Ekstasen und blutige Orgien.

Aber auch das genügt nicht zur Erklärung, man muß noch tiefer gehen. Zuallertiefst ist immer die Angst.

Gewiß, den handgreiflichen Beweis muß er haben, daß er nicht der sterile Phantast gewesen, als den ihn seine Gegner verhöhnen; mit einem Schlag kann er die Zweifler zum Schweigen bringen, die ihm soviel Kummer und Zurücksetzung verursacht haben und deren Stimmen, Mienen, störrische Widerrede und boshafte Nachrede seinen Schlaf mit Unruhe erfüllen; er braucht nur ein Dutzend Säcke Gold vor ihre Füße zu schütten, und sie müssen an ihn glauben, sie müssen gestehen, daß er ein überlegener Geist ist, ein Mann, dem sie bitteres Unrecht zugefügt haben. Er genießt schon zum voraus ihr Erstaunen, ihre Beschämung, ihre demütigen Entschuldigungen, denn arme Schlucker, wie die meisten von ihnen sind, können sie nur durch den Augenschein des Goldes, dieses unwiderleglichsten aller Argumente, zur Anerkennung seiner Verdienste gezwungen werden. Seine Vergangenheit, sein Charakter und alle seine Äußerungen lassen annehmen, daß er ein Mensch der unausrottbaren kummervollsten Ressentiments war.

Die aber, die ihm Beistand geleistet und Opfer gebracht haben, die müssen erst recht überzeugt werden. Käme er mit leeren Händen, so würden sie seinen Erfolg allerdings nicht leugnen, seine Tat sicherlich preisen und ihm die schuldige Ehre nicht versagen, aber womit soll er ihnen lohnen? Nur wenn er sie schadlos halten, das aufgewendete Kapital mit Zins und Zinseszins zurückerstatten, ihnen solchen Überfluß zeigen kann, daß das, was sie beigesteuert, zu einem unbedeutenden Scherflein wird gegen den Ertrag, den sie dafür einheimsen, nur dann kann er ihnen als gleichgeordnet entgegentreten, Herr gegen Herr, Hofmann und Grande wie sie selbst.

Da steht vor allem groß und heischend das königliche Paar vor seinem inneren Auge. Es ist von dringlichster Wichtigkeit, ihnen zu beweisen, daß sie Gunst und Vertrauen an keinen Unwürdigen verschwendet haben. Die kalte Geringschätzung des Königs hat er noch nicht verwunden. Er kann stundenlang kauern und sich ausmalen, wie der Monarch ihm freundlich zunicken, sich von seinem Sitz erheben und ihm sagen wird: Ich habe mich in Euch geirrt, Don Cristobal Colón, Ihr seid wahrhaftig ein großer Mann. Und ihr, der Königin, der hochherzigen Helferin, treuen Magd der Kirche, unermüdlichen Gottesstreiterin, der er die Befreiung des Heiligen Grabes zugelobt, der schwesterlichen Beschützerin, als die er sie trotz seiner sklavischen Demut insgeheim empfindet, deren Gnade ihm den Lebenstriumph ermöglicht hat: ihr muß er mit Schätzen danken können, wie sie kein Fürst der Christenheit sonst aufzuweisen vermag, schon damit sie noch unbedingter an ihn glaube, sich noch inniger ihm verbünde.

Da sind unermeßliche blühende Länder: wahrhaftig Geschenke, die einer Königin durchaus würdig sind. Wie soll man ihr aber einen Begriff von der Schönheit und dem natürlichen Reichtum der Gebiete geben, die nun ihr gehören? Durch das Wort, die armselige Beschreibung? Verzweifeltes Beginnen. Er versucht es ja, er findet kein Ende mit entzückter Schilderung: »Es war ein wunderbares Ding um die köstliche Luft, die Herrlichkeit der Bäume, die beide Ufer des Flusses umsäumten, um die klaren Wasser und die von einer Menge von Vögeln belebte Landschaft. Alles bot einen so wunderbaren Anblick, machte den Ort so bezaubernd, daß der Admiral sich kaum loszureißen vermochte. Er sagte zu seiner Umgebung, es wären tausend Zungen nötig, um dem König und der Königin einen kleinen Begriff von diesem Feenreich zu geben.« Oder beim Anblick des Hafens von Baracoa: »Der Admiral kann die Schönheit des Landes nicht genug rühmen. Die Ebene breitet sich gegen Südost aus, und große Flüsse entströmen ihr, was ganz herrlich anzusehen ist.« Und später, über die Insel Española: »Aller Boden ist bepflanzt und das Tal von einem Fluß durchzogen, mit dessen Wassern die ganze Insel getränkt werden kann. Die Bäume sind grün und voller Früchte, die Gräser von Blumen untermengt und sehr hoch, die Luft balsamisch wie in Kastilien im April. Der Gesang der Nachtigall ist so lieblich wie das Klima, allerorten hört man Grillen und Frösche. Ich flehe Eure Hoheiten an, zu glauben, daß die Insel so gut und fruchtbar ist, daß nur der davon sprechen kann, der sie mit Augen gesehen.« Oder: »Ich versichere Eure Hoheiten, daß es in der ganzen Welt kein besseres Land und keine besseren Leute gibt. Sie lieben ihren Nächsten wie sich selbst, sie haben eine wahrhaft gewinnende Art zu reden und stets ein freundliches Lächeln bereit.«

Armseliges Gestammel, armselige Augen, die nur die roheste Materie sehen, nicht die Seltsamkeit der neuen Formen, die exotische Üppigkeit der Farben, die Penetranz des Lichts, die silberne Flüssigkeit der Atmosphäre, arme Feder, die keine Worte hat für das Glück der Erstmaligkeit, traurig abhängiger, in niedrigen Erwägungen befangener Geist, der diese neue Menschenwelt denkfaul ins Schema seiner engsten Begriffe preßt und während er ihr Leben, ihre Seele, ihr Tun und Lassen platt schematisiert, nichts von ihrer geheimnisvollen Kompliziertheit, ihren uralten sozialen und religiösen Regelungen und sittlichen Gesetzen begreift und wahrnimmt. Das ist ein Kaufmann, der seine Ware anpreist und keine Möglichkeit sieht, sie dem Besteller zu zeigen, damit er auch wisse, was er bekommt. Immerhin ein phantasievoller Kaufmann, der seinen Kredit überspannt hat und den die Erwartung des Gewinns nicht mehr schlafen läßt. Er sehnt den Augenblick herbei, wo er sein Glück verkündigen, wo er sich Glauben verschaffen kann, denn ihm selbst, ob er es gleich lebt, ist alles noch so sonderbar unglaubhaft. Ungeduld mündet stets in die Angst; er hat Angst, der europäischen Welt könne seine Entdeckung vorenthalten bleiben; der Ozean ist noch zu durchfahren; die Stürme, denen er auf der Herreise entgangen ist, werden ihn vielleicht auf der Rückreise vernichten; aber auch wenn sie ihn verschonen, wenn er glücklich heimgelangt, ist alles unsicher, alles lediglich auf Mitteilung gestützt; kann die neue Erde, die er der Menschheit aufgedeckt hat, nicht eine Fata morgana sein, wird sie nicht in Wesenlosigkeit zerrinnen, wenn er den Rücken kehrt, so wie sie wesenlos war, ehe er sie gefunden hatte? Das ist seine Angst, Realitätsangst, die schrecklichste Erschütterung des Geistes; darum scharrt er Gold zusammen mit allen Mitteln, auf allen Wegen, denn Gold ist die einzige sinnfällige Wirklichkeit, mit der er sich legitimieren und verständlich machen kann, Herzextrakt des entschleierten Mysteriums und Inbild seiner Tat.

Achtes Kapitel
Rückkehr und Triumph

Alle großen Handelnden sind große Menschenkenner, geboren mit dem untrüglichen Instinkt für die Brauchbarkeit, den inneren wie den politischen Wert der Leute, die sie an sich fesseln und ihren Zwecken unterwerfen. Einer der auffallendsten Züge des Columbus ist seine geringe Menschenkenntnis. Wem immer er sein Vertrauen schenkt, von dem erfährt er die bitterste Enttäuschung, sei es, daß er ihm einen Verwaltungsposten oder ein Kommando oder die Vertretung seiner Interessen in Spanien überträgt. Er hat eine unglückliche Hand in der Wahl seiner Diener und Helfer, er kann sich weder Autorität noch Respekt verschaffen; um seinen Willen unter allen Umständen durchzusetzen, fehlt es ihm an Folgerichtigkeit und an Verstandeskälte, hauptsächlich aber an jener moralischen Furchtlosigkeit, die gefürchtet macht. Er wird immer belogen und hintergangen, er gibt stets dem recht, der sich zu behaupten weiß, und seine Kraft im Befehlen ist etwa die eines subalternen Beamten, der durch einen lächerlichen Zufall plötzlich zum Minister avanciert. Als seine Leute von den Eingeborenen das Tabakrauchen lernen und durch den ungewohnten Genuß des Narkotikums in ermattende Rauschzustände verfallen und dienstunfähig werden, bringt er nicht den Mut auf, ihnen das Gift zu verbieten, sondern sucht sie nur mit dem Hinweis auf die barbarische Sitte abzuschrecken, und da sie ihm antworten, es stünde nicht mehr in ihrer Macht, davon zu lassen, bemerkt er nur resigniert: »Was für einen Gewinn sie von dem glimmenden Saugrohr haben, verstehe ich nicht.«

Am 21. November trennt sich Martin Alonzo Pinzon mit der »Pinta« von ihm und den beiden andern Schiffen und geht auf eigene Faust auf Entdeckungen aus, nicht nur ohne die Erlaubnis des Admirals, wie es im Bericht an die

Königin heißt, sondern bewiesenermaßen gegen dessen ausdrücklichen Befehl. Sechs Wochen lang streift er in den benachbarten Meeren umher, es ist einfach Desertion, darüber konnte Columbus gar nicht in Ungewißheit sein; nun, er wagt es nicht einmal, ihn zur Rede zu stellen, als er eines Tages wieder erscheint. »Pinzon hat noch ganz andere Dinge getan«, ist alles, was er über die grobe Pflicht- und Gehorsamsverletzung in feigem Lakonismus zu sagen weiß.

Eines Nachts läuft die »Santa Maria«, das Admiralsschiff, durch eine unverantwortliche Fahrlässigkeit auf den Strand. Columbus erzählt: »Es war elf Uhr abends, als der Admiral sich entschloß, der Ruhe zu pflegen, denn er hatte zwei Tage und eine Nacht nicht geschlafen. Da die See still war, legte sich der Steuermann ebenfalls schlafen und überließ das Steuer einem Schiffsjungen, was der Admiral streng untersagt hatte. Da gefiel es unserm Herrn, daß um Mitternacht, als vollkommene Windstille eintrat und das Meer so ruhig lag wie Suppe in einem Näpfchen, das Schiff von der Strömung auf eine Sandbank getrieben wurde, und zwar so sanft, daß man es kaum merkte. Der Schiffsjunge erhob ein Geschrei, der Admiral stürzte als erster an Deck, befahl das Boot niederzulassen und einen Anker auszuwerfen. Der Steuermann und mehrere andre sprangen in das Boot, und der Admiral glaubte, sie würden seinen Anordnungen folgen; statt dessen waren sie nur darauf bedacht, sich an Bord der ›Niña‹ zu retten, die eine halbe Seemeile entfernt lag...«

Wieder die vollkommene Ohnmacht. Es ist auch nirgends von einer Bestrafung die Rede, dergleichen darf er gar nicht riskieren. Er hat ja keine geschulte und erzogene Mannschaft unter sich, sondern eine Horde von Wegelagerern und Zuchthausanwärtern. Der Verlust der »Santa Maria« hatte weittragende Folgen. Die »Niña« war zu klein, um die gesamte Mannschaft wieder über den Ozean befördern zu können, so mußte der Admiral einen Teil der Leute auf der Insel lassen und sie unter den Schutz des Kaziken Guacamari stellen, dessen Zuneigung er gewonnen hatte und dem er vertraute. Diese Zurückgelassenen waren die ersten europäischen Ansiedler der neuen Welt und gleicherweise die ersten, die den Versuch mit dem Leben bezahlten. Ob der Admiral dem Guacamari mit Recht oder Unrecht sein Vertrauen schenkte, ist niemals zu ergründen gewesen, nur so viel steht für gewiß, daß er durchaus unvermögend war, diese oder irgendwelche andere Persönlichkeiten unter den Indios zu begreifen, er bemühte sich auch gar nicht um tiefere Einsicht, sondern verschloß sich in der einmal gefaßten Vormeinung wie in einen Panzer.

Seine beständigen Beteuerungen, wie harmlos, edelmütig und offen sich die »Wilden« gegen ihn und seine Leute betragen, arten in Geschwätzigkeit aus. Eigentlich meint er immer sich selbst, wenn er Dinge und Menschen rühmt. Den Indios werden mit der Zeit manche Zweifel an der Göttlichkeit der Fremdlinge aufgestiegen sein. Was den Spaniern Zutraulichkeit schien, war meist Neugier, jene unbezwingliche Eidechsenneugier naturhafter Wesen, die unter Umständen die Todesgefahr mißachtet. Wird doch berichtet, daß die Männer und Weiber eines Stammes die Abgesandten des Admirals in ihre Zelte trugen und sie vom Kopf bis zu den Füßen abtasteten, um sich zu überzeugen, ob es wirkliche Menschen aus Fleisch und Bein seien. Wenn sich Columbus zu der Behauptung versteigt, sie könnten es nicht erwarten, Christen zu werden, und er habe gesehen, wie sie das Kreuz schlugen und das Salve und das Ave beteten, so erfindet er ein frommes Märchen, um seiner frommen Herrin zu gefallen und den spanischen Glaubenseiferern einen schmackhaften Köder zu bereiten.

Doch an seinem geringen Verständnis für das westindische Volk trägt nicht allein seine Unbildung die Schuld, nicht seine enthusiastische Befangenheit, nicht seine Schwäche in der Menschenbeurteilung überhaupt, auch nicht jener Verstellungszwang, von dem schon die Rede war und der das ganze Sein und Denken dermaßen durchsetzte, daß sich von vornherein ein feindlich lauernder Gegensatz zum andern Menschen ergab, sondern es ist die Epoche. Zu »verstehen« war nicht der Ehrgeiz und nicht die Richtung der Zeit. Darauf kam gar nichts an.

Weder den einzelnen als Nebenmenschen konnte oder wollte man »verstehen«, noch die andere Natur oder das andre Gesetz oder die andere Welt. Zu sagen, es ging um Besitz, Eroberung und Raub, wäre eine zu billige Schlußfolgerung, es ging in Wahrheit um Sprengung der engen Grenzen des Ichs, wobei es wenig oder nichts verschlug, wenn das andere Ich dadurch zerstört wurde. Eine elementare Expansionsbewegung, die Königreiche sowohl wie Individuen erfaßt hatte, ohne Rücksicht auf Liebe, Humanität und Gerechtigkeit.

Kein Europäer vom Ende des fünfzehnten Jahrhunderts wäre mit den Indios einsichtiger verfahren als Columbus; wohl aber hätten viele, nicht so traumversponnen und so verliebt in ihre Tat, mit rauherer Faust zugegriffen; keiner wäre imstande gewesen, die menschheitsgeschichtlichen und kultischen Hintergründe zu ahnen oder zu spüren, das Geheimnis der Rasse, die Furcht, die Erwartung, die Erschütterung der Vorstellungswelt, Gefühlsabläufe, die in ihrem Verein jene fast undurchschaubare allerfeinste Verschlagenheit hervorbrachten, das Wort in seiner psychopathischen Bedeutung genommen, die ihr eigentliches Wesen wie hinter einer Maske verbarg.

Der Kazik Guacamari, nach der oberflächlichen Beschreibung des Columbus ein schöner, kluger, anmutiger junger Mensch, hatte den Fremdlingen viel Freundlichkeit bezeigt, hatte sie mit Geschenken überhäuft und trat bald in nähere Beziehung zu ihrem Führer. Als er von dem Unglück hörte, das den Admiral betroffen, schickte er seine Leute mit geräumigen Kanoes an das Wrack, um die Ladung zu bergen. »Dies geschah außerordentlich schnell wegen des Eifers, den Guacamari selbst an den Tag legte«, erzählt Columbus; »er selbst in Person mit seinen Brüdern und Verwandten bemühte sich sowohl an Bord des gestrandeten Schiffes als auch am Lande um die Bewachung der dorthin gebrachten Gegenstände, damit für alles aufs beste gesorgt würde. Er hörte nicht auf zu weinen und den Admiral zu trösten und ihm zu sagen, er möge sich nicht kränken, er wolle ihm alles geben, was er habe.« Auch die Verwandten des Kaziken trauerten über das Mißgeschick der Schiffbrüchigen und stellten ihnen ihre Häuser zur Verfügung. Der Admiral lud Guacamari zu Tisch und bewunderte den Anstand, mit dem sich dieser benahm, der Kazik hinwiederum bewirtete den Admiral mit Fischen, Wildpret und Gebäck von Kassave und verehrte ihm einen mit Gold reich verzierten Gürtel. Er war auch damit einverstanden, daß die Spanier auf seinem Gebiet eine befestigte Niederlassung gründeten. An freiwilligen Kolonisten fehlte es nicht, alle, die sich meldeten, hofften bis zur Rückkehr des Admirals so viel Gold gesammelt und eingetauscht zu haben, daß sie bis an ihr Lebensende der Sorgen enthoben sein würden. Columbus selbst rechnete mit vierzig Tonnen Goldes für die Majestäten, die dann unverzüglich mit der Eroberung des Heiligen Grabes beginnen könnten.

Aber wußte er denn nicht, was für Strauchdiebe er da zurückließ? Und hatten die Tränen, die Guacamari und seine Verwandten bei dem Verlust der »Santa Maria« vergossen, den trügerischen Eindruck in ihm erweckt, daß er Menschen vor sich habe, die mit Engelsgeduld jede Roheit und Gewalttat ertragen würden? Er täuschte sich schwer. Freilich ließ er die Kanonen abfeuern, um den Eingeborenen die Überlegenheit seiner Waffen vor Augen zu führen, ein naheliegender und später immer wieder gebrauchter Trick, und die erschraken denn auch zu Tode und fielen allesamt aus purem Schreck platt auf die Erde. Aber es war nur eine Demonstration, die er seiner Stellung schuldig zu sein glaubte. Triumphierend versichert er, fünf Spanier würden genügen, zwanzigtausend dieser taubensanften Wilden wehrlos vor sich her zu treiben, und er war so durchdrungen von europäischer Anmaßung und dem Gefühl seiner vizeköniglichen Würde, daß er das äußerliche Zeremoniell der Gastlichkeit und die geprägten Formen eines Umgangskodexes, von dessen gefährlichen Hintergründen er nicht den leisesten Begriff hatte, schon für die Gewähr bedingungsloser Unterwerfung nahm.

Am vierten Januar verabschiedete er sich von den zurückbleibenden Gefährten, empfahl ihnen dringend die Sorge für seine Stadt Navidad (er nannte schon eine Stadt, was vorerst nur ein primitives Blockhaus war) und trat auf der »Niña« die Heimreise an. Schon zwei Tage darauf stieß Alonzo Pinzon mit der »Pinta« zu ihm, aber das stürmische Wetter, das um die Mitte des Monats einsetzte, trennte die beiden Schiffe wieder voneinander. Was der Kapitän der »Pinta« auf seiner eigenwilligen Kreuzfahrt erlebte, darüber wissen wir nichts, es hat den Anschein, als habe der Admiral kein Verlangen geäußert, es zu erfahren und habe mit dem Ausreißer gegrollt wie ein Ehemann mit seiner Frau, wenn sie sich eine Zeitlang anderweitig amüsiert hat. Die Rache behielt er sich im stillen vor.

Da die »Niña« zu wenig Ballast hatte, wurde sie von den Wellen wie ein Stück Kork umhergeschleudert, zudem war der Kiel leck, und die Mannschaft mußte Tag und Nacht an den Pumpen stehen. Es heißt, Columbus sei auf dieser Fahrt sehr kleinmütig geworden; ermüdet von den vielen Nachtwachen und Anstrengungen, wurde er häufig von Todesfurcht geplagt, und in manchen Stunden zweifelte er, daß er die Heimat erreichen werde. »Eine Fliege hatte die Macht, mich in zitternde Unruhe zu versetzen«, klagt er hysterisch. Mitten im Aufruhr der Elemente schlug er vor, einer solle durch das Los bestimmt werden, nach glücklicher Landung eine Pilgerfahrt nach Santa Maria de Guadalupe zu machen. Er ließ so viel Erbsen, als sich Personen auf dem Schiff befanden, in einen Sack schütten, und in eine schnitt er ein Kreuz. Er griff zuerst hinein und zog die mit dem Kreuz bezeichnete Erbse. Da atmete er auf und begann wieder zu glauben, daß ihn Gott erhalten wolle, damit er sein Werk vollenden könne. Für alle Fälle aber schrieb er einen besonderen Bericht seiner Reise auf ein Stück Pergament, das er mit Wachs bestrich, und verschloß die Rolle in ein leeres Faß, das er den Wellen übergab. Hierauf ließ er die Mannschaft zusammentreten und forderte sie zu dem Gelübde auf, daß sie allesamt an dem Orte, wo sie den heimatlichen Boden betreten würden, im härenen Hemd und unter Anrufung der heiligen Jungfrau zur nächstgelegenen Kapelle wallfahrten würden. Viel fromme Vorkehrungen unter dem Gewicht der Todesangst. »Der Sturm, den wir erlebten, war so heftig, daß wir uns für verloren erachteten«, berichtet er, und sicher ohne zu übertreiben.

Statt nach den Kanaren gelangte das Schiff Ende Februar nach den Azoren. Die portugiesischen Behörden machten Schwierigkeiten bei der Landung, der Gouverneur nahm einen Teil der Mannschaft in Gewahrsam, erst nach feierlichem Einspruch des Admirals und der Vorweisung seiner schriftlichen Bestallungen konnte er die Fahrt fortsetzen. Hierdurch hätte er gewarnt sein sollen, es war das Vorspiel zu eifersüchtigen Ränken der Krone Portugal, die darauf zielten, Spanien die neuen Länder streitig zu machen; trotzdem war der portugiesische Hafen Cascaes an der Mündung des Tejo der erste, den er anlief. Und nachdem er Anker geworfen hatte, sandte er einen Brief an den König, worauf ihn dieser nach Valparaiso einlud, da in Lissabon die Pest herrschte. Der Monarch empfing ihn mit außerordentlicher Zuvorkommenheit und fragte ihn, ob er nicht lieber zu Land als zur See nach Spanien weiterreisen wolle, was viel bequemer und sicherer gewesen wäre, aber der Admiral dankte für diese Gnade, lehnte auch alle anderen Gunstbezeigungen ab und kehrte auf sein elendes Schiff zurück.

Die Gründe sind völlig rätselhaft, die ihn zu dem unklugen Brief und noch unklugeren Besuch veranlaßt haben. War es die Not, die ihn in den nächstbesten Hafen getrieben hatte, da er doch mit zerrissenen Segeln und durchlöcherten Wanten nach Cascaes kam? Aber auf einer gewissen Seehöhe hätte es nur einer geringen Kursveränderung bedurft, und er wäre ebenso rasch in einem spanischen Hafen gewesen. Warum unterließ er es? Den spanischen Nationalstolz nicht in Rechnung zu ziehen, den er durch die Bevorzugung eines fremden Hafens beleidigen mußte, war eine unverzeihliche Dummheit. Vielleicht fürchtete er, Alonzo Pinzon sei ihm in Spanien zuvorgekommen, und er wollte von Portugal aus erst Sicherheit gewinnen. Vielleicht lag ihm an einem billigen Triumph über den König Joan, der seine Dienste einst verschmäht hatte, und es lockte ihn, dort zuerst als Sieger aufzutreten, wo er die tiefste Demütigung erlitten hatte, Mensch der unaustilgbaren Ressentiments, der er war? In solchen Zügen hat man die verkrochensten Heimlichkeiten seiner komplizierten Natur zu suchen, da wirkt er bisweilen wie eine Figur von Dostojewski.

An einem Freitag war er ausgezogen, am Freitag, dem fünfzehnten März, lief die »Niña« mit der Flut über die Barre bei Saltes in das Ästuarium des Rio Tinto ein und ankerte vor Palos. Die Furcht wegen der »Pinta« war unbegründet, Alonzo Pinzon war noch nicht eingetroffen, er kam erst, sonderbarer Zufall, am Abend desselben Tages und hatte Columbus nichts vom Jubel und dem Aufsehen der Welt vorweggenommen, als sei die Vorsehung selbst willens gewesen, daß er der erste sein sollte. Denn davon hing alles ab: der erste zu sein.

Gleich nach seiner Ankunft sandte er einen Boten an den Schatzmeister Santangel, zusamt dem für die Königin und den König bestimmten ausführlichen Bericht seiner Fahrt. Das Hoflager war in Barcelona, er wartete in Sevilla auf die Befehle der Majestäten. Wo immer er erschien, wurde er mit den größten Ehren empfangen, sein Einzug in Sevilla erregte unbeschreibliche Begeisterung, seinen Erzählungen lauschten hoch und niedrig mit fassungslosem Staunen. König und Königin schickten ihrem »Admiral des oezanischen Meeres« einen der vornehmsten Offiziere ihres Hauses entgegen, um ihn in ihrem Namen willkommen zu heißen, ihm die Aufträge zur Ausrüstung einer zweiten Expedition zu überbringen und ihn einzuladen, sobald wie möglich zu ihnen nach Barcelona zu kommen.

Wunderlicher Pomp, den er auf dem Weg zu dem Herrscherpaar entfaltet. Mit den Augen eines späteren Jahrhunderts gesehen, war es ein Jahrmarktszug, eine Gauklerkavalkade, eine reisende Zirkusgesellschaft. Da man zu jener Zeit in Spanien keine Kutschen benutzen konnte, weil die Straßen zu schlecht waren, hatte sich der Admiral eine Anzahl Pferde und Maultiere verschafft. Bewaffnete Matrosen eröffneten den Zug; sie mußten den Weg durch die Volksmenge bahnen; ihnen folgten exotische Gruppen in berechneter Inszenierung, die Indios mit Kopfschmuck aus Vogelfedern, bunten Gürteln und Schürzen aus farbigen Stoffen; ihre Nasen und Ohren waren mit goldenen Behängen geziert, auch Armbänder und Halsgeschmeide hatten sie anlegen müssen. Einige trugen Speere und Ruder mit den heimischen Schnitzereien, auf den Schultern von anderen saßen gelbe, grüne, rote Papageien, deren gellendes Geschrei das Johlen und Brüllen der Menge übertönte. Was man an seltenen Pflanzen, ausgestopften Tieren, Muscheln, Spezereien und flimmerndem Gestein übers Meer transportiert hatte, wurde in riesigen Körben prahlerisch vor dem Admiral hergetragen, der wie seine Söhne Diego und Hernando zu Pferde saß. Vierzehn schwer beladene Maultiere mit geschlossenen Truhen, in denen angeblich die Kostbarkeiten des entdeckten Indien verwahrt lagen, schlossen unter sicherer Bedeckung den Zug. Sobald die ausgeschickten Eilboten meldeten, daß Colón sich der Stadt nähere, ritten ihm zahlreiche Edelleute und die Vornehmsten der Kaufmannsgilde entgegen, an ihrer Spitze der Haushofmeister des Königs, um ihn zu den Hoheiten zu geleiten. Von allen Türmen läuteten die Glocken, von allen Balkonen hingen Teppiche herab, aus allen Fenstern wehten Fahnen und Tücher, Musik und Freudengeschrei erfüllten die Straßen: der wahrgewordene Traum. Aber noch nicht sein Höhepunkt.

Denn das Ungeheure kam erst: Als sich Colón dem Throne nahte, erhob sich das königliche Paar und wollte nicht zugeben, daß er ihnen mit Kniebeugen die Hände küsse. Das bedeutete, er war nicht mehr ein bloßer Vasall, er war als Vizekönig der indischen Länder begrüßt und anerkannt. Man wies ihm einen Lehnsessel an, und er wurde aufgefordert, sich zu setzen. Eine Auszeichnung und Gnade, die ihm die Seele erstarren ließ vor Glück. Er nahm also auf dem Stuhle Platz und schaute mit weiten Augen im Thronsaal ringsherum, geblendet. Er sieht die Fürsten, Herzöge, Erzbischöfe, Ritter und Barone, die geschmückten Damen, alle Blicke sind mit brennender Neugier auf ihn geheftet, sie ahnen, daß sie etwas vernehmen sollen, was ihre innere Welt in den Fugen erschüttert, er spürt die Erwartung, den Hunger nach dem Fabelhaften, wie wird er bestehen? Genügt die einfache Wahrheit des Erlebnisses, oder muß er sie steigern, in seinen erregten Sinnen zum Wunder umschmelzen? Er beginnt zu erzählen. Die sonore Stimme steigt aus der Stille empor wie dunkler Gesang aus exotischer Nacht, die Köpfe beugen sich vor, die erlauchte Versammlung gerät in einen Zustand von Bezauberung, sie hören das Wort von der »neuen Welt«, in dieser Stunde wird der Begriff zum erstenmal geprägt, der erstaunliche Mensch selbst ist es, der die Formel findet, und sie hat in jener Stunde die Wucht und den Glanz einer himmlischen Offenbarung. Neue Welt; davon zu wissen; zu wissen, daß sie existierte, daß sie in einer meßbaren Ferne lag, erreichbar, betretbar, erschließbar. Natürlich läßt sich der Erzähler von der verschönenden Erinnerung und vom eigenen Wort und Bild zu romantischen Übertreibungen, ja zu verwegenen Unwahrscheinlichkeiten hinreißen, er kann nicht anders, wer vermöchte der Vorführung des schicksalhaften Moments zu widerstehen, es bleibt immer noch genug Wirklichkeit übrig, sogar solche, die er vorweisen kann. Ein Wink, und die Indios treten auf, wie im Theater; die Körbe werden gebracht, und er entnimmt ihnen die verschiedenen Produkte der Inseln (der spanische Geschichtsschreiber Muñoz hat es sich nicht verdrießen lassen, ein Verzeichnis davon anzufertigen): die Batatas; die Yamswurzel; den Jamaikapfeffer; die Yukawurzel; das indianische Korn; die Wolfsbohne; die Banane; den Pisang; die Baumwollstaude; den Tabak; das Mastixharz; die Aloe; die Mangrovefrucht; die Kokosnuß; den Flaschenkürbis; das Palmöl; dann die Tiere: den amerikanischen Hund; eine Kaninchenart, die Utia hieß; eine Art großer Mäuse, die bei den Eingeborenen für Lekkerbissen galten; die Kammeidechse und viele Fische und Vögel. Wichtiger als alles aber das Gold; er legt vor die verzückten Augen des Hofes Gold in Körnern hin, Gold in Erzstufen, Goldstaub und verarbeitetes Gold; Münzen, Ringe, Platten, Masken, Gehänge. Es heißt, der König und die Königin geruhten eigenhändig die Schwere des Metalls zu prüfen und wurden nicht müde, den Worten des Admirals zu lauschen.

Nun bestätigte der König dem Columbus alle ihm vertraglich zugesicherten Rechte und zeichnete ihn außerdem noch in besonderer Weise aus. Es wurde ihm, seinen Söhnen und seinen Brüdern der Titel Don verliehen, den damals nur Adelige führen durften. Er hatte das Recht, an der Seite des Königs zu reiten. Er sollte an der königlichen Tafel gleich den übrigen Granden bedient und bei allen Feierlichkeiten in derselben Art begrüßt werden. Er erhielt ein Wappen, bestehend aus vier Feldern; die beiden oberen zeigten die Embleme von Kastilien und Leon, nämlich rechts ein goldenes Schloß auf rotem, links einen purpurnen Löwen auf weißem Grund; das untere Feld rechts trug eine Anzahl vergoldeter Inseln in Meereswogen, das zur Linken sollte das Wappen seiner Familie tragen; da es aber ein solches nicht gab, wurden fünf goldene Anker auf blauem Grund gesetzt. Dazu als Legende:

Por Castillo é por Leon
Nuevo mundo dió Colón.

Es gibt keinen Brief, keine Mitteilung, keine Stimme, nicht die leiseste Andeutung darüber, wie sich Columbus in diesen Tagen der maßlosen Erfüllung innerlich oder äußerlich verhalten hat. Er gehörte zu jenen Menschen, die sich nur im Unglück und im Leiden verkündigen und von denen auch die andern schweigen, solange sie im vollen Licht stehen (oder nur in der Gnade). Doch es ist schwerlich anzunehmen, daß sein Geist jetzt auf einmal heiter und leicht geworden sei; solche Naturen werden dann um so mehr von dem Gewölk verdüstert, das ihr hypochondrisches Gemüt ohne greifbaren Anlaß erzeugt.

Liegt aber nicht in jedem Menschen das heimliche Wissen um sein Geschick, oder wenigstens um die Grundfarbe und Grundrichtung seines Lebens? Bei aller leidenschaftlichen Insichgewendetheit mußte Columbus merken, welche tückischen Mächte er durch seinen Triumph aufrührte. Vorläufig war der Glanz, der von der Entdeckung ausging, so groß, daß er auch den Neid und den Haß verstummen machte, ganz Europa geriet in unbeschreiblichen Taumel, das Bewährte wankte, tausendjährige Grenzen waren aufgehoben, Armut schien kein unbesiegliches Los mehr, es gab Raum, es gab Wege, es gab neue Erfüllungen, der Name Columbus wurde dem Bettler in Dänemark so geläufig wie dem Leibeigenen in Rußland und der Dirne in Rom, jedoch derselbe Mann hatte das Gefühl als zerstäube ihn seine Tat, als mache sie ihn wesenlos, und wenn sich Verleumdung und Eifersucht hinter ihm erhoben, trafen sie ihn zunächst gar nicht, weil die Tat zu gewaltig war, als daß sie mehr als ein Schattenbild von ihrem Urheber übriggelassen hatte.

Neuntes Kapitel
Die mörderische Wirklichkeit

Dynastischer Streit: die Krone Portugal fand sich benachteiligt und reklamierte ihre Rechte. Durch drei päpstliche Bullen aus der Mitte des fünfzehnten Jahrhunderts war ihr der alleinige Eigentumstitel über alles Land von Kap Bojado bis nach Indien zugesprochen worden. Eine Schenkung. Rom, wenn es vorher genügend entschädigt war, verschenkte Bischofssitze, Throne, Provinzen, Erdteile und ewige Straflosigkeit. Die Macht der Kirche war im geistigen Bezirk unbegrenzt, im physischen besiegte sie alle Widerstände durch ihre geschlossene Disziplin, ihren unerschöpflichen Reichtum und die Überlegenheit ihrer Unterhändler.

König Joan erklärte, die Entdeckung und Besitzergreifung des Columbus schmälere die ihm garantierten Befugnisse, und als er vernahm, Spanien rüste eine zweite Flotte aus, säumte er nicht, so rasch wie möglich dasselbe zu tun, um den Rivalen nötigenfalls mit Gewalt an weiteren Expeditionen nach dem Westen zu verhindern. Spanien wiederum hatte sich beeilt, den Papst, Alexander den Sechsten, seinem Vorhaben geneigt zu machen und sich mit den entdeckten Ländern belehnen zu lassen. An saftigen Bestechungsgeldern wird es nicht gefehlt haben; von den indischen Goldkörnern, die der Vatikan erhielt, wurden die Gesimse von Santa Maria Maggiore vergoldet, wie eine Inschrift dort bezeugt. Am 3. Mai 1493 erging eine Bulle, worin der heilige Vater der Krone Spanien die neue Welt zu »ewigen Besitz schenkte«, mit der Bedingung, allsogleich mit der Verbreitung des christlichen Glaubens zu beginnen. Der Erdapfel wurde durch eine Meridianlinie, die hundert Leguas westlich von den Azoren vom Nordpol zum Südpol lief, in zwei Hälften geteilt, deren östliche Portugal, deren westliche Spanien zu eigen sein sollte.

Einfaches Verfahren. Aber man hatte keine wissenschaftlich verläßlichen Mittel, die Meridianabstände zu bestimmen; der Chronometer, der es ermöglicht hätte, wurde erst zu Anfang des achtzehnten Jahrhunderts erfunden. Portugal war unzufrieden. Es forderte, Spanien dürfe über die Canaren hinaus nicht nach Süden gehen, womit es das ganze Gebiet der heißen Zone für sich zu monopolisieren drohte. Spanien, das im Augenblick keinen Krieg führte und nach günstigen Verträgen mit Frankreich die Hände frei hatte, ließ sich nicht einschüchtern, sein Gegner wich Schritt für Schritt zurück, und nach endlosem Gefeilsche, teils mündlich, teils in wortreichen diplomatischen Noten, kam es im Juni 1494 zum Vertrag von Tordesillas, der die westlichste Insel der Capverden zum Ausgangspunkt der Zählung nahm und die Demarkationslinie nicht hundert, sondern dreihundertsiebzig Leguas (etwa 2200 Kilometer) von da aus zog. Astronomen und Piloten sollten gemeinschaftlich die Grenze bestimmen, aber dazu kam es nicht, die Aufgabe war mit den damaligen Mitteln undurchführbar, und so blieb alles in der Schwebe. Es konnte passieren, daß die Entdecker bei der Fortsetzung ihrer Fahrten nach Westen und Osten in den Meeren der Antipoden zusammenstießen und über Gebiete, die dem einen oder dem anderen Vertragspartner gehörten, in erbitterten Hader gerieten. Was später auch geschehen ist, als Karl der Fünfte in seinem unersättlichen Geldbedürfnis sich abermals mit Portugal einigen mußte und ihm für dreihundertfünfzigtausend Dukaten die Molukken verpfändete. Die Könige und großen Herren betrachteten die Erde als ihr Fideikommiß und die Menschen als Ware, mit der man einträglichen Handel betreiben konnte.

Um die zweite Expedition zu ermöglichen, nahm die Krone Kastilien beim Herzog von Medina-Sidonia eine Anleihe von fünf Millionen Maravedis auf. Die Summe genügte aber nicht und was an Geld noch fehlte, lieferte das geraubte und beschlagnahmte Eigentum der vertriebenen Juden, ihre Häuser, Kapitalien, Juwelen und gesamte fahrende Habe. Ob der Willkürakt, übrigens ein sehr gewöhnliches Ereignis in der Geschichte der abendländischen Juden, in kausalem Zusammenhang mit der Entdekkung Amerikas stand, läßt sich genau nicht sagen, wahrscheinlich ist es. Wenn die regierenden Fürsten Geld brauchten, mußten es die Juden beschaffen, konnten sie es im geforderten Ausmaß nicht beibringen, so wurde kurzer Prozeß gemacht, sie wurden der mühselig und unter den größten Demütigungen erworbenen Rechte für verlustig erklärt, was sie in Jahrzehnten, gehemmt von tausend boshaften, ja unmenschlichen Vorschriften und erniedrigenden Sonderbestimmungen mit unendlichem Fleiß und meist exemplarischer Lebensführung gesammelt hatten, wurde ihnen durch ein einfaches Edikt entrissen, und wenn sie dabei noch das nackte Leben retten konnten (in der Regel gelang dies nur einem kleinen Prozentsatz), konnten sie sich glücklich preisen. Man behandelte sie etwa wie einen ausgezeichnet funktionierenden Sparapparat, den man zerschlägt, wenn man genügend Schätze darin aufgespeichert hat. Wie die Tat des Columbus drüben in der entdeckten Welt Blutbad um Blutbad herbeiführte, war auch in der Heimat ihre unmittelbare Folge, daß Hunderttausende von friedlichen und unschuldigen Menschen von allen Existenzmitteln entblößt außer Landes gejagt und andere Hunderttausende (man nimmt an eine Viertelmillion) grausam hingeschlachtet wurden. Seltsam, dies zu denken, da es doch zunächst den Anschein hat, wie wenn es nichts Segensreicheres und Gesittung-Förderndered geben könne, als für raumarme Völker, sei es in der Phantasie, sei es faktisch, neuen Raum zu erobern. Aber es muß wohl auf einer Art Selbstvernichtungshang beruhen, daß die Menschheit auch ihre reinsten Bestrebungen und glückverheißenden Vollbringungen in Blut und Tränen ersäufen muß. Unter der Herrschaft der Mauren waren die Juden geachtete Bürger gewesen, hohe

Staatsbeamte, weltberühmte Lehrer und Gelehrte, tiefe Dichter, bedankte Mäzene, eine Zeit des Glanzes und der blühenden Entfaltung. Der spanisch-katholische Geist der Inquisition und der Pogrome machte dem mit der Rapidität und Gründlichkeit eines Eissturms ein Ende; wobei es bezeichnend und von gleichsam epigrammatischer Schauerlichkeit ist, daß die umbarmherzigste Verfolgung von einem jüdischen Mischling ausging, der sich bis zum obersten Staatswürdenträger und gefürchteten Kirchentyrannen und Priesterfürsten emporgeschwungen hatte.

Es war ein Geschwader von siebzehn Fahrzeugen, großen und kleinen, das sich im Hafen von Cadix versammelte. Das Admiralsschiff führte den Namen Marigalante und war durch seine Größe und feste Bauart ausgezeichnet. Diesmal bedurfte es keiner Repressalien und Zwangsanheuerungen; Colón konnte sich der zuströmenden Freiwilligen kaum erwehren; die nicht mitkommen durften, verfielen in eine Art Tobsucht, und manche machten in der ersten Enttäuschung ihrem Leben ein Ende, es gab offenbar ganze Schichten von Verelendeten, denen sich plötzlich ein Dorado aufgetan hatte; die an der Fahrt teilnehmen durften, befanden sich in einem wahren Fieber der Erwartung, vom Kapitän bis zum letzten Schiffsjungen sahen sie sich schon mit Gold beladen heimkehren, war Gold ihr einziger Gedanke. So schrieb der Admiral in seiner hölzernen Naivität an die Königin: »Gold ist das allervortrefflichste Ding; wer es besitzt, hat alles, was er sich in der Welt wünschen kann und bringt es so weit, daß er die Seelen ins Paradies befördern kann.« Hierin liegt nicht der leiseste Unterton von Sarkasmus; dieser Geist, obschon ihm die Menschenverachtung nicht fremd ist, weiß nichts von Ironie, seine Erfahrung ist eng und linear, der Ausdruck kennt nicht die Form der Übertragung; Seelen ins Paradies befördern, das meint er, wie es gesagt ist, im Sinn der Kirche, und wenn er es vermochte, absolvierte es ihn von jeder Sünde. Die Goldraserei, die damals über Europa hereinbrach, war eine geistige Pest, das sterbende Jahrhundert reichte sie dem neuen, keine Seele blieb unberührt, und wenn ein Schriftsteller es auf sich nähme, die wahrhaftige, vom verfälschenden Dunst der Abenteuerlichkeit gesäuberte Geschichte der Nachfolger des Columbus zu schreiben, die Menschheit würde sich schaudernd von dem Spiegelbild abwenden, das ihr da entgegengrinste.

Um die indischen Angelegenheiten zu regeln, wurde eine eigene Behörde errichtet, an deren Spitze Colón als Admiral, Vizekönig und Gouverneur stand; dem Namen nach; das wirkliche Haupt war der Archidiakon von Sevilla, Juan de Fonseca, geheimer Rat des Königs, ein äußerst weltgewandter Herr, der sich auf Schiffe, Kanonen und Munition besser verstand als auf Evangelium und Brevier; entschieden handelnder Charakter, brachte er in den schleichenden Geschäftsgang der spanischen Kanzleien ein ungewöhnliches Tempo. Er war dem Columbus nicht geneigt; er beneidete ihn, er haßte ihn, er suchte ihn zu lähmen, seine Tätigkeit zu durchkreuzen, seine Verdienste herabzusetzen, wo er irgend konnte. Zunächst in der Stille und im Verborgenen. Einem Mann, der so blendend beleuchtet in der Sonne des Ruhms stand, mußten die Wege mit demonstrativer Willfährigkeit geebnet werden. So ergingen vorerst strenge Verfügungen über Lieferung, Kauf und Abmietung von Fahrzeugen, Waffen und Proviant, deren sich zu einem angemessenen (d. h. also willkürlich zu bestimmenden) Preis zu versichern die Beauftragten bevollmächtigt waren, auch hatten sie Befugnis und Gewalt, Pfändungen, Verhaftungen, Subhastationen, Verkäufe von Gütern und Waren vorzunehmen »nebst allen Inzidenzien, Dependenzien, Annexidaten und Connexidaten«. Den Kornhändlern in Sevilla und Cadix wurde befohlen, vierhundert Scheffel Getreide dem Alcalden von Malaga, fünfzig Harnische, fünfzig Hakenbüchsen, fünfzig Armbruste für den Bedarf der Armada zu liefern. Von ergötzlicher Borniertheit war das Verbot, daß irgendein

Schiff, irgendeine Person, wes Standes und Namens immer, ohne die Genehmigung der Herrscher, des Admirals oder des Archidiakons nach den neuentdeckten Ländern reise, und Personen von anderem als katholischem Glauben konnten die Erlaubnis auf gar keinen Fall erlangen. Die geistliche Sorge stand voran. Deshalb fand der Antrag des Admirals bei den Majestäten ein gnädiges Gehör, daß sie ihm bei der Bekehrung und Belehrung der Indios tätige Hilfe leisteten. Zwölf auserwählte Mönche, die sich bei der Vertreibung der Juden und Mohammedaner hohe Verdienste erworben und schon manche Ketzer zum Scheiterhaufen gebracht hatten, wurden für würdig befunden, die Ungläubigen in den Schoß der Kirche zu führen, ihr Oberhaupt war Bernardo Buyl, Mönch vom Benediktinerorden des Klosters Monserrat, den der Papst zum apostolischen Vikar des neuen Indiens ernannte.

Es gingen mit: Bergleute, Zimmerleute, Ackerbauer, Maurer, Schlosser, Schneider, Schuster, Weber, im ganzen über tausend besoldete Handwerker. Um die friedlichen Ansiedler zu schützen, bedurfte es einer geschulten Truppe; zwanzig Lanzenreiter aus Granada verdienen genannt zu werden, denn sie wurden binnen kurzem der blutige Schrecken der Indios. Eine große Zahl von Edelleuten hatte sich zu der verheißungsvollen Fahrt gedrängt, unter ihnen der hochherzige junge Alonso Ojeda, ein echter Ritter von bedeutenden Gaben und kühnem Geist, der durch seine Taten der Abgott schwärmerischer Jugend wurde. Von der Familie Pinzon nahm keiner mehr an dieser Fahrt teil. Martin Alonso war wenige Tage nach der Heimkehr gestorben, empfindsame Historiker behaupten, der Kummer habe sein Leben verkürzt, Columbus habe, sagen sie, über seinen Ungehorsam bei der Königin Beschwerde geführt, und als Pinzon den Wunsch geäußert, selbständig seinen Bericht zu erstatten, sich persönlich verantworten zu dürfen, sei ihm vom Hof bedeutet worden, er habe im Gefolge des Admirals zu erscheinen, da er dessen Untergebener sei, nichts weiter. Dies habe ihn so schwer gekränkt, daß er bald darauf starb. Es mag sich wohl so abgespielt haben; die Rache zu verschieben, um ihrer im rechten Moment sicher zu sein, das entsprach durchaus dem finstern und vergeltungssüchtigen Gemüt des Columbus.

Am 23. September verließ die Flotte, eine höchst mangelhaft disziplinierte Ansammlung von Schiffen und Menschen, den Hafen von Cadix, am 3. November, nach vierzehntätiger Reise, wurden die Inseln Dominica und Guadelupe gesichtet, aber erst zwei Wochen später erreichte sie Española und jenen Hafen von La Navidad, wo die Siedlung für die zurückgelassenen Spanier gegründet worden war.

Der Admiral ließ Salut schießen. Keine Antwort von der Küste. Der Gruß blieb unerwidert, tiefes Schweigen, auch kein Feuersignal war zu sehen. Dem Columbus ahnte nichts Gutes. Am andern Morgen erschienen Abgesandte des Kaziken und brachten als Bewillkommungsgeschenk zwei goldene Masken, die sie zu Füßen des Admirals niederlegten, worauf sie sich entfernten. Am Abend kamen abermals Leute des Guacamari, blieben jedoch am Strand und erklärten bedrückt, sie wollten erst an Bord gehen, wenn sie mit dem Admiral gesprochen hätten. Ganz recht, antwortet man ihnen, dort ist der Admiral, auf der Kommandobrücke steht er. Ja, sagten die Indios naiv, das mag wohl sein, aber ihr müßt uns ein Licht geben, damit wir ihn erkennen können. Dies geschieht, sie erkennen Columbus, zögernd steigen sie die Reling herauf, bleiben stumm und ängstlich im Halbdunkel. Wo ist euer Häuptling? fragt man sie, warum kommt er nicht, er ist doch unser Freund? Er ist krank, erwidern jene. Wie denn, krank? Nun, nicht eigentlich krank, aber er kann nicht gehen, er hat ein verletztes Bein. Sie sagten es aber in einem Ton und in einer Art, als fürchteten sie sich und hätten ein schlechtes Gewissen, denn einer sah immer den andern an, und keiner wollte zuerst reden. Wo sind denn unsere Landsleute? forschten die Spanier streng, warum ist es so still am Lande? wo sind sie denn hingegangen? haben sie euch keine Botschaft aufgetragen? hat uns der Kazik nichts von ihnen zu berichten? So mit Fragen in die Enge getrieben, erzählten sie endlich eine Geschichte, die sie offenbar sorgsam eingelernt hatten und deren Unwahrheit sie schon durch ihr geläufiges Plappern verrieten: Ein Stamm aus dem Süden sei auf der Insel gelandet, habe ihr Dorf überfallen und die spanischen Siedler angegriffen, wobei einige getötet worden seien, die andern befänden sich jedoch wohl, aber Guacamari habe bei der Verteidigung eine Wunde am Schenkel erhalten, die ihn zu seinem Leidwesen verhindere, dem Admiral die schuldige Ehre zu erweisen.

Das alles war sehr verdächtig und beunruhigend. Wenn ein Teil der Spanier noch lebte, warum zeigten die sich nicht? Es war doch anzunehmen, daß sie die Rückkehr der Ihren kaum hatten erwarten können. Am nächsten Tag gingen zehn oder zwölf Matrosen und einige Edelleute an Land, und einer, der schon die erste Reise mitgemacht und das Terrain kannte, war der Führer. Sie fanden die ehemalige Wohnung Guacamaris in Asche liegen, auch die Hütten ringsum waren zerstört; unweit davon stießen sie auf das völlig zertrümmerte Blockhaus, das den Ansiedlern als Wohnung gedient hatte, und daneben auf das sogenannte Fort, dessen Palisaden ausgerissen waren, und um dessen verkohlte Reste menschliche Leichname lagen. Man suchte weiter und entdeckte unter Busch und Gras versteckt und nachher auch in den Hütten der Indios verschiedene Habseligkeiten der Erschlagenen, denn daran ließ sich nun nicht länger zweifeln, daß von den unglücklichen Kolonisten keiner mehr am Leben war, daß alle achtunddreißig umgebracht worden waren. Aufklärung über das Geschehene war aber nicht zu erlangen, die Indios beharrten steif und fest bei ihrem Märchen von dem Überfall des fremden Stammes. Endlich beschloß der Admiral, den angeblich verwundeten Guacamari aufzusuchen und zur

Rede zu stellen. Unbegreiflich, daß er damit so lange wartete, warum eigentlich? Aber wir wissen es ja: was ihm unangenehm ist und ihn zu Entscheidungen zwingt, schiebt er stets auf die lange Bank; vor Unwiderruflichkeiten fürchtet er sich maßlos. Er nimmt den Wundarzt mit und außerdem den Doktor Chanca, der als Arzt auf dem Admiralschiff diente und dem wir einen ziemlich genauen Bericht über die zweite Reise verdanken, einen gewissenhaften und trockenen Bericht, der einen einigermaßen gebildeten Mann verrät. Sie gehen also hin, große Begrüßungszeremonie, der Kazik liegt bewegungslos da und verzieht nur manchmal das Gesicht ein wenig, als unterdrücke er heftige Schmerzen. Doktor Chanca nimmt ihm die Binde vom Schenkel, wie es der Admiral verlangt: nicht die Spur einer Verletzung. Es ist ja keine Wunde da, sagt der Arzt, du bist so gesund wie wir. Der Häuptling schüttelt mit enigmatischem Lächeln den Kopf, als ob ein Fremder das nicht verstehen könne, und die Medizinmänner stimmen ein klagendes Geheul an. Sonderbare Sache; Columbus weiß nicht, was er tun soll; daß da eine durchtriebene Komödie gespielt wird, liegt auf der Hand, aber die Konsequenzen wagt er nicht zu ziehen, es könnten noch andere Stämme im Einverständnis sein, und das ganze Land voller Feinde gegen sich zu haben will er vermeiden, vorläufig will er auch die geschehene Untat nicht wahrhaben; gäbe er sie zu, was würden alle diese Edelleute von ihm denken, denen er seit Wochen und Monaten von der Sanftmut und Unschuld der Wilden vorgeschwärmt hat? Sie würden ihn für einen Schwindler erklären oder sich über ihn lustig machen. So stellt er sich selber gläubig, billigt dem Kaziken ein geheimnisvolles Leiden zu, spricht unter vier Augen mit ihm, fragt, ob er nicht doch gehen könne, hilft ihm aufzustehen, reicht ihm den Arm, redet zart wie mit einem Sohn mit ihm und lädt ihn schließlich ein, mit ihm an Bord zu kommen. Er stellt also der Komödie eine Komödie entgegen, und die Absicht ist dabei, dem Kaziken etwas zu zeigen, was ihn warnen soll, man ist nicht so armselig dran wie bei der ersten Ankunft, man hat Machtmittel, von denen man damals keinen Begriff geben konnte. Schaustellung wird also sein, und das erste, was Columbus seinem Gast vorführt, sind die fünfzig Pferde, die die Spanier über den Ozean gebracht haben. Unermeßliches Erstaunen des Naturkindes; Guacamari zittert an allen Gliedern, und seine Stirn wird vor Schrecken feucht; solche Ungetüme hat er nie erblickt, dergleichen ist über seiner Welt, kein Traum hat es ihn ahnen lassen. Der Zweck ist erreicht; hat er, mit einem Gedanken nur, Böses geplant, dieser Anblick, der auf ihn und seine Leute dieselbe Wirkung übt als ob man uns Heutige plötzlich unter eine Herde Atlantosauren versetzte (mehr noch, denn wir wissen ja aus der Schule, daß es solche Ungeheuer einmal gab), dieser Anblick muß genügen, ihn zahm und friedfertig zu erhalten.

Er speiste an demselben Tag mit dem Admiral, und es wird versichert, sein Benehmen sei so freundlich und unbefangen gewesen, daß Columbus den Verdacht nicht länger hegen konnte, als habe er teilgehabt an der Ermordung der achtunddreißig Kolonisten. Ein derartiges Maß von Verstellung sei unmöglich, habe er ausgerufen. Es ereignete sich aber in der folgenden Nacht, daß zehn indianische Weiber, die der Admiral von der Insel Cariba mitgenommen (in dem Bericht steht: mitgenommen, was ein mildernder Ausdruck ist für: geraubt), vom Schiffe flüchteten und, ohne daß es die Wachen bemerkten, ans Ufer schwammen. Es stellte sich heraus, daß ihnen Guacamari seinen Schutz gewährte, ja, daß er sie zur Flucht veranlaßt hatte, und als der Admiral einige Leute ans Land schickte, um sie von ihm zurückzufordern, hatte der Kazik mit sämtlichen Untertanen und all ihrer Habe das Dorf verlassen und war weit in das Innere der Insel gezogen. Bedurfte es noch eines klareren Schuldbeweises?

Die Begebenheit, charakteristisch für das Wesen der Indios wie für die Ahnungslosigkeit der ersten Eroberer im Umgang mit ihnen, ist der Auftakt eines verhängnisvollen geschichtlichen Prozesses, der mit der blutigen Vernichtung einer ganzen Rasse endete.

Von dem ersten Besuch bei Guacamari erzählt Doktor Chanca: »Wir fanden ihn in seiner Hängematte, die nach Landesbrauch im Freien aufgehängt war; sie bestand aus einem Gewebe von Baumwollgarn, gestrickt wie ein Netz. (Am Rande: das Wort Hängematte ist eine Verballhornung des indianischen ›Hanamac‹, so wie ›Orkan‹ vom indianischen ›Hourragan‹ abstammt.) Die Art und Weise der Ermordung unserer Landsleute betreffend, wiederholte er nur, was wir bereits wußten, und nachdem er seine Schilderung beendet, schenkte er dem Admiral acht und eine halbe Mark feinen Goldes, fünf- bis sechshundert bunte Steine und eine mit ebensolchen Steinen besetzte Mütze. Dann bezeigte er, fortwährend liegend, sein Beileid über den Tod der Christen und vergoß viele Tränen, er wie auch seine Diener und Anverwandten.«

Beileid, Tränen, Schluchzen; genau wie seinerzeit beim Untergang der »Santa Maria«; abgefeimte Heuchler also, die gepriesenen »unschuldigen Wilden«? So mußten die Europäer denken, die Zeugen davon waren, so haben spätere gedacht, so würden auch heutige urteilen. Doch war da etwas anderes im Spiel, das mit abschätziger Moralbetrachtung nichts zu tun hat, nämlich der sogenannte Tränengruß, ein uralter indianischer Ritus, den meines Wissens Cabeça de Vaca in seinem aus dem fünfzehnten Jahrhundert stammenden Reisebericht, sehr merkwürdigen Erlebnissen unter den Völkern Floridas und Texas', zum erstenmal erwähnt, und der erst von einem deutschen Forscher unserer Tage als eine kultische Handlung erkannt worden ist.

Columbus und seine Begleiter zogen natürlich nur die primitivsten Schlüsse. In hochmütiger Selbstbezüglichkeit maßen sie die fremde Welt, das tieffremde Leben an ihren engen Begriffen von Nutzziel und gewohntem Brauch. Konnten sie es dem nicht einfügen, so sahen sie Frechheit und Entartung darin. Gerechtes Abwägen fand sich selten,

Gewährenlassen und Bemühung um Verständnis fast nie, ohne Sinn und Interesse für die innere Legitimität einer anders gearteten Daseinsverfassung war ihr einziges Bestreben deren Vergewaltigung: Christianisierung. Aber das wäre das Schlimmste noch nicht gewesen. Das Schlimmste war, daß sie diese Geschöpfe vom ersten Augenblick an als ihr Eigentum und ihre Beute betrachteten und mit ihnen verfuhren wie die Jäger mit herrenlosem Wild. Indem ich den Vergleich niederschreibe, zucke ich die Achseln über ihn, weil er zu schwach ist: Tiere behütet man gern vor dem radikalen Abschlachten, weil sie nützlich sind und man auf ihre Fortpflanzung rechnet; wozu aber sind Menschen nütze?

Columbus, der sich viel darauf zugute tat, daß er in den Indios eine Art Idealvolk entdeckt hatte, von dem er anfangs glaubte, es sei bestimmt, verlorengegangene Tugenden wieder zu Ehren zu bringen, mußte bitter enttäuscht sein, als es unwiderleglich am Tage lag, daß diese selben, von ihm so verherrlichten Wesen des vielfachen tückischen Mordes anzuklagen waren. Und wenn er ihren Ruhm auch nur zu Propagandazwecken verkündet hatte, so war ihm das doch schwerlich bewußt. Er konnte seine Meinung nicht von einer Stunde zur nächsten ändern; vor einer Tatsache zu kapitulieren war er nicht imstande; daher kam er auf den Gedanken, der für einen einfachen Menschen ganz nahe lag, den zu erfassen es für ihn aber einer komplizierten Schlußfolgerung bedurfte, daß nämlich die Ermordeten nicht ganz schuldlos an dem Schicksal waren, das sie ereilt hatte. Großartige Entdeckung. Von dem Moment an, wo er die Dinge aus diesem Gesichtswinkel beurteilte, häuften sich auch die Indizien, und die Gerechtigkeit hätte gefordert, daß der wahre Sachverhalt offiziell bekanntgegeben wurde. Das zu tun hütete sich Columbus wohl; er zog es vor, darüber zu schweigen. Es war zu unangenehm, zu peinlich, wenn man vor der frommen spanischen Welt eingestand, was sich zwischen christlichen Herrenmenschen und unwissenden Heiden ereignet hatte; höchstens ein paar dürftige Andeutungen ließen es durchblicken. Eine politische Haltung, die von allen befolgt wurde, die mit Columbus kamen, und allen, die nach ihm kamen, ausgenommen den leidenschaftlichen Freund der Indios, den Priester Las Casas.

Da es ein symptomatischer Vorgang ist, braucht es nicht viel Scharfsinn, um die Gründe zu erraten, die zur Tötung der achtunddreißig Kolonisten geführt haben. Alles ist so klar, als sähe man es in einem Spiegel. Ein Haufen Kerle, ohne Zucht, ohne Gefühl, ohne sozialen Halt; vom ersten Tag an treten sie als Fordernde auf, frech und beleidigend. Sie fordern Nahrung, sie wollen bedient sein, sie wollen es bequem haben, und wenn sie nicht blinden Gehorsam finden, wenden sie Gewalt an. Was sind denn diese Indios in ihren Augen? Tiere, gutmütige dumme Tiere, man kann sich alles gegen sie erlauben, schon deswegen, weil es keine Christen sind. Man kann sie kujonieren, denn sie lassen es sich gefallen. Sie verbeugen sich, sie lächeln, sie scheinen nichts übel zu nehmen. Man kann es sich sogar ersparen, ihnen gegenüber auf seine Herkunft, seine Religion, seine Bewaffnung zu pochen, in ihrer Kindergläubigkeit anerkennen sie diese Vorzüge demütig und unbedingt. Himmelssöhne sind fehlerlos. Nun, die Himmelssöhne wollen sich für ihre Position bezahlt machen. Man hat sie in einer fürchterlichen Ferne von der Heimat einem ungewissen Los überlassen; ungewiß ist die Rückkehr des Admirals, der Admiral selbst ein ungewisser Mann, so sollen ihnen die verachteten Wilden Entschädigung verschaffen für die Qual des Harrens und des Ausgesetzseins im unendlichen Ozean. Der Preis, mit dem sie bezahlt sein wollen, ist Gold. Wenn es ihnen auch sonst an jeglicher Phantasie für die Bewohner des Landes und seine natürlichen Bedingungen fehlt, im Hinblick auf die Möglichkeit, sich zu bereichern, sind ihre Vorstellungen maßlos. Dazu hat sie ihr Führer Columbus erzogen, das ist das einzige, worin sie ihm vertrauen, worin er ihnen Vorbild ist. Jede Geste, jeder Blick fordert Gold, jedes Wort, jede Handlung zielt darauf ab. Mit der Zeit macht sich daneben noch ein physischer Übelstand bemerkbar, und gerade der schwillt zur Katastrophe an und wird ihr Verderben. Sie sind ohne Frauen. Sie sind aber nicht gesonnen, wie heilige Mönche zu leben. Ebensowenig haben sie Lust, auf anständige Manier zu werben oder zu verhandeln, das hieße sich zu weit herablassen, sich zu viel vergeben; keine Rede davon, was man braucht, nimmt man einfach mit Gewalt und kümmert sich den Teufel um Einspruch und Klage, wozu soll man sie denn schonen, diese Wilden, sind sie doch nicht besser als das liebe Vieh, sie müssen einem noch dankbar sein, wenn man ihre hübschen Weiber für wert hält, eines Europäers und katholischen Christen Bett zu teilen, sei er auch drüben aus einem Bagno ausgebrochen. Was einzelner Übergriff war, heimliche Untat, wird allmählich Gewohnheitsverbrechen am hellichten Tag, und man hat gar keine Angst mehr, daß diese Indios, die trotz des ihnen zugefügten Schimpfs immer noch artig grüßen und freundlich antworten, sich ernstlich zur Wehr setzen könnten.

Aber das Unerwartete geschieht. Das Maß ist voll. Guacamari und seine Leute verlieren die engelhafte Geduld, auf die die spanischen Strauchdiebe so unbedenklich sündigen, sie sind Tausende, jene ein paar Dutzend, der Ausgang des Kampfes ist nicht fraglich, wenn sie die fremden Störenfriede samt und sonders vertilgen, üben sie nicht Rache, nicht einmal Vergeltung, sie veranstalten nur ein verdientes Strafgericht.

Das Wunderliche ist nur, daß sie es nicht offen verantworten. Aber es ist möglich, ja wahrscheinlich, daß ihnen die Tat, die unter dem Zwang der Umstände einziger Rettungsweg wurde, dann, als sie geschehen war, doch als etwas ungeheuerlich Vermessenes erschien: Sie hatten Göttersöhne erschlagen. Bei aller ertragenen Unbill konnten sie keine Rechtfertigung dafür erdenken, keine Verzeihung erhoffen, und die Bangigkeit, mit der sie der Rückkehr der anderen Himmlischen entgegensahen, des Admirals mit seinen weißgeflügelten Sonnenschiffen, muß ihre

Träume wie ihr Denken bis in den untersten Grund zerrüttet haben; dafür fehlt uns jedenfalls die Vorstellung und sogar die Ahnung.

Kein zeitgenössischer Historiograph oder Chronist hat sich die Mühe genommen, diesen unheilvollen Beginn der Kolonisation Amerikas ehrlich und ungeschminkt darzustellen, alle sind mit ein paar nichtssagenden Phrasen darüber hinweggegangen, als ob es zu den zwar beklagenswerten, jedoch unvermeidlichen Übeln der Länderentdekkung gehöre, fremden Besitz für Freigut zu erklären, Männer und Jünglinge zu Sklaven zu machen, Weiber zu vergewaltigen, Jungfrauen zu schänden und was sich nicht gutwillig fügt, kalten Blutes niederzuknallen.

Als Antonio de Ojeda und Diego de Nicuessa im Jahre 1509 vom König Ferdinand das Festland von Darien »geschenkt« bekamen, in das sie sich als Gouverneure zu teilen hatten, erließen sie an die Eingeborenen eine Proklamation, die von den berühmtesten spanischen Juristen und Theologen erdacht worden war und hernach bei allen Besitzergreifungen als rechtlich gültige Formel diente. Sie ist zu bezeichnend und aufschlußreich, um sie zu ignorieren, und wenn man überlegt, daß sie an Menschen gerichtet war, die die Sprache nicht verstanden, in der sie verkündet wurde, und daß man es auch nicht für nötig erachtete, sie in ihre Sprache zu übersetzen, so erhellt daraus klärlich, daß der Gewaltakt, maskiert durch einen Fetzen Papier mit scholastischen Deliberationen, in der Absicht lag. Von Rechtsform keine Rede, was so schien, war Hohn und Spott.

Das Dokument beginnt weit ausholend mit der Erschaffung von Adam und Eva, von welchen beiden alle Menschen abstammen, und stellt die Behauptung auf, Gott habe einen Mann namens Sankt Peter zum Herrn und Chef des gesamten Menschengeschlechtes eingesetzt, weil sich die während fünftausend Jahren aufeinanderfolgenden Generationen in so viel Königreiche und Provinzen gespalten hätten, daß ein einziges Land sie hätte weder fassen noch ernähren und ohne eine höchste Gerichtsbarkeit kein Segen hätte entstehen können. Diesem Statthalter, wird den ahnungslosen Eingeborenen versichert, habe Gott die Macht verliehen, seine Herrschaft über alle Teile der Welt auszubreiten und zu regieren über Christen, Mauren, Juden und Heiden. Er führe den Namen Papst, das wolle heißen: wunderbarer großer Vater und Lehrer. »Der gegenwärtig regierende Papst«, ich zitiere nun wörtlich, »hat dieses ozeanische Land seiner katholischen Majestät Hernando anvertraut mit allem, was darin ist, wie ihr es ausdrücklich in gewissen Akten finden werdet, die man euch zeigt, wenn ihr danach verlangt. Seine Majestät ist demnach, kraft dieser Übertragung, König und Herr eures Landes. Ihr seid aus diesem Grunde zum Gehorsam gehalten und gezwungen, und ich bitte und befehle euch, daß ihr euch die nötige Zeit nehmt und reiflich überlegt, was ich euch soeben mitgeteilt habe, damit ihr die Kirche als Souveränin und Führerin des Universums anerkennt, ebenso wie den Sankt Peter, genannt Papst, in seiner rechten Macht und Seine Majestät als König, und daß ihr auch einwilligt, von den heiligen Vätern, die der Papst euch sendet, in unserem heiligen Glauben bekehrt und unterrichtet zu werden. Wenn ihr dem nachkommt, tut ihr wohl daran und erfüllt eure Pflicht. Dann werden Seine Majestät und wir euch mit Liebe und Güte empfangen, und wir lassen euch, eure Weiber und Kinder frei von Knechtschaft und im Besitz und Genuß eurer Habe. Wenn ihr euch aber weigert oder wenn ihr böswillig meinen Ermahnungen gegenübertretet, dann werde ich auf Befehl Gottes mit Gewalt über euch kommen und euch mit dem grausamsten Krieg überziehen. Ich werde euch unter das Joch der Kirche und des Königs beugen, eure Weiber und Kinder wegnehmen und darüber verfügen, wie es dem König beliebt. Außerdem nehme ich euer Eigentum weg und bereite euch alles Übel, was ich kann, wie rebellischen Untertanen, die sich weigern, ihrem legitimen Herrn Folgsamkeit zu erweisen.

Ich erkläre im voraus, daß alles vergossene Blut und alles Unheil, das eurer Widersetzlichkeit entspringt, euch allein zur Last fällt und nicht Seiner Majestät noch mir noch denen, die mir dienen. Deshalb ist euch diese Deklaration und Requisition gemacht worden, und ich ersuche den gegenwärtigen Notar, mir die nötige Bestätigung hierüber auszustellen.«

Es dürfte schwer halten, in den Annalen der Geschichte ein Schriftstück aufzutreiben, das eine so vollendete Vereinigung von abgründiger Verlogenheit und erpresserischer Offenherzigkeit darstellt. Wollte man ein Gleichnis dafür finden, so liefe man Gefahr, absurd zu werden, etwas Ähnliches gab es nicht einmal, als die Mongolenhorden Europa überschwemmten oder die römischen Legionen in Gallien einbrachen. Keine andere Religion, kein anderes System trat fremdem Glauben und fremder Form mit solcher Überheblichkeit, mit so steinerner Unduldsamkeit gegenüber wie das spanisch-katholische Christentum.

Ohne einen gewissen Mut und ohne Resignation kann man die Vergangenheit des menschlichen Geschlechts nicht als das erkennen, was sie ist: eine ununterbrochene Kette von Unrecht, Übervorteilung, Diebstahl, Gewalttat und Mord. Dies sind nur vierhundert und etliche Jahre. Ich kann mir eine Geistesstimmung denken, die seufzend zu dem Schluß gelangt: es könnte, mit nur geringen Variationen, auch gestern gewesen sein.

Wie verhält es sich nun mit Columbus in dieser Sache: Hat er die Sklaverei der Indios gewollt, oder hat er sich nur unter äußerem Zwang bereit gefunden, sie zu dulden, zu fördern, zu begünstigen? War es seine wohlerwogene Absicht von Anfang an, oder stammte der Plan aus dem Hirn der Geschäftemacher und Spekulanten, die ihn am Gängelband führten? Die Frage läßt sich nicht kurzerhand bejahen oder verneinen, dem steht die Kompliziertheit seines Charakters entgegen, die, je mehr man sie zu ergründen sucht, zu einer wahren Unerforschlichkeit wird. Sehe ich ihn als grandiosen geschichtlichen Don Quichote, sozusagen als den Ur-Don Quichote, so ist es gerade seine romantische Vorstellung von den Indios, die ihn nur zum Ritter von der traurigen Gestalt macht; die tragisch-groteske Szene, wie der scharfsinnige Junker kampfbegeistert mitten in die Hammelherde reitet und ein sinnloses Blutbad unter den erschrockenen Tieren anrichtet, ist auch ein zentrales Symbol für den Don Quichote des Ozeans. Er wußte nicht, wohin er ritt und wogegen er stritt. Er sah nicht, er begriff nicht. Und als er endlich begriff, stürzte er für immer in jene unheilbare Melancholie, die von jeher über ihm gelauert hatte wie eine tödliche Krankheit.

Als er eingesehen hatte, daß die Gründung von La Navidad ein Fehler gewesen war, des sumpfigen Klimas und des schlechten Hafens wegen, suchte er nach einem günstigeren Küstenplatz, der auch näher bei den vermuteten Goldbergwerken des Inlandes liegen sollte. Er wählte die fischreiche Bucht von Monte Christo, dort begann er im Dezember 1493 mit dem Bau der ersten spanischen Stadt in der Neuen Welt, die er Stadt der Königin nannte, Isabella, ihre Ruinen sind noch heute zu sehen. Die Indios, zumal die Frauen, gastfrei und hilfreich, wie stets bei der ersten Begegnung, brachten aus der fruchtbaren Landschaft die Fülle von Nahrungsmitteln, darunter auch Jamswurzeln, die die Europäer bald sehr schätzen lernten. Wichtiger war die noch unverbürgte Nachricht von der Nähe der Goldminen, es hieß, die Entfernung betrage nur hundertvierzig Kilometer, und sie lägen im Gebiet des Häuptlings Caonabo, desselben, der mit den Küstenstämmen in Fehde lebte und der, nach der Behauptung Guacamaris und seiner Leute, die Ansiedler von La Navidad getötet haben sollte. Der Admiral schickte eine Expedition in die Gegend, die Kundschafter kamen ganz aufgeregt zurück, sie schworen, sie hätten das Gold in den Tälern und Flüssen glänzen sehen, es gäbe dort Berge aus purem Gold, da wollte sich Columbus selbst von der Wahrheit der Berichte überzeugen und brach mit bewaffneter Begleitung ins Innere des Landes auf. Die Gebirge aus Gold wird er nicht gefunden haben; um sich ihrer für alle Fälle zu versichern, baute er im Distrikt von Cibao das Fort San Tomas, das im Laufe der Begebenheiten eine berüchtigte Mordstation wurde.

Vom Ende des Jahres an häuften sich die Widrigkeiten, und Columbus war der Mann nicht, sie mit ruhiger Hand und kühlem Kopf zu besiegen. Er hatte dann immer das beleidigte Gefühl, als wolle das Schicksal ihm persönlich übel, und der Ausweg, den er jeweils fand, war von einer verzweifelten Stimmung eingegeben und daher fragwürdig. Eine unbekannte Krankheit verbreitete sich auf der Flotte, es wird ein tropisches Fieber gewesen sein; auch ihn ergriff sie und warf ihn bis zum März des andern Jahres nieder. Die Vorräte für die Mannschaft und die Herren schrumpften besorgniserregend zusammen, die Indios konnten zu genügenden Lieferungen nicht gezwungen werden, sie hatten begonnen, sich widerspenstig zu zeigen, in einigen Stämmen gärte ein gefährlicher Geist, da und dort kam es bereits zum Ausbruch von Feindseligkeiten; Gold wurde in viel geringerer Menge erhandelt und erpreßt, als man erwartet hatte, kein Wunder, daß die trägen Caballeros, die mit so überspannten Hoffnungen übers Meer gefahren waren, ihre Leichtgläubigkeit verwünschten, mutlos und aufsässig wurden und so bald wie möglich nach Spanien zurückzukehren begehrten, wo man nicht die Unverschämtheit hatte, Arbeit von ihnen zu verlangen, wirkliche Arbeit mit Spaten und Hammer und Pflugschar. Es war ein Verbrechen an ihrer Ehre, und da sie gänzlich unfähig waren, die Verhältnisse zu beurteilen und einer förderlichen Entwicklung der Kolonie nur im Wege waren, hatte der Admiral nichts gegen ihre Rückkehr einzuwenden und beauftragte den Admiral de Torres, Kapitän der Marigalante, sie auf zwölf Schiffen nach Spanien zu bringen.

Das Memorial, das er dem de Torres einhändigte, damit er es den Majestäten übergebe, ist deshalb denkwürdig, weil es zum erstenmal die Frage, ob man die Indios als Sklaven verwenden solle, offiziell behandelt und die Maßregel mit allerlei schlauen Verklausulierungen und jesuitischen Beschönigungen plausibel zu machen sucht. Wiederum wendet er viele Worte auf, um den Hoheiten die reiche Ausbeute zu rühmen, die die Goldminen und Goldwäschereien erhoffen ließen. Von befriedigenden Erträgnissen spricht er gar nicht, nur eben von Aussichten. Den traurigen Zustand der Kolonie und der Expeditionsteilnehmer kann er nicht verhehlen; er zählt die Ursachen auf, die ihn verhindern, der geliebten Herrin große Mengen Goldes zu schicken, erstens die zahlreichen Krankheitsfälle, dann die Beschwerlichkeit der Arbeit in den Goldflüssen, der Mangel an gebahnten Wegen und an Transporttieren; das Zugvieh, das man aus Spanien mitgenommen, gedeihe nicht und sei zum Erbarmen abgemagert. Auch der europäische Mensch könne nicht gedeihen, wenn er nicht dieselben Nahrungsmittel erhalte, an die er zu Hause gewöhnt gewesen. Zu diesem Zweck seien verschiedene Anpflanzungsversuche gemacht worden, allein die Feldbebauer hätten ihre Tätigkeit alsbald eingestellt (warum, wagt er nicht zu gestehen, er hat Angst, daß sich die Hidalgos wegen der Bezichtigung an ihm rächen könnten). Am meisten sehnten sich die Leute nach Wein. Nun hatten aber die spanischen Weinhändler so und so viel hundert Fässer Wein an die Flotte liefern müssen. Ist der Vorrat so schnell verbraucht? Bewahre. Die Fässer waren schlecht, der größte Teil des Weines ist während der Ozeanfahrt ausgeronnen. Man sieht, die Kriegslieferanten haben sich schon damals auf ihr Geschäft verstanden. Der Admiral entlädt seinen ganzen Zorn auf sie, da braucht er niemand zu schonen, er kennt den Gang der Dinge bei Hof und weiß, daß man froh ist, wenn man untergeordnete Subjekte zu Sündenböcken machen kann für die Vergehungen hochgestellter. In der Tat trägt das Original des Memorandums eine Anmerkung von der Hand der Königin, worin sie dem Juan de Fonseca, jüngst zum Kolonialminister ernannt, den scharfen Befehl erteilt, er möge schleunigst untersuchen, wer den Betrug mit den Weinfässern verschuldet habe, damit man seine Güter beschlagnahme und ihn zum Schadenersatz verhalte.

Ich brauche Korn, schreibt der Admiral, ich brauche Zwieback, Speck, Räucherfleisch, Rosinen, Zucker, Honig, Esel und Eselinnen. Ferner Pferde, schickt mir Pferde, sie sind unerläßlich zum Kampf wie zur friedlichen Bestellung des Landes. Da ist noch ein Schwindel geschehen. Man hat nicht die Pferde eingeschifft, die ihm vorgeführt worden waren, sondern bei weitem schlechtere. Wer hat den Profit davon gehabt? Offenbar Juan de Soria, denn er ist sein Feind, er muß die Tiere ausgetauscht haben. Die besoldeten Ritter, ja, die haben vortreffliches Pferdematerial, die Herren liegen krank in ihren Betten und erlauben nicht, daß ihre Tiere Dienst verrichten, um keinen Preis lassen sie das zu. Ein beklagenswerter Führer, der sich über Dienstverweigerungen beklagt, wahrhaftig. Aber hören wir weiter, was der Vizekönig der neuen Welt noch verlangt: Schuhe, Leder, Hemden, Leinwand, eingemachte Früchte, fünfzig Fässer Sirup, hundert Hakenbüchsen, hundert Armbruste, hundert Kisten Munition. Und vor allem: Menschen; vor allem fleißige, ordentliche Menschen, mit denen, die er hat, kann er nichts anfangen, Maurer sind vonnöten, Bergleute, Goldwäscher. Kurz und gut, es fehlt ihm alles, weil ihm in der fremden Welt nichts faßbar ist, nichts dienen kann, weil er ihre Hilfsquellen nicht kennt und von ihren Möglichkeiten nichts ahnt.

Oder war die Forderung nach Menschen nur eine geschickte Vorbereitung für das eigentliche Projekt, das ihm im Sinne lag? Wozu sollen wir dir Menschen schicken, konnte ihm leichterdings geantwortet werden, du hast ja genug da drüben, Hunderttausende stehen dir zur Verfügung, richte sie ab, mache sie zu nützlichen Werkzeugen deiner Unternehmung. Jedoch Columbus denkt an zivilisatorische Aufgaben mitnichten, er will die Eingeborenen zu Handelsobjekten machen, sie sollen mit ihren Leibern den Staatsschatz bereichern; da sie nicht so viel Gold aufbringen, wie man füglich von ihnen erwarten konnte, sollen sie selber an Goldes Statt dienen, mit sich selber Zahlung leisten. Pharisäisch argumentiert der Entdecker wie folgt: »Mit Recht wünschen Eure Hoheiten, daß wir den Indios die Lehren unseres heiligen Glaubens mitteilen, aber wir haben die Kenntnis ihrer Sprache nicht, und so schicke ich mit Señor de Torres eine Anzahl Männer, Frauen, Knaben und kleine Mädchen nach Spanien, die ihre Hoheiten solchen Personen anvertrauen mögen, die ihnen den besten Unterricht vermitteln und sie in allerlei Arbeit unterweisen können. Je nach ihrer Führung könnte man sie dann im Rang gegen die anderen Sklaven erhöhen und einen mit der Leistung des anderen anspornen. Da von den Inseln die der Kannibalen die größten und volkreichsten sind, scheint es ratsam, Leute von dorther nach Kastilien zu befördern, damit sie die barbarische Gewohnheit, Menschenfleisch zu verzehren, alsbald aufgeben. Je eher sie die spanische Sprache erlernen, je eher werden sie getauft, und je eher wird das Heil ihrer Seelen gerettet werden.«

Hier ist eine Einschaltung nötig. Die Anklage des Kannibalismus (ein Wort übrigens, das ebenfalls auf die Verballhornung eines indianischen Namens zurückgeht, nämlich den der Insel Kariba) ist mit Bezug auf den westindischen Archipel vollständig aus der Luft gegriffen. Ob der Brauch auf dem mittelamerikanischen Festland existiert hat, ist ungewiß und wird vielfach bestritten. Die mit dem religiösen Kult zusammenhängenden Blutopfer, die bei den Azteken zu Formen von abscheuerregender Grausamkeit gediehen waren und den Charakter mystisch-erotischer Blutfeste trugen, mögen der entzündlichen Phantasie der ersten Eroberer die schreckensvolle Vorstellung von Menschenfresserei gegeben haben, und daß Columbus kein anderes Beweismittel besaß als bloßes Gerücht und Hörensagen, ist beinahe mit Sicherheit anzunehmen. Ob er die Bezichtigung glaubte oder nicht, muß nicht untersucht werden, auch wird er sich schwerlich darüber Gedanken gemacht haben, daß es in sittlicher Hinsicht kein erheblicher Unterschied ist, ob man mit Menschenfleisch handelt oder ob man es verspeist. Seine bauernschlaue Überlegung war die: Ich muß die Indios als unschuldiggottlose und unschuldig-verworfene Wesen darstellen, dann wird mein Vorschlag, sie zu Sklaven zu machen, mir als moralisches Verdienst angerechnet werden, jedenfalls als eine erziehliche Maßregel zu ihrer Besserung. Eine echt europäische Heuchelei: kommerzielle Absichten, umwikkelt mit windigen Redensarten von Humanität und Fortschritt.

Seine weiteren Ausführungen lassen an Deutlichkeit nichts mehr zu wünschen übrig: »Zum Heile der Seelen hiesiger Einwohner ist uns eingefallen, daß es je besser ist, je weiter man sie fortbringt, und so könnte für den Dienst Ihrer Hoheiten auf folgende Weise gesorgt werden. Da das Bedürfnis an Vieh und Saumtieren hier sehr groß ist, könnten Ihre Hoheiten eine Anzahl Karavellen ermächtigen, jährlich Herden herüber zu bringen. Dies Vieh könnte den Überbringern zu angemessenem Preis abgekauft und mit indianischen Sklaven bezahlt werden, denn es sind zwar wilde, aber anstellige, kluge und gut proportionierte Menschen, die sich nützlicher als alle andern Sklaven erweisen werden. Sobald sie ihre Heimat aus dem Gesicht verlieren, werden sie sich ihrer Grausamkeit entwöhnen. Man kann sie zum Rudern der Galeeren verwenden, darauf verstehen sie sich trefflich, und Ihre Hoheiten können von ihnen einen Einfuhrzoll erheben.«

Das klingt ganz modern, der Admiral war ohne Zweifel ein Finanztalent. Er verstand zu rechnen, und seine schätzbare Sorge ist es, wie er die Kolonie für das Mutterland rentabel machen kann.

Vielleicht war es dieser Schein von spekulativer Tüchtigkeit, der einige neuere Historiker, namentlich in Spanien, zu der Behauptung geführt hat, er sei von Abstammung Jude gewesen. Damit es nicht aussehe, als ob es eine willkürliche Annahme sei, stützten sie sich dabei auf mittelalterliche Quellen, die allerdings zu schwer zugänglich sind, um sie auf ihre Stichhaltigkeit zu prüfen. Aber manche urteilen nur aus einem allgemeinen Gefühl heraus, ob in feindseliger oder sympathisierender Tendenz, läßt sich nicht unterscheiden. Zunächst hat die Hypothese etwas Verblüffendes, es ist wahr, sie beleuchtet eine Seite des Mannes, die bis jetzt noch recht dunkel war. Es steckt nämlich viel vom Renegaten in diesem Cristobal Colón, er hat viele Züge eines eifervollen Abtrünnigen, der mit Angst bemüht ist, den Weg zuzuschütten, den er gegangen ist. Immer ist es der Neubekehrte, der in seiner für mißtrauische Augen berechneten Haltung und mit einer Leidenschaft, durch die er sowohl sich selbst wie auch die Umwelt glaubt täuschen zu müssen, alle Grenzen des Geschmacks, der Vernunft und des Anstands überschreitet. Und wenn man ganz, ganz nah an die Seele dieses Finders einer Welt heranhorcht, wittert man Verrat, freilich eine unbezeichenbare Art davon, spürt man den Verräter, freilich einen, den das Schicksal zu hoher Leistung hinauftreibt gerade dadurch, daß es ihn zum Verräter gemacht hat. Jüdisch, im schlechten und im guten Sinn, ist eine gewisse Weichmütigkeit an Columbus; jüdisch ein unverkennbarer Hang, Probleme der Wirklichkeit sentimental zu lösen; jüdisch die eigentümliche Zaghaftigkeit vor weittragenden Verantwortungen, die aus einer uralten Furcht vor dem Unwiderruflichen stammt, dem von oben her Beschlossenen. Aber was *nicht* jüdisch an ihm ist, das ist sein auffallender Mangel an Intelligenz und praktischer Fähigkeit, und vor allem liegt jede Form des Donquichotismus, der Selbstbezauberung mittelst einer vergewaltigten Realität, dem jüdischen Wesen so fern wie möglich.

Die spanischen Herrscher, zu ihrer Ehre muß es gesagt werden, billigten das Vornehmen ihres Admirals nicht; in der Randnote heißt es: »Bleibt zunächst ausgesetzt, bis ein anderer Vorschlag gemacht wird.« In der Hauptsache wird es wohl die Königin gewesen sein, die sich dem staatlich konzessionierten Menschenraub und -verkauf widersetzte, wie einträglich ihr das Geschäft auch geschildert wurde. Aber in solchen Fällen ist der Automatismus der Tatsachen stärker als selbst das Gewissensbedenken einer absoluten Herrscherin. Bedrängt von der allgemeinen, bis zur Tollheit gesteigerten Goldgier, hatte Columbus das Mittel gefunden, die Ungeduld der Fordernden durch Lieferung billiger Arbeitskräfte hinzuhalten. Als Antonio de Torres mit vier Karavellen nach Española zurückkam, ließ der Admiral fünfhundert Indios beiderlei Geschlechts auf die Schiffe bringen und, indem er sie als Rebellen bezeichnete, nach Spanien transportieren. In Sevilla übergab man sie dem Juan de Fonseca, der sandte sie auf sein Landgut, wo sie wie Tiere ausgestellt und versteigert wurden. Schlechte Behandlung, schwere Fron, das veränderte Klima, die so ungewohnte wie entwürdigende Lebensweise verursachte binnen kurzem den Tod aller. Da erhob sich kein Einspruch, keine Menschenstimme, aus dem ersten Versuch wurde eine feste Einrichtung, und der Atelandato Bartolomé, der tatkräftige und politisch begabte Bruder des Admirals, schickte alsbald ein Schiff nach dem andern vollgestopft mit indianischen Sklaven nach Spanien, eine vollkommen zweck- und sinnlose Deportation, denn alle diese entheimateten Geschöpfe verendeten auf dieselbe elende Art wie die ihnen vorausgegangenen.

Die Insel Española hatte nach ungefährer Schätzung zur Zeit der Entdeckung eine Bevölkerungszahl von dreieinhalb Millionen. Zehn Jahre später waren davon noch vierunddreißigtausend übrig, also kaum der hundertste Teil. Das Gemetzel begann und verlief unter den sehend-unsehenden Augen des Columbus, und ob er Schmerz über die

Vernichtung empfunden oder ob er sie, fatalistisch finster und seelisch ummauert, als unerbittliches Gesetz betrachtet hat, steht in keiner Chronik zu lesen. Wir wollen die Wahrheit im Herzen des Mannes suchen.

Zehntes Kapitel
Die abgeleugnete Wirklichkeit

Es wird eine Begebenheit erzählt, aus der mit der Schlagkraft einer Parabel hervorgeht, wie die Indios, mehr und mehr erschüttert in ihrem Glauben an die Fremdlinge, sich die Gewißheit zu verschaffen trachteten, daß die vom Himmel gekommenen Männer nicht unsterblich seien, wie sie anfangs gewähnt hatten. Die Mannschaft des Forts San Tomas, zu dessen Kommandanten Columbus einen Edelmann namens Pedro Margarite ernannt hatte, wütete gegen die Eingeborenen mit jener Brutalität, die keine angestammten Rechte achtete und die allmählich stumpfe Gewohnheit bei den zügellosen Horden wurde, die Spanien über die neue Welt losließ wie eine fressende Plage. Sie nahmen den Indios ihren Goldschmuck weg, sie leerten ihre Speicher, sie raubten und entführten ihre Frauen und Töchter, und die schmachvollsten Mißhandlungen waren an der Tagesordnung. Der Kazike Caonabo, der die Vega real beherrschte, die Königsebene, in der das Fort lag, war aber ein entschlossener und tapferer Mann, er versammelte die Leute seines Stamms um sich und löste die Fessel der Fügsamkeit von ihrem Geist. Um ihnen zu beweisen, daß die Fremden durchaus nicht die übernatürlichen Kräfte besaßen, die sie fürchteten, daß die angeblichen Himmelssöhne genau so dem Tode erliegen müßten wie sie selbst, veranstaltete er vor ihren Augen eine Probe. Die Spanier bedienten sich gewöhnlich eines oder mehrerer Indios, um sich durch die Furt des Flusses tragen zu lassen, der die Festung von der Ebene trennte. Als dieser eines Tages vom Regen angeschwollen war und ein Ritter dennoch darauf beharrte, nach dem andern Ufer gebracht zu werden, befahl der Kazik den Trägern, mit dem himmlischen Gast den Versuch zu machen, ob ihm das Ertrinken nichts anhaben könne. In der Mitte des Flusses ließen sie den Spanier von den Schultern gleiten und hielten ihn so lange unter Wasser fest, bis er sich nicht mehr rührte. Dann trugen sie ihn ans Ufer, wo sich die gesamte Einwohnerschaft des Dorfes um den Leichnam herumsetzte und wartete, ob er wieder erwachen werde. Drei Tage saßen sie um den Toten herum, und erst als der Körper zu verwesen begann, waren sie überzeugt, daß der vermeintliche Gott nur ein sterblicher Mensch gewesen war. Die Gewißheit befreite sie von der Angst, von der Ehrfurcht, die sie gelähmt hatte, und die Kunde von dem wunderbaren Ereignis wurde jubelnd von Stamm zu Stamm getragen.

Schwache und zaudernde Charaktere lassen sich leicht zu überstürzten Maßnahmen hinreißen. Haben sie versäumt, zur richtigen Stunde mit Festigkeit zu handeln, so trachten sie den Fehler durch übermäßige Härte auszugleichen, und sind sie bei falschem Anlaß langmütig und nachsichtig gewesen, so vervielfachen sie das Übel, indem sie bei einem andern, nicht weniger falschen zum Wüterich werden.

In der Dienstvorschrift, die der Admiral dem Pedro Margarite erteilte, wird ihm als Hauptsorge ans Herz gelegt, darüber zu wachen, daß den Indios kein Leids geschehe, daß ihnen nicht das geringste gegen ihren Willen genommen, vielmehr alle vernünftige Rücksicht erwiesen werde. Das klingt, als wäre es so gemeint. Es ist aber nicht so gemeint. Denn gleich darauf heißt es: »Weil es vorgekommen ist, daß die Wilden Diebstähle an uns verübt haben, bestimme ich, daß Ihr jedem, den Ihr dabei ertappt, die Nase und die Ohren abschneidet, weil dies Gliedmaßen sind, die sie nicht verbergen können. Hierdurch versichert man sich auch eines anständigen Tauschhandels mit ihnen, denn alle werden auf diese Weise verstehen, daß wir die Guten gut, die Bösen böse behandeln wollen.« Nachdem er mit gleißnerischen Floskeln beteuert hat, daß ihm wie auch der Königin weit mehr daran gelegen sei, daß die Indios Christen würden und ihr Seelenheil retteten als an allen Schätzen, die man von ihnen erlangen könne, entwikkelt er seinem Untergebenen einen außerordentlich hinterlistigen Plan, wie er sich des gefürchteten Caonabo bemächtigen solle. »Man muß ihn dazu bringen, daß er zu Euch einen Besuch macht«, rät er; »da er nackigt geht, deshalb nicht leicht festzunehmen ist und, wenn einmal entwischt, wegen der Lage des Landes kaum wieder einzufangen sein dürfte, müßt Ihr ihm ein Hemd und einen Schleppmantel darreichen, einen Gürtel umbinden und eine Mütze aufsetzen, dann könnt Ihr ihn greifen. Sollte er nicht zu Euch kommen wollen, so stellt Euch so mit ihm, daß Ihr zu ihm geht. Einer muß dann vorausgeschickt werden, der ihm sagt, Ihr wünschet ihn zu sehen und mit ihm Freundschaft zu schließen.«

Von Redlichkeit und Ritterlichkeit ist das alles so weit entfernt wie... na, ungefähr wie das spanische Christentum vom indianischen Heidentum, und eine größere Entfernung läßt sich nicht denken, wenigstens in diesem besondern Fall, für den man sich vor Augen zu halten hat, daß Heiden, Juden, Türken den Christen gegenüber sich im Zustand vollkommener unaufhebbarer Rechtlosigkeit befanden, so daß man mit ihnen verfahren konnte wie mit Sachen, wie mit schädlichem Getier. Das Wort ist ein lasterhaft gefügiges Ding. »Seht ja darauf«, ermahnt Columbus seinen Offizier, »daß die Gerechtigkeit nicht verletzt werde.« Wie denn? Durch abgeschnittene Nasen und Ohren und die dreihundertvierzig Galgen, die von den Zimmerleuten auf der Vega real errichtet wurden? »Auf allen Wegen und Stegen müßt ihr Kreuze aufrichten«, schloß der Admiral seine Instruktion (wahrscheinlich hatte er sich vorgenommen, die Galgen für Kreuze anzusehen), »denn da, Gott sei gelobt, dies Land den Christen gehört, muß das Andenken daran für ewige Zeiten erhalten werden.«

Er hat sich nicht geirrt: das Andenken ist erhalten worden. Eines der Hilfsmittel, die dazu beitrugen, war der Bluthund. Mit historischer Genauigkeit läßt sich der Zeitpunkt nicht feststellen, in welchem die nützliche Bestie zum erstenmal in Tätigkeit tritt. Setzen wir einen Augenblick aus, um Atem zu schöpfen. Der Hetz- und Schweißhund, perro corso, wurde, zur bequemeren Erlegung des indianischen Wildes, gewöhnlich losgelassen, wenn die Indios zu fliehen begannen. Er fiel ihnen dann mit gieriger Wut in den Rücken, riß sie zu Boden und zerfleischte sie. Auf diese Weise gewann die Jagd einerseits an Ergötzlichkeit, andererseits steigerte sie das sinnlose Entsetzen der Gejagten und brach den letzten Rest ihres Widerstands. Bei derart erwiesener Dienlichkeit zögerte der Admiral auch nicht, ganze Koppeln der Tiere aus Spanien kommen zu lassen; einzelne, z. B. der Hund Berçerrico, erlangten als Würger eine gräßliche Berühmtheit und wurden zu Stammvätern von Geschlechtern, denen besondere Meisterschaft im Aufspüren und Zerreißen der Indios zugeschrieben wurde und die deshalb hoch im Preise standen. »Seht nur darauf, daß die Gerechtigkeit nicht verletzt werde.«

Wenn aber Don Quichote zum Wüterich wird, hört er auf, Don Quichote zu sein. Nur eins oder das andere kann er sein, beides nicht. Oder weiß Don Quichotes linke Hand nicht, was die rechte tut? Ist seine Seele so hoch gespannt, sein Geist so in die fixe Idee verfangen, daß er das Maß für die nahen Dinge verliert und ihm das Kleine groß, das Gute schlecht erscheint und umgekehrt? Ist das der Einfluß und die Wirkung Sancho Pansas? Denn Sancho Pansa ist immer an seiner Seite, ohne ihn ist er nicht vorstellbar, und Sancho Pansa ist ein listiger und erfahrener Mann, der sich auskennt im Leben und sein Geschäft versteht. Das Urbild freilich ist ein gutmütig-einfältiger Bursche, der keiner Fliege weh tun könnte; doch er ist verwandlungsfähig, die Zeitalter modeln ihn, die Umstände treiben ungeahnte Talente aus ihm hervor, die Welt ist voller Sancho Pansas, in allen Jahrhunderten, in allen Berufen und Ständen findet man sie, in allen Altern. Wohin das Schicksal ihn stellt und welche Gestalt er annimmt, eines Bauern, eines Landsknechts, eines Kleinbürgers, eines Vagabunden, eines Höflings, eines Beamten, eines Haudegen, stets wird er die Schwächen auszunützen wissen, die der jeweilige Don Quichote, an dessen Fersen er sich heftet, ihm darbietet. Denn wirklichkeitslos wie Don Quichote ist, läßt er die Wirklichen, die Tatsächlichen, die Nutznießer gewähren, und indem er sie für seine Kreaturen hält, schalten sie mit ihm nach ihrem Belieben, haben sie doch nur nötig, ihn in seinem Wahn zu befestigen und seine Einbildungen zu nähren.

Es ist eine undankbare und meist vergebliche Arbeit, Vorgänge, die sich in weit zurückliegender Vergangenheit abgespielt haben, sozusagen auf ihren chemisch reinen Wahrheitsgehalt zu prüfen. Wie Bauten in Schutt und Trümmer zerfallen, so auch Ereignisse, was übrig bleibt, ist roher Umriß, der höchstens über Dimension und Proportion Aufschluß gibt, selten darüber, was an der Form lebendig, ursächlich und zeitbedingt war. Das muß durch Vergleichung und innere Anschauung festgestellt werden und durch die Folge, die es im weiteren Verlauf gehabt hat. Noch schwieriger ist der Mensch aus der Historie herauszuschälen, sein wahres Antlitz verliert sich hinter tausendfachem Hörensagen, Umkrustung mit Gleichartigem, hinter der Willkür der Erfinder und Ensteller, hinter Mißverständnis und Anekdotenbildung. Neben eine Überbelichtung schiebt sich unaufhellbare Dunkelheit, das wichtige Private zerfließt, und die verästelten Züge des täglichen Lebens werden grob vereinheitlicht, um sie dem Schauplatz und der Rolle anzupassen. Hab ich doch Mühe, den Menschen, der mit und neben mir lebt, zu erkennen, er braucht nur einmal das Unerwartete zu tun, so muß ich mein ganzes Urteil über ihn revidieren (mit Menschen zu sein, heißt überhaupt nichts anderes als beständig Urteile revidieren); bei einer geschichtlichen Person, zumal einer von hohem Rang, gibt es, um nicht heillos in die Irre zu gehen, nur den einen Weg, sie aus der Vision neu zu erschaffen.

Keine Frage, Columbus ist in die Hände seiner Kreaturen geraten. Da erst wird er schuldig, von Schritt zu Schritt schuldiger. Nur ganz starke Persönlichkeiten, deren Handlungen unmittelbar aus ihrer Natur fließen, können sich dem Druck entziehen, der von der Umgebung ununterbrochen auf ihren Willen ausgeübt wird. Columbus' Verhängnis war, daß er eine Figur darzustellen hatte, deren Eigenschaften er nicht besaß. Er war ein phantastischer Schwärmer und sollte ein Gebieter, ein Herr, ein Verwalter sein. Er war ein Mensch der Traum- und Wahnwelt, vielleicht hatte er sogar die Gabe der Versenkung, sicher die der Selbststeigerung, und war an einen Platz gestellt (für den er sich auch auserwählt glaubte), wo er eine harte, gefahrvolle, nüchterne Wirklichkeit hätte meistern sollen. Um nun nicht kläglich zu scheitern, war er genötigt, das zu spielen, was er scheinen wollte, und wird eine Rolle nur gespielt und nicht gelebt, so wird sie auch schon übertrieben und verzerrt. Alles weitere vollzieht sich zwangsläufig; er verfällt dem Schmeichler und will dessen anderes Gesicht nicht sehen, obschon er davon weiß; er kann den Gierigen nichts verweigern, wagt die Rechtsbrecher nicht zur Verantwortung zu ziehen und tritt nur dort mit Entschiedenheit auf, wo er nicht für sein Amt und seine Würde zittern muß, von denen er, bei allem Bestimmungsdünkel, im tiefsten Innern weiß, daß sie ihm nicht zukommen, weil er ihnen nicht gewachsen ist. Er ist nicht daran gewöhnt, daß jedes Tun eine so unbarmherzige Folge hat, sein früheres Leben in der Welt der Vorstellung war unter einen viel weiteren Bogen gespannt, plötzlich wankt alles um ihn, und er, der sich nur halten, nur feststehen will, greift nach Stützen, die unter ihm brechen, oder nach Menschen, die ihn verräterisch herunterstoßen. Fast wie der geniale Einfall eines Dichters wirkt es (Shakespeare hat etwas Ähnliches in der Gegenüberstellung von Hamlet und Horatio verkörpert, im übrigen ist ja das Schicksal ein noch größerer Dichter als Shakespeare), daß Columbus, als er seinen Bruder Bartolomé auf die zweite Reise mitnahm und ihn zum Statthalter machte, einen Mann zur Folie und zum Widerspiel neben sich setzte, der ihn in gewissem Sinne ergänzte und ihm seine Mängel veranschaulichte, denn dieser Bartolomé Colón hatte eine schwere Faust und einen eisern-unbeugsamen Willen, er war genau der, der Christoph Columbus hätte sein müssen, um die tobende Welt zu bändigen, in die er als irrender Ritter verschlagen war. Aber die rücksichtslosen, ja grausamen Versuche Bartolomés, des Unwesens Herr zu werden, warfen nur ein um so grelleres Licht auf die Schwäche des andern und gaben beide dem Haß der gebürtigen Spanier preis. Man war nie gut zu sprechen gewesen auf den »Ausländer«, den landflüchtigen Italiener, den die Zufallsgunst mit unverdientem Lorbeer bekränzt hatte, und in dem Wunsch und Vorsatz, ihn wieder in das Dunkel zu stürzen, aus dem er gekommen war, fanden sich alle einig, vom letzten Goldgräber bis hinauf zum Bischof Fonseca und zum König Ferdinand.

Er braucht sich nur aufzuraffen und dem schwülen Dunstkreis den Rücken zu kehren, wo Ehrgeiz, Habsucht, Enttäuschung und Ausschweifung alle Fesseln sprengen, und er ist wieder der schweifende Seefahrer, der fabel- und wundergläubige Adept, der, immer noch, die Insel Zipangu und das Reich des Großchans sucht. Es wird eine Szene überliefert, unvergleichlich in ihrer Art, paradox und komödienhaft, in der sich sein Bild am reinsten als das eines Menschen spiegelt, der von den wahren Tatbeständen und Zusammenhängen überhaupt keine Notiz nimmt, der die Dinge so darstellt, wie er sie haben möchte und wie sie seiner vorgefaßten Idee entsprechen.

Nachdem er die nötigen Sicherheitsmaßregeln für Española getroffen und einen trügerischen Zustand von Ruhe geschaffen hatte, ging er im April '94 mit einigen leichten Karavellen unter Segel, um neue Entdeckungen zu machen und den Ostrand von Asien zu finden. Daß die Länder, die er bis jetzt kennengelernt, etwas anderes sein könnten als Teile von Indien, darüber ist ihm nicht der leiseste Zweifel aufgestiegen. Wenn andere einen solchen Zweifel auch nur schüchtern zu äußern wagen, weist er sie mit glühendem Zorn zurück und erachtet dies für ein Verbrechen und eine ihm angetane Schmach. Er fuhr also an der südlichen Küste von Cuba entlang, überall wurde er freundlich empfangen und ließ für die Lebensmittel, die die Eingeborenen brachten, nach bewährtem Brauch Schellen und bunte Fetzen unter sie verteilen. Vergebens war die Nachfrage nach Gold, die Indios dieser Gegend kannten es wohl, doch man sah es selten bei ihnen, und auf die Erkundigung, woher sie es erhielten, wiesen sie immer nach Süden, ein Mittel, das sie der Instinkt gelehrt hatte, um die Fremden, denen schreckliche Gerüchte vorausgingen, loszuwerden. Da ließ Columbus die Richtung südlich nehmen und entdeckte anfangs Mai die Insel Jamaika, indianisch Janahica, die blühendste des Archipels, eine zauberische Landschaft. Doch was scherten sich die Ritter und Schiffsführer darum, was sollten ihnen die herrlichen Urwälder, der berückende Flor einer unvergewaltigten Natur, ihnen stand der Sinn einzig und allein nach dem Gold; da sie keine Möglichkeit sahen, davon eine nennenswerte Menge zu erlangen, weigerten sie sich, die ertraglose Fahrt fortzusetzen, und der Admiral, der den Kniff erlernt hatte, seine feige Fügsamkeit mit dem Schein der Entschlußfreiheit zu umgeben, wandte sich nach Cuba zurück. Nordwestlich von Cap Santa Cruz kam er in ein Wirrsal schöner kleiner Eilande, dem er den Namen »Garten der Königin« verlieh, und erfuhr von indianischen Fischern, daß man gegen Abend zu einem Land Magon komme, wo geschwänzte Menschen lebten. Es war die erste andeutende Kunde von dem geheimnisvollen Volk der Maya, denn die angebliche Beschwänzung war nichts anderes als der über den Rücken fallende Federschmuck, der zur Tracht jener Stämme gehörte. Jedoch Columbus, inbrünstiger als je mit Marco Polos und John Mandevilles Beschreibungen von Asien beschäftigt, glaubte steif und fest, es sei die asiatische Landschaft Mangi gemeint, und wurde in seiner Ansicht,

Cuba sei das Festland von Asien, durch die Beteuerung eines Häuptlings bestärkt, er könne das Ende der cubanischen Küste nicht erreichen, selbst wenn er noch vierzigmal den Mond habe sich füllen sehen. In froher Erwartung segelte Columbus am Westrand von Cuba weiter, und als nun auch die Mannschaft aufsässig wurde und mit Drohungen die Umkehr forderte, versprach er, wenn sie ausharrten, würden sie in wenigen Tagen an der Aurea chersonesus des Ptolemäos sein, von wo sie dann, die Mündung des Ganges passierend, das Rote Meer erreichen würden; von dort wäre der kürzeste Weg in die Heimat, zu Lande nach Jerusalem zu gehen, in Joppe sich wieder einzuschiffen und über das Mittelmeer zu fahren. Seine Verheißungen und Beschwörungen waren vergeblich, die Unverschämtheit der Leute wuchs mit jedem Tag, die Vorräte verringerten sich bedenklich, die Schiffe, vom Bohrwurm angefressen, waren in kläglichem Zustand. Da berief der Admiral einen Seerat; er versammelte die Hochbootsmänner, Padrone, Piloten und Seekartenzeichner und forderte sie auf, ihre Meinung zu äußern, ob sie, ebenso wie er, überzeugt seien, die indische Küste gefunden zu haben, von wo man trockenen Fußes bis nach Spanien gelangen könne. Die Leute wußten, wen sie vor sich hatten und was von ihrer Zustimmung abhing, sie erklärten wie aus einem Munde: ja, was der Admiral glaube, glaubten sie auch. Da ließ Columbus, um ein Dokument in der Hand zu haben, durch den Notar ein förmliches Protokoll darüber aufnehmen, daß er unzweifelhaft das Festland von Indien erreicht habe. Es lohnt sich, das einzigartige Schriftstück kennenzulernen.

Der Notar schildert zunächst die Situation der kleinen Flotte und verbreitet sich über die Gründe, die den Admiral notwendigerweise zu der Annahme brachten, daß Cuba ein Teil des asiatischen Kontinents sei. Es ist zum Lachen, wie er sich windet und dreht, um die Hypothese einleuchtend zu machen. »Man konnte nichts anderes denken«, sagt er, »da es in dieser Gegend keine Küstenbewohner gibt, nacktes Volk ausgenommen, das von Fischfang lebt, niemals ins Innere des Landes kommt, nichts von der Welt weiß, sich nicht über vier Stunden von Haus entfernt und glaubt, es gäbe in der Welt nur Inseln, Leute eben ohne Gesetz und Religion, die nur geboren werden und sterben. Damit nun nach vollendeter Reise niemand üble Nachrede führen und aus Bosheit Dinge verkleinern möge, die alles Lob verdienen, erteilte mir der Admiral den Auftrag, mich persönlich nebst guten Zeugen an Bord eines jeden der zwei Schiffe zu begeben und den Meister, die Mannschaft und alle darauf befindlichen Leute öffentlich zu befragen, ob sie im mindesten daran zweifelten, daß dies das feste Land sei, zu Anfang und zu Ende Indiens, von wo man zu Fuße nach Spanien gelangen müsse. Sollte jemand Zweifel oder andere Wissenschaft haben, so sollte er es mir sagen, damit ich ihm den Zweifel oder Irrtum benehmen könne. So tat ich und forderte öffentlich auf, sämtliche Leute, wie mir der Herr Admiral geboten hatte, und kündigte ihnen die Strafe von zehntausend Maravedis an für jedes Mal, wo einer irgendwann das Gegenteil von dem behaupten werde, was er jetzt ausgesagt, nebst Ausschneiden der Zunge, wäre es aber ein Schiffsjunge oder dergleichen Subjekt, so solle er hundert Peitschenhiebe erhalten und ihm trotzdem die Zunge abgeschnitten werden.«

Der Wortlaut war: »Ich, X. Y., Einwohner von Z., Pilot oder Matrose oder Meister, beteure bei meinem Eid, daß ich niemals von einer Insel etwas gehört oder gesehen habe, deren eine Küste sich von Abend nach Morgen 335 Seemeilen weit erstreckt, denn dies ist eine klare Unmöglichkeit. Da ich sehe, daß sich das Land hier so weit wie angegeben nach Südwesten dehnt, habe ich nicht den geringsten Zweifel, daß es festes Land sei und nicht eine Insel und daß, würde man an derselben Küste weitersegeln, man nach kurzer Zeit ein Land finden würde, wo kluge Völker, die die Welt kennen, Handel treiben.«

Diese aberwitzige Formel ließ Columbus von allen

achtzig Personen, die ihn auf der Expedition begleiteten, laut nachsprechen, dann mußten sie das Protokoll unterzeichnen. Eine donquichotischere Vergewaltigung der Wirklichkeit läßt sich kaum ersinnen, denn es hätte, wie ein Zeitgenosse mit übertreibendem Spott bemerkt, nur einer der Leute während der Unterzeichnung des Protokolls auf den Mastkorb klettern müssen, um zu entdecken, daß Cuba eine Insel ist, und wenn jene Geographen recht haben, die den Ort dieser närrischen Verhandlung in den Meerbusen von Batabano verlegen, so hätte es in der Tat nur einer Fahrt von achtundvierzig Stunden bedurft, und Columbus wäre an die äußerste Spitze der Insel gelangt. Aber eine solche Gewißheit konnte er gar nicht brauchen, so wie für Don Quichote die Feststellung seines Knappen, die Schenke sei kein Ritterschloß, sondern eben eine Schenke, eine impertinente Einmischung ist, peinlich und zu verachten. An der Erhaltung der famosen Urkunde war dem Admiral so sehr gelegen, daß er nach dem Tod des Notars Perez de Lima, kurz nach der Rückkehr in die Stadt Isabella, den Kammerschreiber Penalosa rufen und das Protokoll neuerdings beglaubigen ließ.

Um diese Zeit brachte man ihm die Nachricht, man habe am Flusse Hayna verschüttete Goldgruben gefunden. Das erregte ihn mächtig. Er begab sich an den Ort, ging eine Weile sinnend herum und erklärte dann mit sonderbarer Emphase, die Gruben seien jene Bergwerke, aus denen König Salomo das Gold für den Tempel von Jerusalem gewonnen habe, woraus unumstößlich gefolgert werden müsse, daß die Insel Española das Ophir der Alten sei. Keine Laune, kein flüchtiger Einfall, keine bescheidene Vermutung, sondern ein kategorischer Leitsatz, den er von da an bis zu seiner letzten Stunde mit fanatischem Ernst verfocht, ohne sich über die geographischen und physischen Möglichkeiten die geringsten Gedanken zu machen.

Sehr verschieden von dem ersten Empfang war diesmal die Aufnahme, als er nach Spanien zurückkehrte, er verspürte es schmerzlich verwundert. Wo war all der Enthusiasmus geblieben, die freudige Raserei? Da wurden keine Tücher mehr geschwenkt, da hingen keine Teppiche mehr vor den Häusern, da kamen keine Freunde mehr zu herzlicher Begrüßung, alles kalt und still. Warum? Umschwung der öffentlichen Meinung, das hat immer etwas Rätselhaftes. Er schickt wieder seinen Bericht an die Königin, Tag um Tag verstreicht, sie antwortet ihm nicht. Statt an den Hof zu eilen und den Ränken seiner Feinde entgegenzutreten, von denen namentlich der Bischof Fonseca erfolgreich gegen ihn gearbeitet hat, liegt er in Klöstern und Kapellen vor verwitterten Heiligengebeinen auf den Knien, denn er hat ein Gelübde zu erfüllen, geht in härenem Bußgewand mit dem Strick um den Leib und läßt sich den Bart wie ein Franziskaner wachsen. Die ihn kennen, erschrekken über sein Aussehen und Gehaben, sein Gemüt ist bedrückt, seine Augen leuchten in beängstigend finsterer Glut, sein Leib ist schändlich abgemagert, Krankheit und Strapazen haben seine Kräfte erschöpft. Als ihm die Regentin einen zwar gnädigen, aber kurz gefaßten Bescheid sendet, muß man erst lange nach ihm suchen. Er führt in La Rabida heilige Gespräche mit Juan Perez und Antonio de Marchena. Er liest den königlichen Brief; er soll an den Hof kommen. Ja, er will kommen, doch mit allem gebührenden Glanz. So veranstaltet er, sehr zur Unzeit, einen Triumphzug nach dem Muster des ersten, aber alle Welt findet diesmal, daß es ein hohles Gepränge sei. Und doch hat sich nach seiner Meinung nichts verändert, an ihm nichts, an seiner Sache nichts. Indien ist Indien geblieben. Er vergißt nur (weil er es nicht wissen will), daß die Leute, die mit ihm heimgekehrt sind, als zerlumpte Bettler durch die Gassen von Cadix und Sevilla schleichen; die meisten, vom Fieber geplagt, sehen aus wie Gespenster. Keine stimmungsvolle Reklame jedenfalls. Es ist ziemlich viel Wesens davon gemacht worden, daß der stolze Kazik Caonabo als ein in der Schlacht besiegter Held dem spanischen Volk solle vorgeführt werden (daß er durch einen heimtückischen Anschlag in die Falle gegangen, davon verlautet natürlich keine Silbe); aber Caonabo ist während der Meerfahrt an Kummer und Heimweh gestorben. Bleiben noch die vermeintlichen Amazonen, die auf Guadelupe gefangen worden sind und die der Admiral in der Erinnerung an die Lektüre des Marco Polo so benannt hatte; nun, die armen Weiber bieten den Anblick von verhungerten Tieren im Käfig. Aber wie steht es mit dem sehnlich erwarteten Gold? mit den verheißenen Millionen? Erbärmlich. Man ist enttäuscht bis zur Frostigkeit und nimmt die unentwegten Versprechungen des Admirals mit einer Skepsis auf, die ans Beleidigende grenzt. Er spürt seine schiefe Situation nicht, fällt gleich mit der Tür ins Haus und verlangt acht Schiffe für eine dritte Reise. Man weicht aus, bedeutet ihm, er müsse warten. Worauf warten? Soll er vielleicht antichambrieren, er, Vizekönig des ozeanischen Reiches, wessen vermißt man sich? Achselzucken. Die Ohrenbläser Ferdinands haben momentan das Heft in Händen, Isabella scheint ihren getreuen Seefahrer vergessen zu haben. Ihre Tochter Johanna soll den Erzherzog Philipp von Österreich heiraten, Frankreich betrachtet die Verbindung mit Eifersucht, man muß sich auf einen Krieg gefaßt machen. Die Ausstattung der Infantin und die Hochzeitsfeierlichkeiten erschöpfen alle Mittel der Königin, sie kann nicht einmal die Lieferanten bezahlen, und Juden, bei denen man Darlehen aufnehmen konnte, gibt es nicht mehr im Lande. Wahrscheinlich hat sie einige Hoffnung auf die Ankunft ihres Großadmirals gesetzt; aber statt der Herrin die ungemessenen Schätze zu Füßen zu legen, mit denen er schriftlich und mündlich immerfort geprahlt (»Schätze, wie sie die Könige des Morgenlandes nicht kostbarer nach Bethlehem gebracht haben«, war eines seiner großartigen Worte gewesen), statt dessen hat er nichts zu bieten als Beschwerden und Jammerberichte. Gut, man wird ihm Schiffe geben, läßt ihm das Haupt der feindlichen Partei sagen, aber unter der Bedingung, daß er auch seinerseits einiges Entgegenkommen zeige und auf das eine oder andere der Privilegien verzichte, die zu erfüllen dem König so lästig falle, z. B. das Achtel der Einkünfte. Aha, der König, sein unversöhnlichster Widersacher. Nein, niemals, um keinen Preis. Was verbrieft und beschworen ist, davon kann nichts abgehandelt werden. Mit Müh und Not setzt er es durch, daß zwei Karavellen mit Vorräten, die er seinem Bruder Bartolomé versprochen hat, einstweilen nach Española ausgeschickt werden, und um ihn nicht gänzlich zu entmutigen, legen sich hohe Gönner und Freunde ins Mittel, um ihm zu einer auf den Staatsschatz lautenden Anweisung über sechs Millionen Maravedis zu verhelfen. Damit ist zwar nicht viel gedient, denn die Kassen sind wie gewöhnlich leer, aber es ist wenigstens ein öffentlicher Kredit, und er kann seine Vorbereitungen treffen; er wird eben seinerseits gleichfalls mit Anweisungen zahlen.

Das alles ist bitter und aufreibend, doch man könnte sich durchbeißen, man hat schon Schlimmeres ertragen, da kommt das Schlimmste: er wird zum Gegenstand des Gelächters. Der Kapitän Pedro Alonzo Niño, von Bartolomé geschickt, landet in Cadix, und als ob er in der Schule des Admirals zum Großsprecher wäre erzogen worden, läßt er diesem melden, er führe eine so schwere Ladung Gold an Bord, daß er Gott danke, daß das Schiff nicht gesunken sei. Colón ist überglücklich, und ohne sich zu überzeugen, ob die Meldung auf Wahrheit beruhe, schreibt er sogleich an die Majestäten, aus dem Goldland Ophir sei eine mit unermeßlichen Reichtümern beladene Flotte im Hafen von Cadix eingelaufen. Das königliche Paar, wiewohl die Botschaft nicht recht glaubhaft klingt, bezeigt lebhafte Freude und gibt ihm zu verstehen, nun könne er ja die Kosten der Ausrüstung von dem indischen Gold bestreiten und die Anweisung auf die sechs Millionen Maravedis zurückerstatten. Das geschieht auch. Was stellt sich aber heraus? Die »Reichtümer der Flotte aus Ophir«, d. h. einer einzigen halbwracken Galeazze, bestehen aus hundertfünfzig Indios, durch deren Verkauf als Sklaven das Gold erst gewonnen werden soll. Niederschmetternde Eröffnung. Nicht allein muß er die Nachricht widerrufen, sondern auch noch die andere Demütigung auf sich nehmen, der Königin die ausführliche schriftliche Darlegung seines Bruders, des Statthalters Bartolomé, über die trostlos-verworrenen Zustände in der Kolonie zu überreichen. Als er neuerdings um die Anweisung der sechs Millionen bittet, wird ihm trocken erwidert, es könne über die Summe nicht mehr verfügt werden.

Es waren lauter Stationen des Abstiegs. Man sollte denken, eine solche Kette widriger Ereignisse müsse ihn an sich irre gemacht oder doch das Gefühl der Wichtigkeit in ihm untergraben haben. Weit gefehlt. Er rettet sich einfach aus dem Sein in den Schein. Damit sein Adel und sein Titel ganz sicher auf seine Nachkommen vererbt würden, erbat er eben um diese Zeit, vor der dritten Ausreise, von der Königin den Konsens zur Errichtung eines Majorats, und das Majorat hatte als greifbare Grundlage nichts anderes als eine Kiste, angefüllt mit frommen Reliquien und indianischem Schmuck. Denn der Landstrich auf Española, fünfzig Stunden lang und fünfundzwanzig breit, der als Schenkung hinzugefügt wurde, hatte keinen Realwert; zum Teil noch nicht erobertes, zum Teil Urwald- und Sumpfgebiet, hätte er sich mit derselben Aussicht auf Nutznießung ein Terrain von der Größe Spaniens aneignen können, ohne daß es ihm jemand mißgönnt hätte. Als er dann noch das Zugeständnis verlangte, kein spanischer Seefahrer außer ihm allein solle das Recht haben, im indischen Meer Entdeckungen zu machen, gewährte ihm die Krone auch dieses unsinnige und unhaltbare Privileg. Wahrscheinlich willigte König Ferdinand in die törichte Abmachung nur, weil er sich von Anfang an nicht für gebunden erachtete, die maßlosen Ansprüche des Admirals zu erfüllen; Verträge zu brechen war ihm ein leichtes, das belastete sein Gewissen nicht, und die Königin, die noch immer mit einem Rest von Sympathie an dem wunderlichen Mann hing, sagte sich, was der gesunde Menschenverstand sich sagen mußte, daß ein solcher Vertragspunkt außer aller Wirklichkeit war, außer aller Möglichkeit, da man nicht einige Millionen Quadratkilometer Ozean unter dauernde Polizeiaufsicht stellen konnte. Aber vernünftigen Erwägungen war ihr Schützling niemals zugänglich gewesen, und Wirklichkeit, Möglichkeit, danach zu fragen kam ihm gar nicht in den Sinn.

Elftes Kapitel
In Ketten

Indessen waren die Kolonie und alle mit ihr zusammenhängenden Unternehmungen in einen so üblen Ruf geraten, daß kein ehrlicher Mensch mehr willens war, in Indien ein fragwürdiges Glück zu suchen. Man verfiel also auf denselben Ausweg wie vor der ersten Reise und öffnete dem Admiral die Pforten der Zuchthäuser. Abermals sollte er unter Banditen und Dieben seine Wahl treffen, und er wußte doch schon, was damit seiner harrte; zudem wurde ein Generalpardon für alle Übeltäter erlassen, die sich der Strafe durch die Flucht entzogen hatten; wenn sie sich bereit erklärten, übers Meer zu gehen, sollten sie frei und ledig sein, nur Ketzer, Hochverräter, Brandstifter, Majestätsverbrecher, Falschmünzer und Sodomiter konnten der Amnestie nicht teilhaftig werden. Die sich zum Dienst anboten, waren immerhin noch schlimm genug, und von dieser Räude der europäischen Menschheit erwarteten die Majestäten und ihre geistlichen Minister allen Ernstes, daß sie »ihr Augenmerk vornehmlich auf die Bekehrung der Indios zum katholischen Glauben richten sollten«.

Colón konnte sich, durfte sie nicht wehren. Er hatte weder das Volk auf seiner Seite noch den Hof noch den Klerus. Seine Sache war in heillosen Mißkredit gebracht, dafür hatten der Bischof Fonseca und seine Günstlinge gesorgt, zu deren geschäftigsten Antonio de Torres gehörte, der dem Admiral alles zu verdanken hatte. Die Absicht war, ihn in Hader mit den Beamten zu verstricken und gesellschaftlich zu isolieren. Nichts ging seinen geraden Weg, alles mußte erschlichen, errafft, erzwungen, mit unwürdigen Mitteln durchgedrückt werden. Die Abreise verzögerte sich von Tag zu Tag, von Woche zu Woche, der Hauptgrund war, daß man dem Admiral zum Einkauf der

Lebensmittel eine Taxe vorgeschrieben hatte, die die Beschaffung unmöglich machte, kein Kaufmann wollte zu dem behördlich fixierten Preis seine Ware liefern. Außerdem fehlte es an Bargeld; wenn er zu den gewährten kümmerlichen Summen einen Zuschuß verlangte, wurde ihm der höhnische Bescheid, er möge Gold in Indien prägen lassen. In letzter Stunde erschien der königliche Zahlmeister Ximeno de Breviasca, ein getaufter Jude, bei ihm, forderte in beleidigender Weise Rechenschaft über die Einkäufe, und als sich Columbus dessen weigerte, drohte er, die Abreise, die durch seine Umtriebe so lange nicht hatte stattfinden können, noch länger aufzuhalten. Da packte ihn der Admiral mit den Fäusten, schüttelte ihn, stieß ihn mit Fußtritten vom Schiff und rief ihm zu, falls ihm diese Quittung nicht genüge, könne er noch eine ausdrücklichere haben. Es war der Wutausbruch des zur Verzweiflung getriebenen Schwächlings, und was man am Starken bewundert oder hinnimmt, verzeiht man dem Schwächling nie. Der Vorfall, am Hof übertrieben geschildert, erregte dort großes Ärgernis und bereitete die Machenschaften vor, die den Admiral zu Fall brachten.

Endlich konnten die Schiffe den Hafen verlassen. Vielen der Zuchthäusler, die ihre Bemannung ausmachten, wurden erst auf hoher See die Arm- und Beinfesseln abgenommen, und wennschon Columbus Gott danken mochte, daß er das gehaßte Europa und seine hassenswerte Menschheit wieder einmal hinter sich gelassen hatte, von diesem Schauspiel wird er wohl die Augen abgewendet haben, und es wird ihm angst und bang geworden sein, vor sich, vor seinem Dämon, vor seinem Werk.

Was galt es noch zu tun? Worin bestand die tiefe Unrast? Was trieb ihn wieder und wieder auf die andere Seite des Erdballs? Weil es seine Welt war, ihm zu eigen, von ihm gefunden? Oder fühlte er, daß die Aufgabe nicht erfüllt, das Ziel nicht erreicht war? oder gar, daß er einer jener tragischen Betrogenen des Schicksals war, die das Ziel nicht sehen, auch wenn sie es mit Händen greifen? Wir dürfen ihm nicht mehr Erkenntnis zuschreiben als das Zeitalter den Menschen ermöglichte, und was von Instinkt in ihm war, hörte zu wirken auf, sobald seine Person ins Spiel kam. Er war ein Bild ohne Gnade, er wußte nichts von innerem Frieden, die ungeheure Tat, die er vollbracht, zeichnete ihn wie den Mörder die Schuld. Blind befuhr er die Meere, betrat er die jungfräulichen Länder, immer auf anderes sinnend als auf die Forderung der Stunde, keiner Gegenwart gewachsen, kein Antlitz wissend, keines Menschen Herz besitzend, dunkel in sich vergraben, landflüchtig und freudlos.

Auf der Insel Cuba hatte er seine Leute schwören lassen, daß sie sich auf dem Festland befänden, und als er im Juli 1498 auf der Tierra di Gracia zum erstenmal den Fuß auf den amerikanische Kontinent setzte, leugnete er diese Tatsache rundweg ab und erklärte das Land für eine Insel. Seit er die transatlantischen Fahrten begonnen, war es seine Sehnsucht und sein geheimes Trachten gewesen, das Paradies zu finden, worin das erste Menschenpaar gelebt. Seine astrologischen und magischen Studien hatten ihn dazu geführt, es auf eine Insel im indischen Meer zu verlegen, es war eine theologische Konstruktion, jeder Anschauung fern, von lebendiger Phantasie nicht befruchtet. Kaum war er dort, an der Küste von Paria, gelandet, so verkündete er: Dies ist das Paradies des Alten Testaments, kein Einwand vermag in der Folge seinen Glauben zu erschüttern. Er hat es nicht betreten, er wagt es nicht, es ist zudem auf einem hohen Berg gelegen, aber auch dieser Umstand, neben der Süßigkeit der Luft und der üppig wuchernden Vegetation der umgebenden Landschaft, bestärkt ihn in seiner Überzeugung. »Denn die Erde ist nicht rund«, schreibt er in seinem Bericht, »sondern sie hat an der Stelle, wo Indien unter dem Äquator an den Ozean grenzt, eine steile Erhebung. Als unser Herrgott die Sonne schuf, stand sie aufgangsbereit am höchsten Punkt der Erde im äußersten

Osten. Und dieser höchste Punkt, als der himmelnächste, muß auch der trefflichste sein. Obwohl nun Aristoteles behauptet, der Südpol sei der höchste Punkt, und andere Gelehrte wieder versichern, der Nordpol sei es, ist meine Ansicht dagegen, daß es der Äquator ist. Daran dachte keiner bis jetzt, was mich nicht wundert, da man, ehe Eure Hoheiten befahlen, diese Länder und Meere zu erforschen, nur eine sehr geringe Kunde von ihrer Beschaffenheit hatte.«

Der bare Gallimathias. Aber er läßt nicht locker, mit der Konsequenz eines Wahnsinnigen verfolgt er den Gedanken weiter: »Das Paradies liegt an einem Ort, wohin niemand gelangen kann als durch den göttlichen Willen. Es hat die Form eines Berges, vielmehr, es befindet sich auf einem Gipfel, der dem Stielende einer Birne oder einem Ball mit der Warze einer Weiberbrust gleicht, und um diese Warze schwillt die Erde auf und nähert sich dem Himmel. Das sind sichere Anzeichen des Paradieses, die genau mit den Beschreibungen der Heiligen und der verständigen Gottgelehrten übereinstimmen.« Das Phänomen, daß der Orinoko bis weit hinaus in den Ozean das Salzwasser verdrängt, gibt ihm gewaltig zu schaffen; die einzige Erklärung, die er findet, ist die, daß der Fluß aus dem Paradies kommt und somit übernaürliche Eigenschaften besitzen muß: »Nachdem ich die Mündung verlassen hatte«, schreibt er, »wurde die Meeresströmung so stark, daß ich bei mäßigem Wind von der Frühmesse bis zum Abendgebet fünfundsechzig Meilen zurücklegte, woraus hervorgeht, daß man gegen Süden bergauf, gegen Norden aber bergab fährt.«

Viel evidenter, dünkt mich, geht aus der Schlußfolgerung hervor, daß er nicht fähig war, eine Erfahrung zu machen und eine Beobachtung auf ihre natürliche Ursache zu prüfen. Der Überschwang des Entzückens, in den ihn die Tierra di Gracia versetzte, erhält eine eigentümliche Beleuchtung durch den Umstand, daß er während der ganzen Zeit seines Aufenthalts durch ein schweres Augenleiden am Sehen verhindert war. Er hätte sonst vielleicht nicht so viel gesehen. Die hektische Glut seines Willens macht alle seine Träume wahr und gibt jedem Wahn eine praktikable Gestalt.

Man muß sich fragen, was ihn zu dem Entschluß getrieben hat, so weit nach Süden zu steuern, die ihm bekannten Meere zu verlassen und sich trotz seines Siechtums und seiner seelischen Niedergeschlagenheit neuerdings dem Ungewissen anzuvertrauen. Einer der Gründe liegt auf der Hand: Er wollte endlich das Festland von Asien und die wunderbare Insel Zipangu erreichen, das ursprüngliche Ziel; der andere ist in dem Aberglauben der Zeit zu suchen, daß dort, wo die Sonne am heißesten brennt, die größten Schätze der Erde an edlen Metallen, Perlen, Gewürzen und Spezereien sein müssen. Es gibt ein Gutachten eines gewissen Mossen Jaimen Ferrer, angesehenen Mineralogen und Steinschneiders, das die Hypothese mit scholastischer Gründlichkeit und Zitaten aus den Schriften Cäsars und der Apostel verficht. Der berühmte Peter Martyr, Zeitgenosse des Columbus, ruft den Seefahrern zu: »Gen Süd! Gen Süd! Wer Reichtümer finden will, darf nicht in die kalten Regionen des Nordens gehen.«

Allein bei alledem ist es nichts Sagbares und Rationales, was diesen ahasverischen Menschen von Aufbruch zu Aufbruch hetzte. Es ist sein Verhängnis und sein Gesetz. (Auch dies könnte für sein Judentum sprechen.) Obschon er einerseits die Epoche nicht wie eine lebende Person, sondern fast wie ein Paradigma verkörpert, haftet andererseits seinem Wesen etwas Chaotisches an, und das Chaotische verursacht, daß in ihm, wie einzelne Sterne im Äthernebel, alle die nach ihm kamen charakterologisch und motorisch gleichsam schon enthalten sind, all jene Abenteurer, Eroberer, Wegesucher, Reichegründer, jene columbischen Diadochen, wie man sie heißen könnte, denen es auf eine verzweifelte oder heroische Weise gelungen ist, ihren Namen auf die Tafel der Unsterblichkeit zu schreiben, meist mit blutigem Griffel: die Alonzo de Ojeda, Pedro Niño, Sebastian Cabot, Fernando Cortez, Nuñez Bilbao, Fernando Magalhães, Franzisco Pizarro: Es ist nur eine kleine Auslese derer, die das Leben von Menschen nicht höher achteten als das von Käfern und ihr eigenes dazu. Überall hausten sie wie die leibhaftigen Teufel. Nicht um jene Ziele zu erreichen, die sie erreicht haben und für die sie dann in den Geschichtsbüchern gepriesen werden, sondern um ihre elementare Energiespannung zu entladen. Ohne die Entdeckung des Columbus wären sie wahrscheinlich an Raummangel erstickt oder hätten in ihrer Willensraserei alles Bestehende in Trümmer geschlagen.

Zweifellos war es eine magische Gewalt, die Columbus immer wieder nach Española zog, wie sehr ihn auch der Westen und das nahvermutete Land des Großchans lockten. Sein Herz hing an Española. Je toller es dort zuging, je greuelvoller die spanischen Einwanderer wüteten, je vergeblicher seine Anstrengungen waren, Ordnung zu schaffen, und je öfter er die niederschlagende Erfahrung machte, daß seine Anwesenheit die Wirren nur vermehrte und sogar die wenigen Friedfertigen zu Aufruhr und Zwistigkeit reizte, desto unwiderstehlicher zwang es ihn an den verhexten Ort, als sei etwas Diabolisches in ihm, das nach dem Anblick des Zusammenbruches, dem Schauplatz dieser Menschenhölle in dem ehemals so zauberisch schönen Bezirk mit aller Heftigkeit verlangte. Er hielt Española für ein ihm von Gott besonders bestimmtes und zugewiesenes Fideikommiß, sein Krongut gleichsam, und die blutige Verwüstung, der es durch die zügellosen Horden der beutegierigen Kolonisten ausgesetzt war, schnitt ihm in die Seele. Daß er den Zustand selbst herbeigeführt, den frechsten Forderungen von der einen Seite nachgegeben hatte, gegen das beweglichste Flehen um Abhilfe von der andern taub gewesen war, das wischte er aus seinem Bewußtsein hinweg. Ihm geschah auf alle Fälle Unrecht, was anderes sah er nicht, vor sich selbst war er stets unschuldig und entzog sich der Verantwortung durch die Flucht in den göttlichen Ratschluß. Doch wenn ihm das Wasser an den Hals stieg, erhob er ein Geschrei und fühlte sich unter dem himmlischen Spezialschutz nicht mehr behaglich. In den Labyrinthen seiner Seele hat alles Gut und Böse Platz, alles Nein und Ja, alles Fromme und Verruchte, aber zur Vollendung gedeiht nichts.

Die Insel Española, später San Domingo genannt, spielte im letzten Jahrfünft des fünfzehnten Jahrhunderts ungefähr dieselbe Rolle wie Kalifornien in der Mitte des neunzehnten und Alaska am Anfang des zwanzigsten. Europa schüttete seinen Menschenabschaum über das unglückliche Land, Tausende von Gescheiterten, Geächteten und um des Goldes willen zu jeder Schandtat Entschlossenen. Die Propaganda des Admirals hatte ausreichende Wirkung getan. Der Umstand, daß er bei der dritten Reise keine geschulte Bemannung hatte finden können, darf nicht glauben lassen, die Gold- und Glücksjäger seien abgeschreckt gewesen durch ihre enttäuschten Vorgänger. Der Grund war einfach der, daß diese Leute auf eigene Faust handeln und sich nicht der Disziplin auf einer königlichen Flotte unterwerfen wollten. Da aber in dieser Hinsicht ein strenges Verbot ergangen war, mit Verboten war man in Spanien ebenso verschwenderisch wie im wilhelminischen Deutschland, liefen zahllose Schiffe heimlich aus den heimatlichen Häfen und setzten ihre Passagiere heimlich an der unbewohnten Küste von Española ab. Diese obdach- und mittellosen Auswanderer durchzogen einzeln und in Scharen die Insel, sie verbreiteten Schrecken, wo sie sich blicken ließen, Mord, Raub und Brandschatzung waren an der Tagesordnung. Manche hatten nichts auf die Reise mitgenommen als einen Lederbeutel mit Reis und Mehl, einen Spaten und eine Schaufel. Sie dachten, wenn sie ein wenig in der Erde gruben, müßten sie gleich auf blankes Gold stoßen, und wenn sich ihre Erwartung nicht erfüllte und sie in die ärgste Drangsal gerieten, rächten sie sich dafür an den Indios, überfielen deren Dörfer, machten alles nieder, was ihnen unters Schwert kam, und an den Gefangenen verübten sie, ganz nach dem Beispiel der regulären Soldateska, jede Art von Erpressung. Bald wurden ihre Reihen durch zahllose Überläufer aus dieser sogenannten regulären Truppe vermehrt, denn die Unzufriedenheit mit der Regierung der Brüder Colón war beständig im Wachsen. Der gewalttätige und grausame Bartolomé, dem während der zweieinhalbjährigen Abwesenheit des Admirals die Statthalterschaft übertragen war, hatte ununterbrochen gegen die tückischen Verschwörungen zu kämpfen, die gelegentlich, wenn es sich um den Besitz der Goldfelder handelte, in blutige Schlachten ausarteten.

Bartolomé Colón, kurz der Adelantado geheißen, war in keiner beneidenswerten Lage. Nicht bloß mußte er gegen die aufständischen Spanier Krieg führen, sondern auch die im Glauben an die Himmelssöhne völlig erschütterten, in ihrer Existenz bedrohten und langsam zu gefährlichem Widerstand rüstenden Indios zur Botmäßigkeit zwingen. Er hatte kein Geld und sollte Beamtenlöhne, Söldnerlöhne, Arbeitslöhne auszahlen und die in heillose Unordnung geratene Verwaltung regeln. Das spanische Schatzamt verweigerte ihm jede Unterstützung, es forderte mit Recht, daß die Kolonie sich selbst erhalte. Um dies nur einigermaßen zu ermöglichen, mußten die eingeborenen Stämme in Tribut gesetzt werden, was zu täglichen Zwangsmaßnahmen und damit zu den schlimmsten Ausschreitungen führte, zuerst gegen den Kaziken Guarionex in der Vega real, dann gegen den Häuptling Behechio und seine schöne Schwester Anacaona, die Witwe des in Sklaverei verschleppten Caonabo, die eine Frau von Format gewesen zu sein scheint, stolz, wild und klug, und unter den Spaniern eine sagenhafte Berühmtheit genoß.

Bartolomés Heer, wenn man eine zuchtlose Ansammlung von Strauchrittern als Heer bezeichnen will, ließ es an kriegerischem Aufzug mit wiehernden Pferden, bellenden Meuten, fliegenden Fahnen und schmetternden Trompeten nicht fehlen, es hatte übrigens den Vorteil, daß es im Rücken durch fünf oder sechs befestigte Forts gedeckt war, die der Adelantado nach und nach hatte erbauen lassen, um die Stämme in Furcht zu halten. In Ansehung des beabsichtigten Zwecks war die pomphafte Entfaltung umsonst: Gold war nicht vorhanden. Man mußte froh sein, daß der Tribut in Form von Mais, Baumwolle und Kassavebrot entrichtet wurde. Die Soldaten und Matrosen wollten sich aber keineswegs damit begnügen, sie argwöhnten, die Indios hätten das Gold beiseitegeschafft und bedrängten den Adelantado mit so wütendem Ungestüm, daß er sich nicht anders helfen konnte, als indem er ihnen erlaubte, eine Treibjagd auf die Indios zu veranstalten: feste Einrichtung bereits, beliebtes Volksspiel, Erinnerung an die heimische Corrida und das tausendstimmige Geheul: Mata le! mata le! bevor der Stier niederbricht und verendet.

Das ist nur ein beispielhafter Ablauf unter unzähligen gleichen. Hinzu kamen die frommen Kreuzzüge der Mönche, unter denen sich der Eremit Roman Pane und der Franziskaner Juan Borgognon durch ihre Bekehrungswut besonders hervortaten. Im allgemeinen waren sie, der Zeitersparnis halber, auf Massenproduktion bedacht. Sie sangen den erstaunten Indios lateinische Litaneien und Messen vor, und wenn einer das viele Male gehörte Paternoster und Ave Maria papageienhaft nachplapperte, wurde ihm schnell eine Kanne Wasser über den Kopf gegossen, und die Taufe des neuen Christen war vollzogen. In ähnlicher Weise hatte Roman Pane einen geachteten Indio der Königsebene, in dessen Haus er sich einquartiert hatte, mit seinen Frauen, Kindern, Brüdern und Schwestern, insgesamt sechzehn Seelen, der heiligen Kirche zugeführt, und durch ihn an Guarionex empfohlen, schien er mit dessen Bekehrung anfänglich Erfolg zu haben; der Kazik war ihm sogar beim Bau einer Kapelle behilflich. Als aber Guarionex von der Willkür und Ungebühr vernahm, die sich die Patres zuschulden kommen ließen, verbot er ihnen ihre weitere Tätigkeit und jagte sie aus seinem Gebiet. Kaum hatten sie sich entfernt, so drangen die Dorfbewohner in die Kapelle, zerschlugen den Altar, zerstörten die Bilder und Reliquien und vernichteten jede Spur des kleinen Gotteshauses. Als die Mönche davon Nachricht erhielten, klagten sie die Indios jenes Stammes des Kirchenraubes, der Heiligenschändung und der Gotteslästerung an. Der Adelantado, aus Furcht, von den fanatischen Priestern, wenn er ihnen nicht willfahrte, bei der Inquisition denunziert zu werden, genehmigte die Einsetzung eines Ketzergerichtes, anders läßt sich seine Zustimmung nicht erklären, denn er mußte ja sehen, daß er die Indios durch solche blutrünstige Akte geradewegs in die Verzweiflung trieb. Es zeigte sich eben, daß bei dem ganzen Vorgang von Vernichtung und Despotie auch die starken Charaktere wie Marionetten funktionierten. Etwas Infernalisches war in ihnen und würgte ab, was sie noch an Anstand, Besonnenheit und Menschlichkeit besaßen. Die angeklagten Indios wurden nach streng vorgeschriebener Form rechtens vor das Gericht gestellt, ohne Dolmetscher in spanischer Sprache befragt, die sie nicht verstanden, über Dinge verhört, die ihnen unerklärlich waren, und um sie zu einem Geständnis zu bringen, das ebenfalls unverstanden bleiben mußte, wurde eine Tortur angewendet, die mit neuen, in Española selbst von etlichen werktätigen Katholiken erfundenen Instrumenten arbeitete. Dann wurden sie zum Feuertod verurteilt und auf offenem Platz verbrannt, das erste Autodafé in der neuentdeckten Welt. Kurz darauf begab sich ein Mirakel. Man fand die von den Indios geraubten Reliquien dadurch wieder, daß man aus einem dem Ort der Untat nahgelegenen Feld Rüben aus der Erde zog, aber diese Erdfrüchte hatten nicht die gewöhnliche Gestalt von Rüben, sondern waren in Kreuzesform gewachsen.

Das war alles nur düsteres Vorspiel.

Um jene Indios, die die gesetzlich bestimmte Abgabe an Gold, oder in goldlosen Distrikten an Baumwolle (vierteljährlich eine Arroba, etwa 24 Pfund), entrichtet hatten, vor unbilligen Mehrforderungen zu schützen, hatte der Admiral vor seiner Abreise angeordnet, daß sie als Quittung eine Messingplakette am Hals tragen sollten, so wie bei uns die Hunde mit Steuermarken herumlaufen. Das hielt jedoch die Bedrücker nicht ab, den Tribut nach eigenem Ermessen hinaufzuschrauben, und wenn er nicht voll bezahlt werden konnte, hatten sie Ermächtigung, eine entsprechende Leistung an Feldarbeit zu verlangen, was nichts anderes hieß als Sklaverei. Zu diesem Zweck hatte sich Columbus, um es mit keiner Partei zu verderben, beraten von den Nutznießern, von der Königin Freibriefe zur Landverteilung geben lassen. Diese sogenannten Repartimientos waren nicht nur die Veranlassung zu erbitterten Kämpfen und langwierigen Prozessen unter den Kolonisten, sondern sie ließen auch den Indios keinen andern Ausweg als den Krieg bis aufs Messer, da ihnen durch einen bloßen Federstrich ihr Ackerland, ihre Weiden, ihre Gärten einfach weggenommen wurden, so daß der gestern noch Wohlhabende heute als Bettler Haus und Hof verlassen mußte. Der Haß gegen die Fronherren und die Sehnsucht nach Befreiung von dem unerträglichen Joch vereinigte selbst jene Stämme, die seit Jahrhunderten in Fehde lebten. Als der Adelantado einen Indio, den er als Dolmetscher und Wegweiser benutzte, an den Kaziken Mayobane abschickte mit der Aufforderung, er solle ihm, da er doch stets ein Freund der Spanier gewesen sei, den Häuptling Guarionex ausliefern, der bei ihm Schutz und Zuflucht gesucht hatte, wo nicht, werde er seine Dörfer mit Feuer und Schwert verheeren, erhielt der Bote die Antwort: »Sage den Christen, daß sie schlecht, grausam und wortbrüchig sind. Mich verlangt nicht nach der Freundschaft von Leuten, die unschuldiges Blut vergießen und Land rauben, das ihnen nicht gehört. Guarionex ist mein Gast, ich werde ihn schützen, möge der General kommen und ihn holen, wenn er kann.« Diese Weigerung, willkommener Vorwand natürlich, führte zum Ausrottungsfeldzug gegen die Stämme der Vega real und im weiteren Verlauf gegen die in den Gebirgen des Innern. Während seiner Abwesenheit von der Stadt Isabella hatte Bartolomé Colón seinen Bruder Diego, einen unfähigen und schüchternen Mann, mit der Führung der Geschäfte betraut. (Man sieht, ein Bruder zog den andern in die Höhe.) Damit hatte die Partei der Unzufriedenen einen gewichtigen Appell, denn die schreiendsten Mißstände traten alsbald zutage, und die Folge war eine Verschwörung, deren Haupt ein gewisser Franzisco Roldan war. Um jeden Preis sollte die verhaßte Herrschaft der Brüder Colón gestürzt werden. Dieser Roldan war ein ausgemachter Glücksritter. Der Admiral hatte ihn, da er zu den wenigen gehörte, die lesen und schreiben konnten, erst zum Alcalden, dann zum Oberrichter, Juez major, von Isabella ernannt, das Land verschaffte ihm aber die Reichtümer nicht, die er sich erhofft hatte, nicht einmal der Gehalt war ihm seit Monaten ausgezahlt worden. Als nun in der Verwaltung alles drunter und drüber ging, schien ihm der Zeitpunkt günstig, dem Adelantado den Gehorsam aufzusagen, und er floh mit seinen Anhängern in die Landschaft Xaragua, wo sich nicht nur sämtliche spanischen Rebellen und Freibeuter, sondern auch die aufständischen Kaziken um ihn versammelten. Er gab kund, was er tue, geschähe im Namen und zum Vorteil der Königin, die eigentlichen Verbrecher seien die genuesischen Brüder, die seien eidbrüchig, die saugten die Provinzen und Länder aus, und nachdem er Waffen und Geschütze aus dem Arsenal geraubt hatte, ging er daran, das Fort Concepcion zu belagern, in welchem sich die Hauptstreitkräfte des Adelantado befanden.

So sah es in seinem geliebten Española aus, als der Admiral Ende August 1498 auf die Insel zurückkehrte. Sogleich meldete er der Königin die von Roldan angestiftete Empörung und daß er jede Verständigung verweigert, keinerlei Verzeihung gewährt habe (was eine bewußte Unwahrheit war). Er bat, daß Roldan nach Spanien vorgeladen werde, wo Ihre Hoheiten ihn richten sollten, und schrieb, verhüllte Anklage, die Verwirrung in der Kolonie den Hindernissen zu, die man ihm bei seiner Ausreise in den Weg gelegt hatte. (Wobei er verschwieg, daß er Monate damit zugebracht hatte, das Paradies und das Reich des Großchans zu suchen.) Auch auf die Züchtigung des infamen Ximeno Breviasca kam er zurück, wohl ahnend, daß man ihm daraus einen Strick gedreht hatte, und gab der Hoffnung Ausdruck, daß ihm weder dieser noch ein anderer Umstand durch Verleumdung zum Nachteil in der königlichen Gunst gereichen werde. (Alles um ihn wankte bereits, er suchte nach allen Seiten Stützen zu gewinnen.) Die natürlichen Hilfsquellen der Insel, so beteuerte er, verlangten weiter nichts als Fleiß, um den Bedürfnissen der Siedler zu genügen, allein diese seien träg und ausschweifend. Man möge ihm doch erlauben, mit jedem Schiff, das in die Heimat fahre, die unnützen und unheilstiftenden Leute zurückzuschicken und durch mäßige und arbeitsame ersetzen zu lassen. (Dann hätte er sich bis zum äußersten dagegen wehren sollen, daß man ihm Ketten- und Galeerensträflinge mit auf die Reise gab, aber das hat er resigniert über sich ergehen lassen.) Er ersuchte um einen in der Rechtsprechung erfahrenen Mann, dem an Roldans Stelle das Amt des Oberrichters zu übertragen sei (das Verblendetste, was er tun konnte: seinem Feind den Dolch in die Hand drücken, der ihn selber treffen sollte), und zum Schluß äußerte er den Wunsch, daß ihm noch für zwei Jahre die Sklaveneinfuhr nach Spanien gestattet werden solle, wogegen er sich verpflichte, daß er nur Kannibalen, Mörder und Revolutionäre auf den spanischen Märkten werde feilbieten lassen. Nur!

Der Admiral hatte gut befehlen, Roldan und seine Spießgesellen hätten sich nach Spanien einzuschiffen, es fiel diesen gar nicht ein, zu gehorchen. Er hatte die Absicht gehabt, den Adelantado auf neue Entdeckungen in den Golf der Perlen auszuschicken, aber es war nicht möglich, er mußte die treugebliebene Mannschaft in seiner Nähe behalten. So entschloß er sich, mit Roldan zu unterhandeln und schrieb ihm im Oktober einen eigenhändigen Brief, worin er ihn an die Freundschaftsdienste erinnerte, die er ihm früher erwiesen, ihn beschwor, um des allgemeinen Besten willen von seinem aufrührerischen Tun zu lassen, und ihm und seinen Gefährten, wenn sie kämen, für ihre persönliche Unverletzlichkeit sein Wort verpfändete.

Roldan verhöhnte das Anerbieten und war unverfroren genug, dem Admiral seinerseits Bedingungen zu diktieren. Er verlangte nicht mehr und nicht weniger als die Entlassung des Adelantado (der erst unlängst unter diesem Titel vom Hof bestätigt worden war), für sich die Wiedereinsetzung in Amt und Würden und die Übergabe zweier Forts und zweier Schiffe. Trotz dieser herausfordernden Unverschämtheit hütete sich Columbus wohl, die Verhandlungen abzubrechen. Er ging in der Nachgiebigkeit so weit, daß er dem Rädelsführer des Aufstands und seinen Mitverschworenen Zeugnisse ihres Wohlverhaltens und beim Schatzamt Anweisungen auf Gehalt und Sold bis zum Tag der Ankunft in Spanien auszustellen versprach; ferner sollte jedem nach seinem Rang eine Anzahl Sklaven mitgegeben werden und denen, die sich mit indianischen Frauen verheiratet hatten, wurde erlaubt, diese entweder als Sklavinnen mitzunehmen oder einfach zurückzulassen, was soviel hieß, als wären die Ehen überhaupt nicht geschlossen. Diese Übereinkunft unterzeichneten Roldan und seine Leute im November vor dem Fort Concepcion, anstatt aber nun die Ausrüstung der versprochenen Schiffe mit Energie zu betreiben und so die gefährliche Bande schnell vom Hals zu kriegen, betraute der Admiral, schon wieder rosig gestimmt, seinen trägen und schwachmütigen Bruder Diego damit, während er selbst in Begleitung Bartolomés eine Rundreise durch die Insel unternahm, um, wie eine rügelsame Hausfrau, nach dem Rechten zu sehen. Er hatte sich wahrscheinlich in dem Glauben gewiegt, die

Zustände seien nicht so arg wie man sie ihm geschildert hatte, indessen überzeugte er sich bald, daß sie noch viel ärger waren. Felder und Gärten verödet; die Indios hatten ihre Heimstätten und Pflanzungen verlassen, wo sich der Admiral und seine Leute blicken ließen, flohen sie wie erschrockene Vögel meilenweit; von regelmäßigen Abgaben konnte nicht mehr die Rede sein, in den Goldwäschereien wurde nicht mehr gearbeitet, ganze Täler sahen aus wie Brandstätten, große Plantagen wie Schlachtfelder. Da wurde der Admiral und Vizekönig von Tag zu Tag stiller, und vielleicht fragte er sich in einem lichten Moment, warum er dies wirkliche Paradies den Händen von Unholden preisgegeben, um ein imaginäres zu suchen.

Als er nach sieben Monaten von seiner Musterungsfahrt nach Isabella zurückkam, hoffte er bereits Nachrichten von der Landung Roldans in Spanien und dem an den Aufrührern vollzogenen Strafgericht vorzufinden. Er war wie aus den Wolken gefallen, als man ihm berichtete, die Rebellen hätten sich noch nicht einmal eingeschifft und nähmen eine drohendere Haltung ein denn je. Da der Admiral den Vertrag nicht erfüllt habe, erklärten sie sich an die Bedingungen nicht mehr gebunden und hätten die Heimreise überhaupt aufgegeben. Neue Verhandlungen; Zusammenkunft in einem Hafen von Xaragua (es war mittlerweile August geworden). Columbus lud Roldan und sein Gefolge an Bord seines Schiffes, er meinte, es bedürfe nur seines zornigen Auges und seiner flammenden Rede, und der Empörer liege um Verzeihung bettelnd vor ihm auf den Knien; jedoch er fand einen hartnäckigen und leidenschaftlichen Gegner, und das Resultat der erregten Auseinandersetzung war, daß der Admiral, in allen Punkten geschlagen, Spottbild eines Herrn und Gouverneurs, folgenden demütigenden Pakt unterzeichnen mußte: Fünfzehn von Roldans Gesellen sind bereit, nach Spanien zu fahren, wenn man ihnen unverzüglich eine Karavelle übergibt; die übrigen, auf Española verbleibenden, erhalten statt des immer noch rückständigen Soldes (wie er alles andere auf die lange Bank geschoben, hatte Diego Colón auch diesen zu zahlen versäumt) Ländereien zum Feld- und Gartenbau als ewiges Eigentum; ehrenvolle Zeugnisse für alle, daß ihr Betragen keinen Tadel verdiene und sie dem königlichen Dienst keinen Schaden zugefügt hätten; und letztlich: Wiedereinsetzung Roldans in sein Amt mit der Befugnis, in der Stadt San Domingo zu residieren und die öffentliche Bekanntmachung davon. Sollte der Admiral einen dieser Artikel unerfüllt lassen, schmälern oder verletzen, so sei Roldan und seinen Gefährten das Recht zugestanden, sich zu versammeln und die Ausführung mit Gewalt zu erzwingen.

Roldan bekam für seine Person den in der Vega real gelegenen königlichen Meierhof Esperanza, und Columbus bewilligte ihm zur Bebauung der dazugehörigen ausgedehnten Ländereien jene Indios, denen Alonzo de Ojeda auf seinem Zug gegen Caonabo Nasen und Ohren hatte abschneiden lassen: als gebrandmarkte Widersetzliche und Aufrührer fronten die Naturkinder dem hochbelohnten Widersetzlichen und Aufrührer. Was sie sich dabei wohl für Gedanken über europäische Moral gemacht haben mögen?

Es ist schwer zu fassen, daß Columbus nur die Feder anrühren konnte, um unter einen Vertrag seinen Namen zu setzen, durch den er sich für alle Zeiten seines Ansehens begab. Es läßt sich nicht durch den halb schmerzlichen, halb großartigen Verzicht erklären, der schwache Naturen in bestimmten Augenblicken ihres Lebens ergreift und der ihnen verstattet, alles Errungene mit einem Schlag und heroischer Gebärde hinzuwerfen. Er hing ja mit allen Fasern an der Macht, und beinahe waren ihm ihre äußeren Zeichen noch wesentlicher, ihr Schmuck und ihre Verbriefung noch wichtiger als die Ausübung, zu der ihm Mark und Haltung fehlten. Es ist wahr, er wußte sich in der Heimat nicht geliebt und nicht geehrt, von vielen, auf die er gebaut hatte, verraten. Hatte er doch auf den Bericht über

Roldans Meuterei an die Königin statt der Ermächtigung zu scharfen Maßregeln vom Bischof von Bajadoz den Bescheid erhalten, Ihre Hoheiten wollten die Sache noch unerledigt lassen und zuvor in Erwägung ziehen, wie den Übelständen am tunlichsten abzuhelfen sei. Aber darauf hätte sich kein seines Ziels und seines Rechts bewußter Mann eingelassen, geschweige denn einer, der zur Tat geboren ist, Führer, Prodromos, Erschließer einer Welt. War er nicht eher ein Dichter als dieses alles? Ist Don Quichote nicht ein heimlicher Dichter, mit dem ganzen Grauen vor der Wirklichkeit, das den Dichtern innewohnt, der ganzen Unfähigkeit zu ihr? Es berührt fast wunderbar: inmitten der Bedrängnisse und bösartigen Wirren, während er durch schweigendes Geschehenlassen wie durch mißglückte kaufmännische Spekulationen feig und herzlos zur Ausrottung einer edlen Rasse beitrug und so das Christentum zur Phrase, die Religion zur Lüge machte, war sein Geist aufs angelegentlichste mit den genauen Plänen zum Aufbau des Tempels von Jerusalem beschäftigt. Er wußte nicht, was er tat. Vor dem höchsten Richter wird ihm das angerechnet worden sein, und der Herr wird ihm verziehen haben. Er wußte niemals, im Guten und im Bösen nicht, was er tat.

In Spanien war man von den Vorgängen auf Española bis ins einzelne unterrichtet, und die Feinde des Columbus hatten umfassende Anstalten zu seinem Sturz getroffen. Wer da in der Verborgenheit gewühlt hatte, läßt sich natürlich nicht mehr feststellen, es muß eine hübsche Zahl kleiner Mäuse und großer Ratten gewesen sein. Als der Bischof Fonseca durch seine Spione genug Material gegen den anmaßenden Genuesen gesammelt hatte, erachtete er den Augenblick für gekommen, sich seiner für immer zu entledigen. Dieser Bischof scheint ein Mann des wesenlosen Neids gewesen zu sein, einer, den fremdes Verdienst, gleichviel ob es ihn beeinträchtigte oder nicht, zu unversöhnlicher Verfolgung und Rachsucht reizte. Zwanzig

Jahre später wurde er, ebenso grundlos, zum Widersacher des Fernando Cortez und beauftragte einen seiner Günstlinge mit der Ermordung des kühnen und allzu selbstherrlichen Eroberers.

Columbus hatte sich wohl mit Roldan verglichen, aber der geschlossene Frieden war von beiden Seiten nicht ehrlich gemeint. In seinem Unmut über die erlittene Vergewaltigung äußerte er, da er den Vertrag auf seinem Schiff als Herr zur See signiert habe, brauche er ihn als Vizekönig zu Land nicht halten, ein perfides Wort, dessen Doppelzüngigkeit mancherlei Schlüsse auf die Entartung zuläßt, der ein ursprünglich lauterer Charakter auf den lasterhaften Wegen der Politik ausgesetzt ist. Freilich, hätte er Talent dazu besessen und Erfolg damit gehabt, so wäre er nicht nur entschuldigt, sondern hätte auch, wie die Welt nun einmal ist, die Bewunderung der Jahrhunderte für sich, so aber ist ihm nur ihr Mitleid zuteil geworden, und das ist zu wenig für einen Unsterblichen.

Im Gefolge des Roldanschen Aufruhrs brachen noch andere Unruhen aus, der Admiral war sogar gezwungen, sich des Roldan als Bundesgenossen zu bedienen, es ist noch ein Schreiben vorhanden, worin er ihm für seine Hilfe expressiv dankt. Aber sein Schicksal war besiegelt, als er die Königin gebeten hatte, einen obersten Schiedsrichter zu schicken, der die Rebellen als Hochverräter zur Verantwortung ziehen sollte. Roldan war seinerseits nicht müßig gewesen, er hatte einflußreiche Freunde mit der Führung seiner Sache in Spanien betraut und schlau stilisierte Klageschriften überreichen lassen, gegen welche die aufgeregten und pathetischen Schilderungen des Admirals verworren und matt wirkten. So wurde der Commendator Franzisco Bobadilla, Kreatur des Königs, mit der Mission nach Española gesandt, die Verhältnisse der unglücklichen Insel zu ordnen und Recht zu sprechen. Am 29. August 1500 traf er in San Domingo ein. Er brachte ein Beglaubigungsschreiben mit, worin der Admiral trocken ermahnt wurde, sich den Befehlen des königlichen Kommissärs zu unterwerfen und ihm alle Festungen, alle Schiffe, alles Kroneigentum auszuliefern. Der Admiral befand sich in der Vega real, Bartolomé in Xaragua, der Kommissär ließ das königliche Handschreiben, das ihn zum Gouverneur einsetzte, sofort öffentlich anschlagen, bemächtigte sich der amtlichen Gebäude, enthaftete die Gefangenen, beschlagnahmte Wohnung und Vermögen des Admirals, eignete sich seine Waffen, seine Pferde, sein Gold- und Silbergeschirr an, ja sogar seine Briefe, Bücher und Papiere, ernannte neue Beamte, proklamierte die allgemeine Erlaubnis, Gold zu suchen, auf zwanzig Jahre unter der Verpflichtung, nur den elften Teil der Krone abzuliefern, während bisher der dritte Teil abgegeben werden mußte, und zahlte vor allem die rückständigen Löhne und Gehälter aus. Natürlich jubelten ihm die Spanier wie einem Erlöser zu.

Mönche, die dem Admiral ergeben waren, eilten bestürzt in die Vega und unterrichteten ihn von dem Geschehenen. Er schrieb an Bobadilla eine seiner hochtrabenden Episteln, beglückwünschte ihn zu seiner Ankunft und teilte mit, er sei bereit, auf der Stelle abzureisen und sich bei Hof zu rechtfertigen. Zugleich aber protestierte er gegen die Eingriffe in seine Gerechtsame. Er ritt allein in die Stadt. Hier wurde er von Bobadillas Söldnern ergriffen, in Ketten gelegt und auf die Festung gebracht, wo sich sein Bruder Diego bereits als Gefangener befand und Bartolomé bald in gleicher Lage ankam.

Zwei Monate dauerte es, bis die Schiffe mit den Brüdern nach Spanien absegeln konnten. Während dieser Zeit wurden sie wie Verbrecher behandelt. So lange hatte Bobadilla gebraucht, um alle Anklagen gegen sie zu sammeln und den umfangreichen Akt dem Ritter Alonzo de Vallejo einzuhändigen, der ihn nach Spanien bringen und zugleich die Gefangenen in Obhut und Bewachung nehmen sollte. Die hauptsächlichen Beschuldigungen gegen die Brüder Colón waren: daß sie den spanischen Mannschaften erdrückende Arbeiten und schmerzliche Entbehrungen bei karger Kost und strengen Strafen auferlegt; daß sie ungerechte Kriege gegen die Indios geführt; daß sie die Bekehrung der Indios verhindert, um sie besser als Sklaven verkaufen zu können; daß der Admiral Perlen und Gold, die er auf der Reise nach Paria gesammelt, verheimlicht und die Majestäten in Unwissenheit über neue Entdeckungen gelassen habe, um neue Privilegien von ihnen zu erlangen. Das alles klingt wie eine Satire auf eine Rechtsuntersuchung; sie gipfelt in der Behauptung, die Meutereien müßten als mutiger und gesetzlicher Widerstand gegen die Tyrannei des Admirals und seiner Anverwandten betrachtet werden.

»Die Sterne selbst erhoben sich gegen Columbus und seine Brüder«, sagt der Geschichtsschreiber Herrera. Als Villejo ins Staatsgefängnis kam, um den Admiral zu holen, johlte draußen der Pöbel so wild, daß Colón glaubte, er solle zur Hinrichtung geführt werden. »Villejo«, rief er bang, »wohin wollt ihr mich bringen.« – »Aufs Schiff, Exzellenz«, erwiderte der Offizier. – »Sprecht Ihr die Wahrheit?« – »So wahr Gott lebt«, antwortete Villejo, der ein ehrenhafter Mann und, obschon er im Dienste Fonsecas stand, von der unwürdigen Behandlung, die der Admiral erfuhr, schmerzlich betroffen war. Auch der Kapitän der Karavelle, Andreas Martin, fühlte Erbarmen und begegnete dem Gefangenen mit Achtung und Aufmerksamkeit. Beide wollten ihm während der Seefahrt die Ketten abnehmen, allein er gab es nicht zu. »Ihre Hoheiten befahlen mir schriftlich, mich den Anordnungen Bobadillas zu unterwerfen«, sagte er, »in ihrem Namen hat er mir die Ketten angelegt, ich werde sie tragen bis sie befehlen, daß sie mir wieder abgenommen werden, und ich will sie als Erinnerungszeichen des Lohns für meine Dienste bis an mein Ende aufbewahren.«

Das tat er auch, er bestand auf den Ketten wie auf einem Recht, als müsse er seinem Schicksal etwas damit beweisen. Er trug sie bei der Landung in Cadix, er trug sie auch bei der Ankunft in Sevilla. Las Casas, der Chronist, der um diese Zeit seine Studien in Salamanca beendigt hatte und in seine Vaterstadt Sevilla zurückgekehrt war, hat den Entdecker einer Welt selbst in eisernen Ketten gesehen.

Dieses Ereignis, ungeheuerlich, wie man es auch ansehen mag, war späterhin für die meisten Biographen Anlaß zu romantischer Aufbauschung und theatermäßiger Zuspitzung. Es bedurfte dessen nicht. Die Tatsache steht fest, und sie genügt zu einem trostlosen Urteil über menschliche Einsicht und Erkenntlichkeit. Die Nachwelt will immer gutmachen, was die Mitwelt gesündigt hat, aber der Lebende ist als Opfer gefallen, und ihre Hymnen sind eitel Papier, ihre Ehrenrettungen der heuchlerische Versuch, die immer wieder frische Schuld auf die Schultern toter Vorgänger abzuwälzen.

Columbus habe für seine verbrecherische Schwäche das Los verdient, das ihm geworden, sagen strenge Kritiker; allein eine solche Erscheinung, abgesehen davon, daß sie sozial überhaupt nicht einzuordnen ist, ragt über ihre Zeit in alle Zeit hinaus und fordert daher auch andere moralische Maßstäbe als zeitliche; da ist alles enorm, alles geht über die vergänglichen Begriffe, und jede Formulierung von Eigenschaften kann nur gleichnishaft sein.

Wie es inwendig, in der Seele des Columbus aussah, wissen wir durch die grandiose »carta al ama«, das Schreiben an die Amme des Infanten, die in seinen letzten Jahren eine Art Vertraute von ihm gewesen sein muß. »Sehr ehrwürdige Dame«, beginnt er, »wenn es etwas Neues ist, daß ich mich über die Welt beklage, so ist es etwas sehr Altes, daß die Welt zu verkennen liebt. Mit Grausamkeit hat sie mich zu Boden getreten. Die Hoffnung auf den, der uns alle erschaffen hat, hält mich aufrecht. Gott machte mich zum Boten des neuen Himmels und der neuen Erde, er zeigte mir, wo ich sie finden soll. Ich kam, und noch immer gibt es bis herab zum Allerschlechtesten niemand, der mich nicht zu verleumden sucht. Wenn ich Indien gestohlen und den Mauren geschenkt hätte, könnte mir Spanien nicht größere Feindseligkeit erzeigen.«

Ein starkes Wort; unter der Qual des erlittenen Unrechts wird der kranke alte Mann zum zürnenden Gott. Er schildert, was auf der unseligen Insel vorgegangen ist, während er neue Länder, goldene Gebirge (angeblich für seine geliebte Königin) entdeckte und dazu außerdem das biblische Paradies fand; wie er zurückkam und zwischen den Parteien vermitteln wollte, wie er betrogen wurde; wie jeder sein Vertrauen täuschte; wie übel ihm von denen mitgespielt wurde, die ihm Glück, Ruhm und Reichtum zu danken hatten; wie die Reinheit seiner Absichten verdächtigt wurde. »Ich begreife nicht«, schreibt er, »daß man mich für so dumm hält, daß ich nicht wissen sollte, ich könnte mich nicht, selbst wenn Indien mir gehörte, ohne den Schutz eines Fürsten dort halten. Wenn dem aber so ist, wo hätte ich einen besseren Schutz und eine bessere Stütze finden können als bei dem König und der Königin, die mich aus dem Nichts gezogen haben.«

Nun verbreitet er sich im einzelnen über die schmachvolle Mißhandlung, die ihm zuteil geworden, und die Person des Bobadilla. Seine Empörung ist wie ein Kraterausbruch. »Sechs Monate lang war ich bereit, Ihren Hoheiten die guten Goldnachrichten zu bringen und aufzuhören, das Gelichter zu regieren, das voll Bosheit und Hochmut die Königin und den König verachtet. Ich hätte die Sache fertiggemacht mit sechzigtausend Maravedis und hätte dafür vier Millionen an Zehnten, aber man hat mich in einen Ruf gebracht, daß, wenn ich Kirchen und Hospitäler bauen ließ, man sagte, es seien Höhlen für Diebe. Ich bin zwei Jahre in Spanien gewesen, habe nichts gefordert, nichts erhalten, weder für mich noch für die, die mit mir gekommen waren, und der Bischof Fonseca hat seinen Sack gefüllt, ohne zu bitten und ohne sich zu mühen. Es wäre eine wahre Guttat, wenn Ihre Hoheiten den Gerüchten steuern möchten, die über mich im Schwange sind. Sie wissen, welche Mühsal ich erduldet, um Ihnen Eigentum und Herrschaft zu sichern, und wie ich für mich keinen Gewinn daraus zog; wenigstens wären mein guter Name und meine Ehre in der Welt wiederhergestellt. Ich beschwöre es, daß ich nicht begreife, warum ich ein Gefangener bin. Bobadillas erste Sorge war, das Gold an sich zu nehmen, das ich gesammelt hatte, und zwar tat er es ohne ein Maß noch Gewicht, und ich war abwesend. Er sagte, er habe die bezahlen wollen, denen es gehöre, aber wie mir versichert wurde, hat er den größten Teil für sich behalten. Ich hatte einige Probestücke dieses Goldes beiseite gelegt, um Ihre Hoheiten damit zu erfreuen und damit Sie die Wichtigkeit des Unternehmens erkennen möchten, es waren Goldkörner dabei, so groß wie Hühner- und Gänseeier. Dieses Gold unterschlug der Schurke, damit Ihre Hoheiten nicht ahnen sollten, welchen Wert meine Entdekkungen haben. Wenn Ihre Hoheiten sich darüber Rechnung ablegen lassen, wird die Wahrheit an den Tag kommen. Man kann nicht verletzter sein als ich es war, daß man einen Mann als Richter gegen mich absandte, der genau wußte, daß er mich bloß zu verleumden hatte, um an meine Stelle zu treten. Man hat mich behandelt wie einen Gouverneur, der in eine zivilisierte Provinz geschickt wird, wo man nach bewährten Gesetzen regieren kann. Ich soll abgeurteilt werden, als wäre ich ein Militär, der mit seiner Armee schlecht operiert hat, während man mit Soldaten dort gar nichts anfangen kann, weil die Menschen verstreut in den Wäldern leben. Ich soll abgeurteilt werden wie ein kleiner Hauptmann, der seit Jahren die Waffen nicht aus der Hand gelegt hat, und konnte doch in Indien, wo es keine Städte gibt und Verträge keine Geltung haben, in keiner Art nach hergebrachten Gewohnheiten verfahren. Der Weg zu Gold und Perlen steht offen, wollte der Himmel, es wäre ebenso gewiß, daß mir kein Leid widerführe, wie es gewiß ist, daß in Erfüllung geht, was ich vor meiner ersten Reise an Ihre Hoheiten schrieb. Ich weiß wohl, daß ich Irrtümer begangen habe, aber ich wollte nie mit Absicht Unrecht tun. Ihre Hoheiten werden das erkennen. Sie werden alles in die Wagschale legen, so wie nach der Heiligen Schift am Tage des Gerichts das Gute und das Böse abgewogen wird. Als Bobadilla nach San Domingo kam, logierte er sich in meinem Hause ein und nahm alles, was darinnen war. Er mag dessen bedurft haben, aber kein Pirat ist jemals so mit Kaufleuten und ihrem Gut umgegangen. Am peinlichsten ist mir, daß er sich meiner Papiere bemächtigt hat, von denen ich keines wiederbekam, und gerade diejenigen, deren ich am meisten zu meiner Verteidigung bedarf, hält er am ängstlichsten verborgen. Seht also, welch ein gerechter Richter er ist, welch ein ehrenhafter Mann! Aber Gott, unser Herr, bleibt in seiner Macht und Weisheit wie bisher und wird die Undankbaren strafen. Gewiß ist nur so viel, daß fast alle, die nach Indien kommen, der Gnade der Taufe unwürdig sind. Noch nie ist es erhört worden, daß jemand, der ausgeschickt war, eine Untersuchung vorzunehmen, Verräter und Meuterer sammelte und sie als Zeugen gegen den aufrief, der regierte. Bedenkt man alles genau, so muß man sich wundern, daß die Insel Española noch nicht vom Meer verschlungen worden ist. Und wäre ich solchem Strafgericht auch nicht entgangen, Ihre Hoheiten müßten anerkennen, daß ich Ihnen unermeßliche Dienste geleistet habe, wie Sie mir Dienste geleistet haben, in Liebe, wie es sein soll, denn wo keine Liebe ist, da hört alles auf.«

Es ist eine Beredsamkeit, der die Jahrhunderte nichts von ihrer elementaren Gewalt zu rauben vermocht haben.

Zwölftes Kapitel
Indisches Inferno

Der Brief galt natürlich mittelbar der Königin, Donna Juana della Torre übergab ihn auch sogleich ihrer Herrin, und er verfehlte die beabsichtigte Wirkung nicht. Isabella vernahm mit Entrüstung, wie übel man mit ihrem Admiral verfahren war, und der König mußte sich anstandshalber überrascht und unwillig darüber zeigen, daß man seine Befehle »mißverstanden« habe. Das Unangenehmste bei der Sache war das große Aufsehen, das die Ankunft des in Ketten liegenden Vizekönigs und Großadmirals in ganz Spanien und weit darüber hinaus erregte. Aus Prestigegründen war es notwendig, dem beleidigten Mann so rasch wie möglich Genugtuung zu geben. Er wurde eingeladen, ans Hoflager nach Granada zu kommen und erhielt zur Bestreitung der Reisekosten für sich und seine Brüder zweitausend Dukaten.

Sein Erscheinen bei Hofe ist dem Gedächtnis der Zeiten mit Hilfe blümeranter Historiker als eine ebenso rührende wie verlogene Bilderbuchszene vorgemalt worden. Als die Königin den schon im Äußern, durch sein weißes Haupt, die sorgengefurchte Stirn, die edle Haltung, ehrwürdigen Mann erblickte, sei sie in Tränen ausgebrochen. Columbus, der sich in den schweren Kämpfen der Welt behauptet, mit stolzer Verachtung Unbill und Verleumdung ertragen, habe in dieser Stunde die Selbstbeherrschung verloren, sich der Fürstin zu Füßen geworfen und vor Schluchzen lange Zeit kein Wort hervorbringen können. Der König habe ihn dann aufgehoben und mit den huldvollsten Reden ermutigt.

Von alledem ist nicht eine Silbe wahr. Hernando Colón, der die meisten schönfärbenden Legenden über seinen Vater in Umlauf gesetzt hat, weiß von diesem Vorgang nichts, und ein so wirksames Melodram hätte er sich gewiß nicht entgehen lassen, wenn er die geringsten Anhaltspunkte dafür gehabt hätte. Er begnügt sich mit der Bemerkung, der Admiral sei in Granada von den Majestäten mit anscheinender Freundlichkeit empfangen worden, und sie hätten ihm versichert, die Verhaftung und Einkerkerung sei wider ihr Wissen und Wollen geschehen. Alles übrige ist ein läppisches Idyll im Kotzebuestil, auf die großartig-finstere Epopöe aufgeklebt wie ein Öldruck auf ein heroisches Fresko.

So viel ist richtig, daß man seine Klagen und Beschwerden anhörte und ihm Gerechtigkeit versprach. Sein Eigentum sollte ihm zurückerstattet, in seine Ämter und Würden sollte er wieder eingesetzt werden. So wurde gesagt. Und er glaubte es. Er glaubte, daß die Majestäten an dem Tag, an dem sie sich von seiner Redlichkeit und seinen guten Absichten überzeugt hätten, ihn wieder zum Vizekönig machen würden und er im Triumph nach Española zurückkehren könne. Eine unheilvoll-naive Täuschung; als er ihrer inne wurde, zerbrach er an ihr. Es war eine geradezu infantile Ahnungslosigkeit von Welt und Leben, die es ihm ermöglichte, seinen Optimismus wie eine wehende Fahne vor sich her zu tragen, während alles von ihm abfiel und, um es platt zu sagen, kein Hund mehr einen Bissen Brot von ihm nahm. Die Königin sah er als segnenden Engel über sich schweben, sich selbst sah er als einen Märtyrer, für dessen Leiden kein irdischer Lohn groß genug war, und seine Entdeckung war in seinen Augen die größte Tat, die je ein sterblicher Mensch vollbracht hatte und vollbringen würde. Ja, er war ein Märtyrer, die Entdeckung war eine Großtat, aber geblendet von seinem Bestimmungsdünkel, berauscht von seinem Einzigkeitswahn verlor er vollends jedes Urteil, jede Fähigkeit zur Vergleichung, jedes geistige Maß und Gewicht.

Die zahlreichen Entdeckungen, die um diese Zeit unter portugiesischer und englischer Flagge gemacht wurden, beunruhigten den König Ferdinand aufs höchste. Seiner unstillbaren Habsucht gesellte sich quälende Eifersucht. Bisher hatte es geschienen, als besitze Spanien allein das Recht zur Auffindung ozeanischer Länder und den Anspruch auf ihre Ausbeutung, nun traten andere Bewerber, andere Nationen in den Vordergrund, begierig, die goldene Welt mit ihm zu teilen. Denn Er war Spanien, Er der Nutznießer und Verwahrer, und wenn andere noch ihren Vorteil fanden, einige große Herren, einiges anonymes Volk, so war es nur, weil er es gnädig zuließ.

Als er acht Jahre zuvor seinen Namen unter die mit dem Genuesen geschlossenen Kapitulationen gesetzt, hatte er nicht geahnt, daß seiner Herrschaft so unermeßliche Gebiete zuwachsen würden, in seiner hochmütigen Unwissenheit hatte er das ganze Unternehmen als eine Spekulation auf die Wundergläubigkeit der Königin betrachtet. Nun, in der Fülle des Besitzes, dünkte ihn, als sei er von Columbus durch die getroffenen Vereinbarungen überlistet und betrogen worden, und jede neue Entdeckung des Admirals, statt seine Erkenntlichkeit zu vermehren, steigerte nur seinen Groll und seine Reue darüber, daß er sich von einem verschlagenen Abenteurer hatte umgarnen und zu einer Torheit, wie es jene Unterschrift war, hatte hinreißen lassen.

Wie macht man eine solche unverzeihliche Übereilung ungeschehen? Nun, da gibt es Mittel genug. Zunächst kann man den Verdacht konstruieren, der Admiral plane in aller Stille die Gründung einer unabhängigen Regierung; bei seinem verrückten Ehrgeiz ist dergleichen denkbar; die Roldanschen Aufstände liefern Inzichten genug, wenn man sie durch geschickte Juristen sachlich begutachten läßt. Er könnte ferner die Absicht hegen, die entdeckten Länder fremden Monarchen auszuliefern, um sich größere Vorteile zu sichern; auch dafür gibt es Anhaltspunkte. Man braucht nur die leiseste Andeutung einer derartigen Möglichkeit fallen zu lassen, und Dutzende von gefälligen Schranzen sind bereit, den königlichen Argwohn mit einem fertigen Delikt zu bedienen. Aber so weit möchte man ungern gehen, aus gewissen Gründen das Äußerste nicht wagen. Einstweilen ist man durchaus nicht gesonnen, dem machtgierigen Mann, habe er Verdienste oder nicht, sei er schuldig oder nicht, wieder den Oberbefehl und das vizekönigliche Amt zu übergeben.

Dazu kommt vor allem; er ist nicht mehr unentbehrlich. Er war insofern nützlich, als er das neue Indien aufgefunden hat. Hierfür ist er entsprechend, vielleicht sogar über Gebühr belohnt worden und genießt einen, vom Standpunkt des absoluten Herrschers aus gesehen, unstatthaften Ruhm. Wie die Dinge heute liegen, kann jeder gewöhnliche Schiffskapitän leisten, was er leistet. Eine Anzahl tüchtiger Seeleute hat sich unter ihm ausgebildet und auf seinen Reisen Erfahrung gewonnen. Viele belagern das Kolonialamt mit dem Anerbieten, eine Expedition auf eigene Kosten auszurüsten; Pedro Alonzo Niño und Vincento Pinzon haben es getan und der Krone einen erheblichen Teil des Ertrags abgeliefert. Aus welcher Rücksicht sollte man also fürstliche Würden und gefährliche Sonderrechte für Dienste erteilen, zu denen man fähige Leute jeden Tag umsonst haben konnte? Immerhin ist es schwierig, einen Mann mit so gefeiertem Namen ohne Umstände kaltzustellen und zu verabschieden, folglich muß man ihn hinhalten und vertrösten, Untersuchungen beantragen, Termine bestimmen, die Termine verschieben, wie das eben in diesen Fällen üblich ist, damals wie heute. Der König hat jetzt ziemlich freie Hand, Isabella, wie es scheint, will sich in die Kolonialgeschäfte nicht mehr einmengen, sie kränkelt, schwere Schicksalsschläge, der Tod des Sohnes, der drohende Wahnsinn der Tochter haben ihr Gemüt verfinstert und ihren Willen gelähmt.

Dem Admiral wird also gesagt, die Zwistigkeiten auf Española dauern fort, seine Rückkehr werde neuen Hader entfachen und überdies seine persönliche Sicherheit gefährden, man wolle Bobadilla vom Kommando entheben und an dessen Stelle vorläufig einen jüngeren, tatkräftigen Beamten ernennen, der die Mißbräuche abzustellen und die Insel von dem rebellischen Geschmeiß zu säubern vermöge. Er, Colón, solle sich indessen schonen und pflegen; sobald geordnete Zustände eingetreten seien, werde man für die Wiedereinsetzung in seine alten Ämter Sorge tragen.

Damit muß er sich zufriedengeben. Er hört es mit starren Augen an, wieder und immer wieder, der Kanzler sagt es ihm, der Kolonialminister, die Erzbischöfe sagen es, die Kämmerer, die Richter, er muß schweigen und warten – und die Demütigungen schlucken. Bobadilla wird wirklich abberufen, sein Nachfolger, Nicolas de Ovando, Kommandant von Lares, Ritter des Ordens von Alcantara, ein Mann mit rotem Haar und rotem Bart, serviler Höfling, bigotter Katholik, gilt als klug, in der Verwaltung erfahren, aber von den überseeischen Verhältnissen hat er nicht die blasse Ahnung, was sich schon nach kurzer Zeit erweist, denn unter seiner Statthalterschaft wird planmäßig vollendet, was Cristobal Colón unwollend begann: die Hinschlachtung des indianischen Volkes. Zudem hat er sich später in der verzweifeltsten Situation, in die Columbus je geriet, wie ein Schuft benommen.

Zu drückender Untätigkeit verdammt, Monat um Monat auf gerechten Spruch harrend, schrieb der Admiral während des Jahres 1501 in Sevilla jenes ›Buch der Weissagungen‹, das ihn völlig in religiösen Mystizismus versunken zeigt. Er entsann sich des einstigen Gelübdes, daß er innerhalb von sieben Jahren von der Entdeckung der Neuen Welt an fünfzigtausend Mann zu Fuß und fünftausend zu Pferd stellen wollte, um das Heilige Grab den Händen der Ungläubigen zu entreißen. Die Frist war verstrichen, das Gelöbnis unerfüllt, die Neue Welt mit allen ihren Schätzen hatte bis jetzt, statt Gewinn zu bringen, nur Kosten verursacht, und er selbst, weit entfernt, Heere besolden zu können, war arm, verlassen und amtlos. Um aber den König und die Königin wenigstens zu dem Unternehmen anzufeuern, suchte er aus der Bibel, den Kirchenvätern, den

Schriften der Heiligen und der Philosophen alle Stellen zusammen, die auf die Bekehrung der Heiden und die Eroberung Jerusalems bezogen werden konnten, auch wenn die Deutung noch so fragwürdig war, benutzte die Aufzeichnungen, die er vor zwei Jahren in San Domingo gemacht, brachte alles mit Hilfe eines gelehrten Karthäusermönchs in ein festes System, das zu einem stattlichen Band anschwoll, und überreichte das Opus den Majestäten mit einem weitläufigen Begleitbrief, dessen eifernde Leidenschaftlichkeit nur von der kümmerlichen Einfalt übertroffen wird, die ihn möglich machte, und der wie die meisten Elaborate des Verfassers den Beweis liefert, daß sein Bildungsniveau selbst für das Zeitalter auffallend niedrig war. Spanische Finsternis.

Er beschwört die Herrscher, nicht mit dem Kreuzzug zu säumen, denn der gegenwärtige Bestand der Welt sei nur noch für einen kurzen Zeitraum gesichert. »Der heilige Augustinus lehrt uns«, schreibt er, «daß das Ende siebentausend Jahre nach der Schöpfung kommen werde. Dieses ist auch die Meinung des Kardinals Pedro de Aliaco. Eure Hoheiten wissen, daß man von Adam bis Christi Geburt fünftausenddreihundertvierzig Jahre und dreihundertachtzehn Tage zählt. Nun sind seit der Geburt unseres Herrn fünfzehnhundertein Jahre verflossen, folglich steht die Welt schon sechstausendachthundertsechsundvierzig Jahre. Mithin bleiben noch einhundertfünfundfünfzig Jahre bis zu ihrem Untergang.«

Ohne diese obskuren Spielereien wäre er vor Ungeduld verbrannt. Mit dem Aufwand seiner ganzen Seelenkraft, und die war nicht gering, kämpfte er gegen seinen siechen Körper und die Beschwerden des Alters. Das Ereignis des Tages ist Vasco de Gamas Umsegelung des Kaps der Guten Hoffnung; damit hat der Portugiese den Seeweg nach Ostindien gefunden; die Schätze Kalkuttas, die Reichtümer Hindostans sind in aller Munde, und es heißt, daß er und nach ihm Alvarez Cabral beladen mit Perlen, Silber, Gold, Bernstein, Elfenbein, Porzellan, seidenen Stoffen, edlen Hölzern, Gummi und Gewürzen aller Art zurückgekehrt seien. Da zeigt sich Colón in seiner vollen Unbeirrbarkeit. Er ist nicht etwa bestürzt oder niedergeschlagen oder von Zweifeln bedrängt, ob der von ihm eingeschlagene Weg der richtige Weg nach Indien gewesen; durchaus nicht, so etwas kommt ihm gar nicht in den Sinn. Sondern er faßt unverweilt den Plan zu einer neuen Reise, durch die er sowohl die Entdeckung Gamas wie auch seine eigenen früheren Unternehmungen in den Schatten stellen will. Es ficht ihn auch nicht im mindesten an, daß der Florentiner Vespucci inzwischen auf ein ungeheures Festland gestoßen ist, das unmöglich Asien sein kann. Er will es nicht wissen. Es ist nicht wahr. Für ihn gibt es dort kein anderes Festland als das asiatische. Dahin muß er gelangen, um jeden Preis, sei es mit welchen Mitteln immer, sonst hat er umsonst gelebt, umsonst die Meere befahren. Er hat ja, auf der vorigen Reise, die Karibische See gekreuzt, fast mit Gewißheit war anzunehmen, daß die Strömungen zu einer Meerenge führten, in dieser Enge mußte eine Durchfahrt sein und die mußte ihn nach Indien bringen. Daran ist nicht zu deuteln, es ist so sicher wie alles andere, was er prophezeit hat und genau eingetroffen ist.

Er legt den Plan vor; er zeichnet genaue Karten und legt sie vor. Man ist in Verlegenheit. Man hat den lästigen Menschen schon abgetan geglaubt, plötzlich kommt er mit was Neuem. Wie soll man ihn beschwichtigen, da er doch imstande ist, einem das Gehirn aus dem Kopf zu reden. Man macht die und jene Einwendungen. Es ist kein Geld da, in den Kassen von Arragon und Kastilien ist vollständige Ebbe. Tut nichts, erwidert er, Geld will ich aufbringen. Ja, aber die Berichte Ovandos sind noch nicht eingetroffen, und von denen hängt es ab, das muß er begreifen, ob man ihn wieder in Dienst stellen könne. Auch davon will er nichts hören. Laßt mich nur mit dem König sprechen, sagt er. Er hat noch einige Freunde, die an ihn glauben, sie verschaffen ihm Zugang zu Seiner Majestät. Niemals war seine Beredsamkeit so zwingend, sein Feuer so hinreißend, waren seine Gründe so schlagend wie in dieser Audienz bei Ferdinand. Ob der König davon gewonnen und überzeugt wurde, steht dahin. Es ist möglich, daß es ein verführerischer Gedanke für ihn war, in den Besitz eines näheren und sichreren Verbindungswegs nach Indien zu gelangen, als ihn nun die Portugiesen hatten. Vielleicht machte ihn diese Erwägung dem Projekt geneigt, und er bewilligte es, wenn auch zögernd. Wahrscheinlicher ist, daß er den unbequemen Dränger los sein wollte, dessen Suada und verbissenen Fanatismus er geradezu fürchtete; die erbärmlichen Fahrzeuge, die man ihm für die Expedition zur Verfügung stellte und deren gänzlich ungenügende Ausrüstung lassen sogar den Verdacht zu, daß man ihn auf die Manier gründlich und für immer los zu werden hoffte: vier winzige Karavellen, zwischen fünfzig und siebzig Tonnen jede, mit einer Besatzung von insgesamt hundertfünfzig Mann. (Wunderlich: die Schiffe spielen immer wieder die Rolle des Kleppers Rosinante.) Die elenden Nußschalen sind schon bei schwach bewegter See in Gefahr zu sinken, es braucht gar keinen Sturm dazu. Einmal mußte nach menschlichem Ermessen (besonders wenn man ein wenig nachhalf) den ruhelosen Durchpflüger des Meeres ja doch das Schicksal ereilen, das er in seiner eitlen Ruhmsucht so oft herausgefordert hatte.

Hat diese verbrecherische Berechnung einen realen Hintergrund (ich gestehe, es zu bezweifeln ist schwer), so bietet sie auch die einzige Erklärung dafür, daß der König trotz seiner unverhohlenen Abneigung gegen den Admiral alle mit ihm geschlossenen Verträge erneuerte. Noch mehr, er erbot sich sogar, die Privilegien seinem Sohne Diego nötigenfalls ausdrücklich zu bestätigen, er möge sich nur in Frieden und Vertrauen einschiffen. Mit einem so jungen, gänzlich von der Gnade des Hofes abhängigen Menschen konnte natürlich die spanische Majestät leichter fertig werden als mit dem unersättlichen und ewig querulierenden Vater. Was für Vorbehalte und Schlupflöcher sich jedoch hinter dem gnädigen Handschreiben verbargen, das entzieht sich heutiger Beurteilung. Spanische Lebensform und Konvention hatten zu dieser Zeit etwas vollkommen Undurchdringliches und Geheimnisvolles. Wie wenig man ihm traute, erfuhr Columbus bald genug: Seine Bitte, in Española Station machen zu dürfen, wurde rundweg abgeschlagen.

Er gab sich keinen kalschen Hoffnungen hin. Er erwiderte Mißtrauen mit Mißtrauen. Von allen Kontrakten, Konzessionen und Sonderbewilligungen, worin er als Großadmiral, Vizekönig und Gouverneur von Indien anerkannt war, ließ er zwiefache Abschriften unter Beglaubigung des Alcalden von Sevilla verfertigen, legte Kopien seines Briefes an Donna Juana della Torre bei sowie ein doppeltes Schreiben an die Bank von Genua mit der Überweisung des zehnten Teils seiner Einkünfte zur Ermäßigung des dortigen Getreidezolls (sehr schlau, dadurch machte er seine Vaterstadt zur Verfechterin seiner Rechte und Interessen) und schickte sämtliche Urkunden durch verschiedene Personen an seinen Freund, den Doktor Nicolo Oderigo, ehemaligen genuesischen Gesandten am spanischen Hof, mit der Bitte, sie in sicherer Verwahrung zu halten. Durch diese umfassende Vorsicht sind die Dokumente bis auf unsere Zeit gekommen. Ein Exemplar der Abschriften wurde 1816 in der Bibliothek des Senators Grafen Cambiaso gefunden und fünf Jahre später in der Urne aufbewahrt, die das Columbusdenkmal in Genua schmückt.

Über die vierte und letzte Reise müßte man Bände schreiben, wenn man eine auch nur annähernde Vorstellung von ihrer Gefährlichkeit und ihrer Abenteuerlichkeit geben wollte. Liest man da und dort, was die Chronisten gesammelt und berichtet haben, was Columbus selbst darüber niedergeschrieben hat (ein verworrenes, unverständiges, seniles Machwerk übrigens), was Diego Porras, der Notar, als Augen- und Leidenszeuge vermeldet und was schließlich Diego Mendez, der wunderbare getreue Diener des

Admirals, knapp und gewissenhaft in seinem Testament erzählt, so schaudert einem die Haut nach vierhundert Jahren noch. Die Mühseligkeiten waren so furchtbar, daß man sich wundert, wie Menschen sie überhaupt ertragen konnten, ohne ein solches Leben freiwillig zu beenden, insonderheit dieser kranke, verbrauchte, vorzeitig zum hinfälligen Greis gewordene Führer. Hunger, Seuchen, grausig endlose Stürme, quälende Hitze, Schiffbrüche, Zersetzung aller Disziplin, Verrat von allen Seiten und verzweifelter Haß aller gegen alle machen die Expedition zu einer wahren Höllenfahrt.

Die Abenteuerlichkeit anlangend, müßte man an die effektvoll gehäuften Ausgeburten müßiger Hirne glauben, wären die Ereignisse nicht durch verläßliche Quellen bestätigt. Denn da ist alles versammelt, was seit Jahrhunderten primitiven Anhängern des Aufregenden den Sinn verrückt und den Atem raubt, die wilde Ungebärdigkeit des Ozeans und sein geheimnisvoller Reiz, unerwarteter Wechsel der Schicksale mit Todesgefahr und Rettung, Steuern ins Unbekannte und Stranden an weltverlorenen Inseln. Dieses Geschehen ist Generationen in Fleisch und Blut übergegangen, es hat die Phantasie der Jugend entzündet und ihre Tatenlust befeuert, so daß die zugrundeliegende Wirklichkeit schier wesenlos geworden ist und nicht mehr recht als solche gilt. Aber es gibt in dem Bezug keine Erfindung, vielleicht kann überhaupt nichts erfunden werden; was dem Menschengeist zum Bilde wird, muß sich irgendwie und irgendwann einmal zugetragen haben, es ist dann nur durch Mißbrauch und Schematisierung verzerrt, leblos und lügenhaft geworden. Auch Robinsons Geschichte hat sich einmal wirklich begeben, und da die Zahl der Lebensmotive, der mythischen, historischen und romantischen, ziemlich beschränkt ist, nehmen einige wenige die typische Form an und dienen zur Variation, so lange, bis sie verwelken und absterben. Die letzte Reise des Christoph Columbus ist ein solches Stammerlebnis, ein Wurzelmotiv, aus dem vielerlei Dichtung, Sage und freilich auch unreines Fabelgespinst entstanden ist.

Zwei vertraute Personen nahm der Admiral mit auf die Reise: seinen Bruder Bartolomé, jetzt nicht mehr Adelantado, sondern grollender Anwärter auf einstige Rückberufung, und seinen dreizehnjährigen Sohn Hernando. Unfaßbar, das Leben des eigenen Kindes aufs Spiel zu setzen, denn um das Wagnis mußte er wissen, er kannte die möglichen Schrecken, er kannte den Zustand der Schiffe, was war also der Antrieb? Schwebte ihm eine pädagogische Maßregel vor, Erziehung zum Nachfolger, zum Helden? Es ist bekannt, daß er diesen Sproß einer leidenschaftlichen Beziehung, vielleicht der einzigen in seinem Dasein, sehr geliebt hat, aus gedankenloser Frivolität oder Abhärtungsprinzipien kann sonach der Entschluß nicht hervorgegangen sein. Ich sehe nur einen plausiblen Grund: Er fühlte sich sehr einsam; sehr mißverstanden; er entbehrte aller Menschenwärme, aller Bewunderung, aller Pflege und Hegung, sogar aller Rücksicht; das Wesen, das seinem Herzen am nächsten war, in der kritischsten Epoche seines Lebens im Vorgefühl des Endes um sich zu haben und ihm zugleich ein Exempel von der Größe im Ertragen und Besiegen aller Widrigkeiten, die der Himmel nur schicken kann, zu geben, das mag der Grund für ihn gewesen sein, Sorge und Vernunft hintanzusetzen, wobei ja in der Tiefe seines Bewußtseins immer noch die Überzeugung ruhte, daß Gott ihn zu dem verheißenen Ziel führen und ihm bis dahin nichts zustoßen würde.

Die Instruktion, die ihm ausgehändigt wurde, enthielt den Befehl, eine oder zwei Personen an Bord zu nehmen, die des Arabischen mächtig waren (wegen der Verständigung bei der Ankunft in Asien), und so schnell wie möglich auf dem geradesten Weg nach Westen vorzudringen, ohne, wie noch einmal betont wurde, auf Española Anker zu werfen.

Die Landung erwies sich jedoch als notwendig, da eine Reihe der heftigsten Stürme eines der Schiffe so beschädigt hatte, daß er es in San Domingo gegen ein anderes umtauschen wollte. Als er aber in Sichtweite der Küste kam und in einem außerordentlich höflichen Schreiben an Ovando um die Erlaubnis zum Auswechseln der Karavelle bat, verbot ihm der Gouverneur schroff, die Insel auch nur zu betreten. So konnte er bloß ein Paket Briefe für Spanien abgeben und mußte sich aufs neue der schäumenden See anvertrauen. Er schreibt darüber wie folgt: »Welcher Mann, selbst Hiob nicht ausgenommen, wäre nicht bereit gewesen, aus Verzweiflung zu sterben in der Lage, in der ich mich befand. Ich war in Angst um meine Sicherheit und mehr noch um die meines Bruders und meines Sohnes sowie aller meiner Gefährten. Oh, mir das Land und den Hafen versperren, die ich selber mit Gottes Hilfe und Blut schwitzend für den König gewonnen hatte! Achtzig Tage wurde ich unaufhörlich von einem so gräßlichen Orkan umhergetrieben, daß ich während dieser Zeit weder die Sonne noch die Sterne sah, die Schiffe waren leck, die Segel zerrissen, die Anker, die Taue und ein großer Teil der Vorräte verlorengegangen. In ihrer Verzagtheit taten die Matrosen das Gelübde, in ein Kloster zu gehen, und oft geschah es, daß einer dem andern die Beichte abhörte. Mehrmals stand ich an der Pforte des Todes, ich kommandierte das Schiff von einer kleinen Kammer aus, die ich auf dem Verdeck hatte aufschlagen lassen, mein Bruder befand sich auf dem schlechtesten Schiff, was mir um so mehr Kummer bereitete, als ich ihn gegen seinen Willen mitzufahren beredet hatte, und der Gedanke, daß ich es nach zwanzigjährigem aufreibenden Dienst so weit gebracht hatte, daß ich mein Kind mit mir nehmen mußte, weil ich in Spanien nicht einen Dachziegel mein eigen nennen kann, so daß ich ins Wirtshaus gehen muß, wenn ich essen oder schlafen will und mir dabei oft noch das Geld fehlt, um die Zeche zu bezahlen, dieser Gedanke reißt mir das Herz zwischen den Schultern heraus.«

Das Motiv, das er hier für das Mitnehmen des Sohnes angibt, wohl um sich gegen zu erwartende Vorwürfe zu rechtfertigen, hat nicht Hand noch Fuß und ist eine echt Colónsche Übertreibung. Wovon später noch zu reden sein wird. Das hindert jedoch nicht, daß er uns wieder einmal Gelegenheit gibt, die Ekrasitgewalt seiner Manifeste zu bestaunen. Wie Don Quichote ist er in Rede und Schrift unüberwindlich.

Es berührt wie ein Akt göttlicher Nemesis, daß in demselben Orkan, in welchen man den Admiral unerbittlich-rücksichtslos hinaustrieb, auf papierene Befehle pochend, die Flotte unterging, die alle seine españolischen Feinde nach Spanien zurückbringen sollte: den Gouverneur Bobadilla, Franzisco Roldan und seine Mitrebellen, eine Menge jener Schwindler, Erpresser und gierigen Herumtreiber, die die Insel so unsicher gemacht hatten als wäre sie das Verbrecherviertel einer modernen Großstadt. Columbus erfuhr durch ein paar Schiffbrüchige, die er retten konnte, von der Katastrophe. Man kann sich bei seiner Sinnesart den Triumph, die düstere Genugtuung vorstellen, die ihn erfüllten: Der Himmel selbst hatte eingegriffen, ihn zu rächen und seine Widersacher zu verderben. Es war so recht die Nahrung für seinen Auserwähltheits- und Gottesbotenwahn. Im Leben mancher Menschen ereignet sich sonderbarerweise von außen her sehr oft das, was zu ihrem inneren Wesen stimmt, als ob es wirklich in den Sternen stünde.

Dazu kam, daß nur ein einziges Schiff den Sturm überstand, obwohl es das schlechteste war, nämlich jenes, das das Vermögen des Columbus an Bord hatte, einige tausend Goldstücke, von Bobadilla beschlagnahmt. Aber da es wegen seiner schweren Havarie San Domingo anlaufen mußte, wurde das Gold neuerdings mit Beschlag belegt und die Auszahlung dann auf einem jahrelangen Instanzenweg verzögert. Wahrscheinlich ist Colón erst kurz vor seinem Tode nach vielen Petitionen, Klagen und Prozessen in den Besitz der immerhin ansehnlichen Summe gelangt.

Bobadilla hatte große Schätze geladen, die nun auf dem Meeresgrund ruhten. Man muß freilich die zeitgenössischen Angaben skeptisch aufnehmen, die Leute waren alle zu prahlerischer Aufbauschung geneigt. Alexander von Humboldt hat berechnet, daß das aus der Neuen Welt nach Europa eingeführte Gold in den Jahren 1492 bis 1500 nicht mehr als sechzehntausend Mark heutiger Währung betragen habe. Der eigentlich große Import, wahrhafte Märchenschätze, begann erst nach der Eroberung Mexikos und Perus.

Ein Stück gediegenen Goldes soll auf Bobadillas Schiff verfrachtet gewesen sein, von dem in alten spanischen Chroniken immer wieder erzählt wird; es habe achtzehnhundert Castellanos gewogen, heißt es, also ungefähr zweiunddreißig Pfund, und soll von einem indianischen Weib in einem Bach gefunden worden sein. Unter all dem Gold aber, bemerkt ein späterer Geschichtsschreiber, war kein Körnchen, an dem nicht das Blut gemordeter Indios klebte. Und das ist bestimmt keine lügenhafte Aufbauschung.

Der Admiral erreicht die Küste des amerikanischen Festlandes beim Kap Gracias à Dios. Die Eingeborenen, vielleicht von Priestern gewarnt, widersetzen sich der Landung, er ist gezwungen, weiterzusegeln. Er steuert gegen Süden, ändert die Richtung nach Südwesten, fährt vorsichtig an Nicaragua und Costarica entlang. Ende September wirft er bei einem Dorf Cariai Anker, um die Schiffe auszubessern und der Mannschaft Rast zu gönnen. Wie stets bei der ersten Begegnung mit Europäern, zeigten die Eingeborenen jenes für die Spanier schwer enträtselbare Betragen, das zwischen Furcht und Neugier, Mißtrauen und Staunen, Verehrung und Abwehr, Gastlichkeit und böser Ahnung schwankte. Sie sehen auf wunderbaren Fahrzeugen wunderbare Geschöpfe, die sich friedlich stellen, aber angsteinflößende Gesichter haben. Man schenkt ihnen Dinge, die sie entzücken, durchaus fremdartige, zauberhafte Gegenstände, als Gegengabe bringen sie baumwollene Mäntel und Hemden herbei, auch Schmuck aus geringem Gold, doch siehe da, die merkwürdigen Geschöpfe wollen nichts von ihnen annehmen. Der Admiral hatte es nämlich verboten, da er ihnen zu beweisen wünschte, wie freigebig und uneigennützig er und seine Gefährten seien. Die alte Taktik. Ganz falsch, er verletzt sie dadurch nur, sie glauben sich und ihre Gaben verachtet, da schleppen sie alles, was sie von ihm bekommen haben, auf einen Haufen und lassen es am Strand liegen.

Das ist nur ein Bild von vielen, ein Beispiel von zahllosen. Das Vertrauen der Wilden geht so weit, daß sie freiwillig zwei junge Mädchen als Geisel an Bord bringen: Taktvoll haben sie begriffen, daß es den Ankömmlingen an Mut fehlt, das Land zu betreten, um sich Wasser und Früchte zu holen, und unaufgefordert stellen sie Bürgschaft. Während die Matrosen ihre Tonnen füllen, bleiben die Ältesten des Stammes in der Entfernung stehen, um darüber zu wachen, daß keiner der Ihren den Gästen lästig falle. Ihre Vornehmsten tragen dann den Adelantado ans Land und setzen ihn mit feierlichen Zeremonien auf den Rasen nieder. Seine Absicht ist, Erkundigungen über die Gegend einzuziehen, und er läßt den Flottennotar Porras rufen, um ihre Aussagen zu Protokoll zu geben. (Was natürlich bei der beiderseitigen Unkenntnis der Sprache zu lauter willkürlichen Feststellungen führen muß.) Allein sobald dieser Feder, Tinte und Papier zurechtgelegt hat und zu schreiben anfangen will, entfliehen sämtliche Indios in bebender Angst, denn sie halten ihn für einen Zauberer und Geisterbeschwörer. Nach einer Weile kehren sie lauernd zurück und streuen ein Pulver in die Luft, wovon sie einiges verbrennen, so daß der Wind den Spaniern den Rauch zuweht. Das Lächerliche ist, daß die Spanier ihrerseits nicht geringere Furcht vor den Hexenkünsten der Wilden verspüren. »In Cariai«, berichtet der Admiral,

»gibt es gefährliche Magier. Meine Leute hätten alles darum gegeben, wenn wir rasch wieder davongefahren wären. Einige hielten sich allen Ernstes für behext und sind bis zum heutigen Tage nicht von ihrer Meinung abzubringen gewesen.«

Dann kommt immer der Moment der Gewalttat, unweigerlich wie das Amen im Gebet. Man fängt heimlich ein halb Dutzend Indios zusammen, bringt sie aufs Schiff, um sie als Wegweiser zu benutzen, lichtet in aller Stille die Anker und fährt unter dem Entsetzen und Klagegeheul der Dorfbewohner, die den Raub zu spät entdeckt haben, eilig davon.

Wäre bisher nicht mit einem zu großen Respekt vor den Tatsachen und einer übertriebenen Bewunderung für die sogenannten Tatmenschen Geschichte geschrieben worden, so stünde vielleicht die Menschheit auf einer höheren Stufe des Rechts, der Gesittung und der Kultur.

Im Oktober gelangt der Admiral mit seiner traurigen Flotte in die Bucht von Chiriqui, an der Landenge von Panama. Es ist nicht uninteressant, daß er dort, in nervösen, monatelangen Irrfahrten, nordwärts, südwärts, ostwärts, den verbindenden Wasserweg nach Asien suchte, wo die Natur tatsächlich Anstalten getroffen hatte, ihn zu schaffen, ohne daß sie mit dem Werk zu Ende kam. Bisweilen nähert er sich in seinen ideologischen Konstruktionen der Wirklichkeit, oder es ist eine Art von Sehergabe in ihm, die neben den Fiktionen *mögliche* Wirklichkeiten erschaut.

Die Eingeborenen berichten, soviel man verstehen kann, von zivilisierten Nationen im Innern des Landes; die Bewohner trügen goldene Kronen, Armbänder, Fußspangen und Kleider aus Goldstoff; auch ihre Sessel, Schränke und Tische verzierten sie mit purem Gold. Sie nannten das Land Ciguare oder Ciamba; es werden wohl unbestimmte Gerüchte über die Reiche Mexiko und Peru gewesen sein, die der Admiral nach seiner Weise übertrieb und in Verbindung mit dem Großchan bringt, dessen Herrschaftsgebiet ihm hier zu beginnen scheint. Zehn Tagereisen noch, und ich bin am Ganges, folgert er kühn und überhört das Murren der Mannschaft gegen die Fortsetzung der Reise. Diesmal ist sein Sinn auch nicht auf die Gewinnung von Gold gerichtet; um keine Zeit zu verlieren, untersagt er seinen Leuten den Tauschhandel mit den Indios und reizt sie damit zu aufsässiger Wut. Diese mysteriöse Durchfahrt, die er da mit der Ungeduld eines Verrückten sucht, indes die Schiffe immer lecker werden und der Bohrwurm die Wanten durchlöchert, ist ihnen vollkommen gleichgültig. Endlich gibt er ihrem Drängen nach, weil er sich nicht anders helfen kann, und segelt am Tage Simonis und Judä nach der fruchtbaren Landschaft zurück, die die Indios Veragua genannt haben. Aber ununterbrochene Gewitterstürme treiben ihn wieder in die Bucht von Chiriqui, und Wochen hindurch kämpft er gegen die Wut der Elemente. »Ich war so erschöpft«, klagt er, »daß ich nicht mehr wußte, was tun. Meine alte Wunde brach auf, und neun Tage lang war die Hoffnung geschwunden, mich am Leben zu erhalten. Nie war das Meer so hoch, so fürchterlich, so schäumend gewesen, es schien ganz von Blut zu sein und kochte wie ein Kessel auf einem Riesenfeuer. Nie hatte der Himmel ein so gräßliches Aussehen gehabt, er brannte gleich einem Ofen und schoß so glühende Strahlen hernieder, daß ich jeden Augenblick nachsah, ob meine Maste und Segel nicht angesengt seien.« Sicherlich war die Situation schlimm genug, jener Teil des Atlantischen Ozeans ist zu gewissen Zeiten des Jahres beständig von den verheerendsten Tornados heimgesucht, aber es ist nicht zu verkennen, wie seine Phantasie mit Wollust in apokalyptischen Bildern schwelgt.

Anfang Januar 1503 landet er an der Küste von Veragua, nachdem er fünfunddreißig Tage gebraucht hat, um eine Strecke von dreißig Seemeilen zurückzulegen. Die Schiffe, jämmerliche Barken genau genommen, sind in einem Zustand, daß man sie kaum noch ausbessern kann, die Mannschaft ist durch Krankheiten und Überanstrengung nicht mehr fähig, Dienst zu leisten, so entschließt er sich denn, in die Mündung eines großen Flusses einzulaufen, den er den Bethlehemfluß nennt und wo man sich von den Strapazen der See ein wenig erholen kann. Die Indios bereiten den Eindringlingen einen feindseligen Empfang, vermutlich hat es sich bereits von Stamm zu Stamm unter ihnen herumgesprochen, daß man es da mit treulosen und gewalttätigen Menschen zu tun habe, man muß viel Diplomatie aufwenden, um sie friedlich zu stimmen. Sie haben Goldblech, sie haben Pfeifen aus Gold, auch einige rohe Barren, aber das ist nichts, man fragt sie nach den Minen. Überall sollen gleich Minen sein, mit Ausbeute im kleinen gibt man sich nicht mehr ab. Die Indios scheinen zu begreifen; oben im Gebirge sind die Wälder voll von Gold, sagen sie. Also auf ins Gebirge. Aber um Gold zu finden, müsse man sich durch Fasten und Enthaltsamkeit darauf vorbereiten, sollen sie angeblich hinzugefügt haben. In Wahrheit war dies eine fromme Erfindung des Admirals, das einzige Mittel, die zügellose Gier seiner Leute zu zähmen. Bartolomé Colón bricht mit einer wohlbewaffneten Truppe ins Innere auf, er macht die Bekanntschaft verschiedener Häuptlinge, die ihm mit schweigsamer Freundlichkeit begegnen und trotzdem sie willfährig scheinen, das unverständliche Verlangen der Fremdlinge nach Gold zu befriedigen, sichtlich auf ihrer Hut sind. Ganz anders als im Archipel, draußen auf den Inseln, atmet ihr Wesen hier eine würdevolle Strenge. Als ob das Leben auf Inseln die Menschen leichter und spielerischer machte, verträumter und zutraulicher; hier haben alle mehr Gewicht und mehr Härte.

In der Tat findet der Adelantado Gold, im Urwald, im Gestein, im Sumpf, aber nicht so viel, wie man erwartet. Man sucht und sucht, fragt und fragt, wird dahin und dorthin gewiesen, es kommt sogar vor, daß ein Kazik, in den Berichten heißt er Quibian (die Namen sind ja immer entstellt), die unersättlichen Goldsucher, um sie loszuwerden, listigerweise in das Gebiet eines seiner Feinde führt:

da grabt, da wühlt. Und sie graben und wühlen bis sie in ihrem Schweiß kochen. Jeder Fund weckt die Erwartung eines größeren, alles ist zu gering, sie werden vollständig wahnsinnig, träumen und erzählen von Felsblöcken aus massivem Gold, der Admiral stachelt ihre Gier bei jeder Gelegenheit auf, dann sind sie beschäftigt, und er hat Muße für seine geographisch-mystischen Grübeleien. Die Besessenen haben einen Spezialschutzgeist, dessen Aufgabe es ist, ihnen die Wahrheit vorzuenthalten. Hätte er nicht immer an seiner fixen Idee von Asien und Zipangu gesponnen, er hätte ohne große Mühe ausführen können, was der entschlossene Bilbao zehn Jahre später getan: ein paar Tagereisen über die Gebirge, und er hätte den Pazifischen Ozean erblickt. Dann wäre freilich das Fundament, das ihn trug und über alle Schmerzen und Enttäuschungen hinaufhob, unter ihm zusammengestürzt.

Der praktische Gedanke, der in Veragua auftauchte, ging von Bartolomé aus. Er nahm die üppige Fruchtbarkeit des Landes wahr, er sagte sich, daß sich hier unerschöpfliche Möglichkeiten zu zivilisatorischer Arbeit und zu ganz anderer Art des Reichtums boten, als durch das sinnlose Jagen nach Gold zu gewinnen war. Er schlug dem Bruder die Gründung einer Niederlassung vor und erklärte sich willens, mit der Besatzung zweier Schiffe dazubleiben; der Admiral solle nach Spanien zurückkehren und der Kolonie Unterstützung erwirken.

Dieser stimmte wider Erwarten lebhaft zu. Hütten und Magazine wurden errichtet, die Mittel zum Lebensunterhalt gewährte die strotzende Erde im Überfluß, wegen der Verproviantierung konnte man also unbesorgt sein. Bedenklich war nur die Haltung der Eingeborenen. Da sie intelligent und höflich waren, hatte Bartolomé gehofft, sie würden dem Ansiedlungsplan keine Schwierigkeiten bereiten. In der Tat ließen sie die Fremden in ihrer verwunderlichen Baugeschäftigkeit anfangs ruhig gewähren. Der Adelantado hatte bereits achtzig Mann ausgewählt, die auf einer Anhöhe, einen Bogenschuß vom Ufer des Flusses Belen entfernt, niedrige Häuser aus behauenen Stämmen, gedeckt mit Palmenblättern, errichteten. Nun, diese Leute machten sich alsbald der gewöhnlichen Roheiten gegen die Indios und ihre Weiber schuldig. Sie waren einfach nicht zu bändigen. Die Mahnung, mit den ehrliebenden und empfindlichen Wilden schonend umzugehen oder gar sie wie menschliche Wesen zu behandeln, stieß auf ihren Hohn; nur wenn sie Übermacht spürten und Furcht sie dazu zwang, nahmen sie sich zusammen, von jeher, die trügerische Freundlichkeit der Indios machte sie sofort unverschämt. So verfahren sie auch hier wieder, und das Ergebnis ist das gewöhnliche. Die Indios ziehen sich zurück, verletzt und über die Gesinnung der neuen Siedler hinlänglich aufgeklärt, sie treffen kriegerische Anstalten, verbünden sich mit ihren Nachbarn, geben vor, sich gegen einen Feind im Innern schlagen zu müssen, aber die ganze Heimlichkeit ihres Tuns und Verhaltens erregt den Argwohn der Spanier. (Sie sind immer moralisch entrüstet, wenn sich die Folgen ihrer Brutalität zeigen und sie die Suppe auslöffeln sollen, die sie sich eingebrockt haben.) Bartolomé will dem zu gewärtigenden Angriff zuvorkommen, möchte sich aber erst Gewißheit über die hostilen Absichten der Indios verschaffen. Diego Mendez, dem solche Unternehmungen Spaß machen und der geschickt und mutig ist, schleicht sich als Späher in das indianische Dorf; er erkundet, daß in der Ratsversammlung die Vertreibung der weißen Männer beschlossen worden ist. Nun säumt der Adelantado nicht länger, überfällt nächtlicherweile das Dorf und bemächtigt sich des Kaziken, seiner Frauen und seiner Kinder. Die Erfahrung hat ihn gelehrt, daß man damit die Aktionen der Wilden am nachdrücklichsten lähmt. Jedoch es gelingt dem Häuptling, während des Transports zu fliehen und seinen Stamm zu alarmieren. Die erbitterten Krieger dringen in die Kolonie ein, die Spanier können sich der Übermacht nur mit Einsatz der Schweißhunde erwehren, die sie, zu ihrem Glück, wie sie finden, nicht unterlassen haben mitzunehmen; das Ärgste ist, daß sie vom Admiral abgeschnitten sind, der es kurz zuvor mit harter Mühe vermocht hat, seine Schiffe aus der durch lange Trockenheit untief gewordenen Flußmündung in die Bucht hinauszusteuern. Auch ihn faßt Bestürzung und Schrecken, als er benachrichtigt wird, daß die Besatzung des Bootes, das er, um Holz und Wasser für die Seefahrt zu holen, den engen Fluß hinaufgeschickt hat, von den Indios bis auf den letzten Mann niedergemacht worden ist. Da erklären die Leute des Adelantado, sie wollten in dem gefährlichen Land nicht einen Tag mehr bleiben, sein Zureden ist so vergeblich wie sein Zorn, sie stürzen in das zurückgelassene Schiff, es strandet in der seichten Mündung, die Indios waten und schwimmen ihnen nach, und sie haben hinter einer Schanze am offenen Ufer den wütenden Ansturm der Verfolger auszuhalten. Der Admiral kann ihnen nicht zu Hilfe kommen, er kann seine morschen Segelbarken nicht noch einmal durch die Brandung bringen, das einzige Boot, das er noch gehabt, eben jenes, das er den Fluß hinaufgeschickt hat, ist verloren, ein Tag vergeht, noch ein Tag, die bedrängten Männer am Ufer sind am Ende ihrer Kraft, was soll er tun, um sie zu retten. Wahrhaftig eine dramatische Situation, und unheilvoll, und nicht unverschuldet, und nicht geeignet, noch irgendwelche Hoffnungen für die Zukunft daran zu knüpfen. Schreckliches Memento: Er hat indianische Gefangene an Bord, sie sind eingesperrt im Schiffsraum; als man am dritten Morgen nach ihnen sieht, findet man sie sämtlich an Tauen erhängt; manche berühren mit den Knien den Boden, andere haben sich erwürgt, indem sie, mit gefesselten Armen, die um den Hals gelegten Schlingen mit den eigenen Füßen zuzogen, eine unbeugsame Art zu beweisen, daß sie den Tod weniger fürchten als die Sklaverei. Indessen verschlimmert sich die Lage des Adelantado immer mehr, man muß wenigstens eine Verbindung mit ihm und seiner zusammengeschmolzenen Schar herstellen, man kann nur sehen, wie sie kämpfen und einer um den andern fällt, zurufen kann man ihnen nicht; da erbietet sich ein heldenmütiger Matrose namens Pedro Laderma, durch die Brandung hinüberzuschwimmen, und das Wagestück gelingt. In sinnloser Verzweiflung beschwören ihn die Kameraden, dem Admiral zu sagen, daß sie wieder an Bord wollen, um jeden Preis. Laderma schwimmt zurück, es glückt zum zweitenmal, und er richtet die Botschaft aus. Columbus kann sich natürlich nicht weigern; es ist ihm nicht so leid um die Ansiedlung, als es ihn bedrückt, eines triftigen Grundes für die rasche Rückkehr nach Spanien verlustig zu gehen, denn die kann er dann vor seinem Gewissen nicht rechtfertigen; es wäre aber gut, heimzukommen, obschon es kein Heim für ihn gibt, nur eine Ruhestätte allenfalls, einen Winkel, um sich hinzulegen; er ist müde, endgültig müde, zerrieben von all der Not und dem Jammer, und zum erstenmal dünkt es ihn verlockend, in einem Bett zu sterben. Jede auffrischende Brise verringert die Sicherheit der wurmzernagten Fahrzeuge, und seine Bekümmernis, von Fieber und Schlaflosigkeit zu Visionen gesteigert, in denen er geisterhafte Stimmen hört, die ihm Trost zusprechen und ewigen Ruhm verkünden, diese krankhafte Depression weicht auch dann nicht, als er Bartolomé und seine Leute samt den geringen Vorräten aus der gescheiterten Barke nach übermenschlichen Anstrengungen durch ein mitten in Not und Gefahr hergestelltes Floß endlich an Bord der andern Fahrzeuge nehmen kann. Dem Diego Mendez, der sich dabei rühmlich ausgezeichnet hat, überträgt er das Kommando jener Karavelle, deren Führer bei dem Unglück mit dem Boot gefallen ist.

Aber alles das ist nur der Anfang der beispiellosen Leiden, die man in ihrem ganzen Umfang kennen muß, wenn man die stählerne Seele dieses Mannes richtig einschätzen will. Das ist seine Größe und seine Glorie: das Aufsichnehmen, die Geduld, die Bereitschaft, freilich ganz tiefe, ganz unbewußte, ganz astrale Bereitschaft zu seinem Schicksal.

Ende April erlaubt günstiger Wind, die verhängnisvolle Bucht zu verlassen. Man kann sich den Schiffen nur mit beständiger Todesangst anvertrauen, die im Wasser befindlichen Holzteile sehen wie Bienenwaben aus. Es ist also unerläßlich, auf schnellstem Weg nach Española zu fahren, und um den zahlreichen Korallenriffen zu entgehen, muß die äußerste Sorgfalt aufgewendet werden. Neue Stürme; drei Anker gehen verloren, die Segel reißen in Fetzen, die Lecks werden immer größer, die Pumpen arbeiten unaufhörlich, und außerdem muß das Wasser mit Eimern und Kesseln ausgeschöpft werden. Eins der Schiffe sinkt, die Mannschaft wird von den beiden übrigen aufgenommen, auch die können die See nicht länger halten. Gott sei Dank, es ist Land in Sicht, der Admiral gibt Befehl, sie zweihundert Fuß von der Küste entfernt auflaufen zu lassen, und sie werden eins neben dem andern befestigt. Sie füllen sich bis zum Verdeck mit Wasser; da die Eingeborenen auch hier sich feindselig verhalten, werden auf den Vorder- und Hinterteilen der Wracks gedeckte Kajüten errichtet und alles so gut es geht in Verteidigungszustand gebracht. Niemand darf ohne besondere Erlaubnis die Notfestung verlassen, und um die gewöhnlichen Ausschreitungen zu verhüten, wird der Verkehr mit den Indios durch genaue Vorschriften geregelt. Es ist die Insel Jamaika, an der sie gestrandet sind, eine der bevölkertsten und fruchtbarsten der Antillen, bald wimmelt auch der Hafen von indianischen Booten, die mit Lebensmitteln beladen sind, und der Admiral leitet Verhandlungen ein, die zu den üblichen Tauschgeschäften führen. Aber alles ist zu wenig, von Kassavefrüchten und Mais kann man nicht leben, finden die Matrosen, die schlauen Indios haben sicher ihre besten Vorräte versteckt, und verstünde es nicht Diego Mendez, die Gegensätze durch sein geschmeidiges Wesen immer wieder zu versöhnen, so wäre der Hader gleich am Anfang ausgebrochen, der unter solchen Verhältnissen gar keinen bestimmten Anlaß braucht, um in hellen Flammen aufzulodern, denn es ist eine merkwürdige Erfahrungstatsache, die auch durch den Verlauf der meisten Polarexpeditionen bestätigt wird, daß die dauernde Vergesellschaftung von Männern, sobald sie den Charakter äußeren Zwangs annimmt, unweigerlich erst zu heimlichen Wucherungen und zuletzt zu verheerenden Ausbrüchen eines geheimnisvollen Hasses führt.

Diego Mendez scheint schlechthin ein Glücksfall für Columbus gewesen zu sein. Immer in unverwüstlicher Laune, unternehmungslustig, ein bißchen aufschneiderisch, mit einem gewissen derben Wirklichkeitssinn begabt, erinnert seine Figur in manchen Zügen an Sancho Pansa, nur in dem einen Punkt nicht, daß er außerordentlich mutig ist. Durch seine Freundlichkeit und Offenheit machte er sich auch bei den Indios beliebt, und diese Sympathie ging so weit, daß ihm einer der Kaziken ein großes, aus einem riesigen ausgehöhlten Baumstamm verfertigtes Kanu schenkte. Danach eben hatte er getrachtet; er teerte das Boot, versah es mit Mast und Segel und verabredete sich mit dem Kapitän Fiesco, Landsmann des Admirals, und sieben Indios, mit denen er Freundschaft geschlossen hatte, zu dem Plan, nach Española zu segeln und den Gouverneur im Namen seines Herrn um Hilfe anzurufen. Die Entfernung beträgt siebenhundert Kilometer. Columbus erkannte wohl, daß es die einzige Möglichkeit zur Rettung war und willigte schweren Herzens ein, denn Mendez war ihm nachgerade unentbehrlich geworden.

In der Tat, kaum hat er Jamaika verlassen, so ist der Teufel los. Die Indios, warum, ist eigentlich nicht recht ersichtlich, liefern den Proviant nur noch sehr widerwillig. (In irgendeiner entlegenen Chronik findet sich eine Andeutung, als hätten sie es nicht verziehen, daß Mendez eine Anzahl der Ihren entführt hatte, was auf ein erstaunlich entwickeltes Kollektivgefühl schließen ließe; ob es sich so verhielt, mag dahingestellt bleiben.) Jetzt wird die Lage der Schiffbrüchigen unerträglich. Jeder an Bord ist untätig in den engsten Raum eingesperrt, das tropisch-feuchte Klima revoltiert die Nerven, viele fluchen und rasen im

Fieber, viele stieren stumpfsinnig vor sich hin, sogar der Adelantado verfällt in dumpfe Apathie. Die ersten, die sich aufraffen, sind Porras und sein jüngerer Bruder, ein Maat; sie schlagen den andern vor, man solle den Indios sieben oder acht Boote mit Gewalt wegnehmen und ohne den Admiral nach Española zu gelangen suchen. Ohne den Admiral, das ist die Hauptsache, denn der ist ihnen allmählich die Verkörperung allen Unglücks geworden. Das Komplott wird entdeckt oder verraten, es kommt zum Aufruhr, Columbus, der seit zweieinhalb Monaten krank in seiner Koje liegt und von seinem Sohn und seinem Bruder bewacht wird, verschwendet Warnungen und Ermahnungen, die Leute sind vollkommen außer sich, sie bedrohen den Urheber ihrer Qualen mit dem Tod, und nach einer greulichen Szene werden sie von einem Dutzend Treugebliebener zu friedlichem Abzug von der Insel bewogen. Auf zehn Kanus, die der Admiral den Indios abgekauft hat, schiffen sich achtundvierzig Menschen ein, rudern an der Küste ostwärts, stehlen und plündern, wo sie können, und als sie dann die offene See erreichen, wirft sie ein wütender Sturm an das Gestade Jamaikas zurück. Sämtliche Boote zerschellen, und die sich ans Land zu retten vermögen, fünfunddreißig etwa, ziehen als gesetzloser Haufen, mordend, brandschatzend, Geißel der Indios, abends und nachts von Dorf zu Dorf. Begreiflich, daß die von der Plage betroffenen Kaziken von dem Admiral Schutz gegen die Banditen fordern und, da er hierzu außerstande ist, die Lebensmittelzufuhr gänzlich sperren, und zwar in einer legitimen Form, indem sie nämlich die Marktpreise ins Unerschwingliche hinauftreiben und die Tauschartikel verächtlich zurückweisen.

In dieser äußersten Bedrängnis hat Columbus eine Erleuchtung. Aus dem Kalender des Regiomontan, den er bei sich hat, weiß er, daß am 29. Februar eine totale Mondfinsternis eintreten wird. Er schickt einen indianischen Dolmetscher an die vornehmsten Kaziken und lädt sie für den Tag der Himmelserscheinung zu einer Versammlung ein.

Als alle gekommen sind, erhebt er sich zu einer feierlichen Ansprache. Er sagt ihnen, er und seine Gefährten stünden unter dem Schutz eines allmächtigen Gottes, der die Guten belohne und die Bösen bestrafe. Dieser Gott, Herr des Donners und der Blitze, der Sonne, des Mondes und der Sterne, sei höchlich erzürnt, weil die Bewohner von Janahica seine Anbeter und weißen Lieblinge dem Hunger preisgäben. Änderten sie ihre Gesinnung nicht, so würde Feuer vom Himmel fallen und Verderben über sie und ihre Familien kommen lassen; zum Zeichen seines Grimmes würde er in der folgenden Nacht zuerst mit blutigem Antlitz auf sie herabschauen, sich dann mit schwarzem Tränenflor so lange bedecken, bis sie gelobt hätten, seinen treuen Sohn Cristobal Colón mit ausreichender Nahrung zu versehen. Dieses astronomische Gauklerstück, das den Admiral in der ihm so natürlichen Rolle des tragischen Komödianten wie in einem Blendlicht zeigt, hat den gewünschten Erfolg. Während er sich beim Beginn der Verdunkelung in seine Kajüte zurückzieht, wobei er vorgibt, ein wenig mit seinem Gott zu sprechen, und der Mond, scharlachrot aus dem Ozean steigend, sich alsbald mit Schwärze überdeckt, werden die Indios von schauderndem Entsetzen befallen, laufen heulend zu ihren Kanus, schleppen herbei, was sie an Vorräten besitzen, und versprechen, alles zu tun, was der Admiral will, nur möge er den Herrn des Himmels bitten, nicht länger böse zu sein. Als darauf der Mond wieder klar am Firmament steht, verwandelt sich ihr Jammer in Freudengeschrei, und von nun an verehren sie in Columbus den großen Magier, der in Gottes besonderer Gunst stehen müsse, da ihm auf Erden bekannt sei, was im Himmel beschlossen worden. Sie halten auch ihr Wort und bringen täglich frische Vorräte zum Hafen, wo die traurigen Wracks liegen.

Dieses Geschehnis wird am eingehendsten von Hernando Colón geschildert, der ja als Knabe unmittelbarer Zeuge davon war. Ob es sich genau oder nur ungefähr so zugetragen, ob die späte Erinnerung ihre entstellende Redaktion daran vorgenommen hat, läßt sich nicht sagen. Wunderlich genug, daß Hernando von dem Erlebnis dieser Reise, das für einen Jüngling seines Alters überwältigend und unvergeßlich gewesen sein muß, nur spärliche und recht unbeträchtliche Mitteilungen zu machen hat. Sonst wüßten wir vielleicht über seinen Vater die ganze Wahrheit, die ein für allemal verlorengegangene abgründig-schaurige oder heilig-herrliche Wahrheit, die wir nur erraten und ertasten können. So wie die Dinge liegen, muß man sogar die sachlichen Angaben aus jener Zeit mit Vorsicht behandeln, da in ihren Menschen nicht bloß das Organ für Wahrheit, sondern auch das für Wahrnehmung seltsam verkümmert war. Wir von heute glauben natürlich, daß wir diesen Zustand kindlicher Unentwickeltheit hinter uns haben; wir wissen aber nicht, wie die Menschen in fünfhundert Jahren darüber urteilen werden.

Indessen ist Diego Mendez das Unerhörte gelungen: er hat auf seinem Nachen Española erreicht. Er landet am Kap Tiburon und erfährt, daß der Gouverneur Ovando mit Heeresmacht nach Xaragua gezogen ist, um, wieder und wieder, die aufrührerischen Stämme zu unterwerfen. Er bricht sofort auf, wandert zu Fuß nach Xaragua, trifft Ovando und übergibt ihm den Brief des Admirals. Ovando gebraucht allerlei Ausreden, behauptet, keine Schiffe zu haben, verschiebt die Befehle, die er unverzüglich erteilen sollte, von Tag zu Tag, von Woche zu Woche, und der gutgläubige Mendez läßt sich sonderbarerweise durch Gott weiß welche Künste und Gründe volle sieben Monate lang hinhalten, bis der Gouverneur die Indios zu Paaren getrieben hat. Diesen Sieg feiert er nach der spanischen Kolonistentradition dadurch, daß er vierundachtzig Häuptlinge hängen, köpfen, verbrennen und vierteilen läßt, unter ihnen die Königin Anacaona, diese Penthesilea des Westens. Da er auch dann noch zögert, ist Mendez mit seiner Geduld am Ende, das Gewissen schlägt ihm, er verkündet seine Absicht, in San Domingo für Rechnung des

Admirals ein Schiff zu chartern und es mit den notwendigsten Vorräten beladen nach Jamaika zu schicken. Ovando will es darauf doch nicht ankommen lassen, nicht etwa, daß er sich geschämt hätte, aber er mußte die Mißbilligung der Königin fürchten, und was den König betraf, so wußte man nie, wie am Hof der Wind sich drehte. So beauftragt er also den Diego de Escobar, eine kleine, reisefertig im Hafen liegende Galleazze zu nehmen und dem Admiral Botschaft zu überbringen. Mehr nicht? Nur Botschaft? Nun, wir werden hören. Die Botschaft besteht in einem schnörkeligen Schreiben voll sauersüßer Trostsprüche, worin er beteuert, es sei in diesem Augenblick in Española kein Fahrzeug von hinreichendem Tonnengehalt zum Abholen der Schiffbrüchigen verfügbar. Die Wahl Escobars war bezeichnend genug. Er hatte zu den Mitverschworenen Roldans gehört, war vom Admiral zum Tode verurteilt, von Bobadilla freigesprochen worden, von ihm konnte Columbus nichts Gutes erwarten. Er entledigte sich des Auftrags im Geist seines Gebieters. Er landete unweit von dort, wo die Wracks in den Sand gebohrt lagen, der erschütternde Jubel, in den der Admiral und seine Leute beim Anblick seines Schiffes ausbrachen, ließ ihn kalt; was er mitbrachte, war (kaum glaublich, aber es wird bezeugt) ein Fäßchen Wein und ein Stück schimmeliger Speck für den Admiral; den Brief gab er ab und ersuchte, ihm die Antwort an den Governador sogleich auszuhändigen, da er noch in derselben Nacht die Anker zur Rückkehr lichten müsse.

Es ist möglich, daß Ovando dem Escobar befohlen hatte, er solle den Admiral allein aufnehmen und den andern sagen, sie würden später abgeholt; es ist möglich, daß dies dem Columbus auch ausgerichtet wurde und daß er sich weigerte, die Gefährten seines Unglücks zu verlassen. Die meisten Chronisten neigen dieser Ansicht zu, sie gibt ihnen jedenfalls Gelegenheit, die hochherzige Selbstverleugnung ihres Helden zu rühmen. Der Brief aber, den er an den Gouverneur von Española schrieb, nötigt zu dem

Schluß, daß ihm von einer solchen Absicht Ovandos nichts bekannt war, und wenn man irgendwelches Interesse an dessen Ehre hat, bleibt nur die Vermutung offen, Escobar, rachsüchtig und schadenfroh, habe die ihm erteilte Order einfach unterschlagen. Der Brief des Admirals war in den flehentlichsten Ausdrücken abgefaßt. So erniedrigen kann sich nur ein Lump oder ein Heiliger. »Ich weiß, sehr edler Señor«, schreibt er, »Ihr würdet selbst Eure Person zu meiner Rettung wagen, davon bin ich so fest überzeugt wie von meinem Leben. Noch immer wohne ich im Wrack meines gestrandeten Schiffes, nicht auf tausend Bogen Papier könnte ich alles Ungemach, alles Elend und alle Not niederschreiben, die ich erduldet, und bin nun, nächst der Gottes, Eurer Hilfe gewiß, wofür alle meine Nachkommen Euch zu Dank verpflichtet sein werden.«

Ovando konnte die Hilfsaktion nur verschleppen, gänzlich unterlassen konnte er sie nicht. Auch in seinem eigenen Machtbereich wurde von Anhängern des Admirals ein Druck auf ihn ausgeübt, dem er nachgeben mußte. Doch wurde es Juni, bis endlich eine größere Karavelle in Jamaika erschien; sie kam fast gleichzeitig mit dem Schiff, das Diego Mendez ausgerüstet hatte. Columbus hat später diesen Tag als den glücklichsten seines Lebens gepriesen. Das spezifische Schicksal, das ihm die Götter vorbehalten, hatte ihm, so konnte er glauben, seine Bitternisse bis zur Neige zu kosten gegeben. Aber in dem Punkt sind die höheren Mächte erfinderisch, er hätte es wissen sollen.

Es war nicht zu umgehen, daß man ihm auf Española einen längeren Aufenthalt zur Erholung gewährte. Als er der Insel vom Meere her ansichtig wurde, der schönen Hügel, der blühenden Matten, der schimmernden Flußläufe, des vielfarbigen Gesteins, der gewaltigen Urwälder, der kristallenen Luft, die alles wie aus einem glücklichen Traum herauszauberte, soll er vor innerer Bewegung stundenlang nicht haben sprechen können. Drei Monate blieb er auf der geliebten Insel. Und was er in dieser Zeit gesehen und erlebt hat, muß ihn von ganzem Herzen, sofern er überhaupt noch ein schlagendes Herz besaß, den Tod haben herbeiwünschen lassen, dem er in all den Jahren so grausig nah gewesen.

In einem alten Bericht heißt es: »Wenn bereits unter Bobadillas Verwaltung das Äußerste von Grausamkeit gegen die Indios geschah, so brachte es doch Nicolas de Ovando fertig, seinen Vorgänger in allem zu überbieten, was jemals an Schandtat der Mensch am Menschen verübte.« Und das ist ohne die geringste Einschränkung wahr.

Mit der Flotte des neuen Gouverneurs, etlichen dreißig Schiffen, war wiederum eine ungewöhnlich große Anzahl von Menschen herübergekommen. Es gab unter ihnen gewissenlose Spekulanten, die zwar selbst nichts zu verlieren hatten, allein andere, die etwas besaßen, dazu verleiteten, ihnen ihr Vermögen anzuvertrauen. Es gab leichtgläubige Phantasten, die ihr Hab und Gut an die Ausrüstung eines Schiffes setzten, um ihren Namen unter den Konquistadoren der Neuen Welt genannt zu finden. Es gab solche, die ihre Gläubiger in der Alten Welt mit den Schulden oder dem Raub, den sie in der Neuen zu machen hofften, befriedigen wollten.

»Es waren nicht nur Leute geringen Standes, die man zu den Minen ziehen sah«, sagt Las Casas, »auch Vornehmere, die noch mit einem Mantel und mit ganzen Sohlen angekommen waren, zogen des Wegs, einen Diener hinter sich, der das Handwerkszeug trug, ja einige Hidalgos hatten sich sogar zu Pferde eingefunden, und ihr Knappe ritt auf einem Maultier hinterdrein, da sie es für standeswidrig hielten, ihren Rücken mit der schweren Last der Goldsäcke zu bebürden. Einer lief dem andern zuvor, jeder wollte zuerst das Gebiet der Goldstücke erreichen, denn sie dachten sich die Sache in der Art, daß man das Gold ebenso leicht und schnell wie die Äpfel vom Baum pflükken könne.«

Die Ernüchterung blieb nicht aus. Wie nicht anders zu erwarten, machten die schwerenttäuschten Einwanderer

Straßen und Wege unsicher, strolchten bettelnd durch die Siedlungen und in den neugegründeten Städten herum, lagen fieberkrank in den Spitälern, belästigten die Ämter und verlangten, wenn sie noch ein paar Taler übrig hatten, für möglichst wenig Geld möglichst große Landzuweisungen, dann konnten sie doch auf eigenem Besitz die Herren spielen, die Sklavenhalter sogar.

Die Vollmachten, die dem Governador Ovando durch Kabinettsbefehl vom 20. Dezember 1503 erteilt worden und wonach die Indios zwar nicht wie Sklaven behandelt, wie jesuitisch eingeschränkt war, aber zur Arbeit gezwungen werden durften, ließen ihm in allen Verfügungen ziemlich freie Hand. Er überwies jedem Spanier dreißig bis sechzig Indios zur Bodenbebauung und zur Ausbeutung der Minen. Der festgesetzte Tagelohn war eine Bagatelle, die Fronzeit wurde zuerst auf sechs, dann auf acht Monate im Jahr bestimmt. Die Männer wurden von ihren Familien auf eine Entfernung von Hunderten von Kilometern getrennt und zur härtesten Arbeit mit der Peitsche getrieben wie das Vieh. Ihre Nahrung mußten sie sich selbst mitbringen, und wenn die Spanier tafelten, krochen die verhungerten Indios unter die Tische und lauerten darauf, daß ihnen ein Knochen zugeworfen wurde; wenn sie den abgenagt und ausgesogen hatten, zerklopften sie ihn zwischen Steinen und mengten das Mehl unter ihr kraftloses Kassavebrot. Entzogen sie sich der unmenschlichen Behandlung durch die Flucht, so wurde mit den wiederholt erwähnten, scharf dressierten Bluthunden Jagd auf sie gemacht, und, eingefangen, wurden sie grausam gezüchtigt und mußten von da ab die Arbeit in eisernen Fußfesseln verrichten. Die meisten starben, ehe ihre Dienstzeit um war. Selten entließ man sie nach dem Ablauf der gesetzlichen Frist in ihre Heimat, es fand sich fast immer ein betrügerischer Vorwand zu Mehrleistungen. Und gab man sie endlich frei, so waren sie in der Regel zu erschöpft, um ihre Dörfer zu erreichen. »Ich habe machen Toten am Wege liegen sehen«, erzählte Las Casas, »und die noch Lebenden hatten sich in den Schatten eines Baumes geschleppt und schrien unter Krämpfen nach Brot.« Die Widerstandsfähigen, die trotzdem in ihre Heimat gelangten, fanden die Hütten verlassen, die Pflanzungen zerstampft, alles war vor dem »weißen Schrecken« in geisterhafter Auflösung geflohen.

Und nun die Kriegszüge. Nach dem Tode Behechios, des Kaziken von Xaragua, folgte ihm seine Schwester Anacaona in der Herrschaft. Sie war in ihrer jähen, wahrscheinlich erotisch gefärbten Vorliebe für die Weißen so weit gegangen, daß sie die Heirat ihrer schönen Tochter Higuenamota mit dem jungen spanischen Edelmann Guevara begünstigt hatte. Der tückische Verrat, den dieser alsbald an ihr und seinem Weib verübte, hatte ihre hohen Vorstellungen von den Fremdlingen zerstört; als Roldan und seine Spießgesellen unter den Indios wie die Henker wüteten, zog sie sich gänzlich von ihnen zurück, und die ununterbrochenen Bedrückungen Bobadillas und Ovandos verwandelte ihre frühere Freundschaft in unauslöschlichen Haß.

Die Indios der Provinz Xaragua galten als die edelsten der gesamten Bevölkerung. Las Casas bemerkt, daß sie die übrigen Eingeborenen an Feinheit der Sprache, an Anmut der Sitten wie an äußerer Schönheit weit übertrafen. Aber zu Fron-, zu Zwangsarbeit waren diese Menschen nicht geschaffen, auch nicht zu erziehen. Sie liebten den Müßiggang, die Kontemplation; in einer schönen Landschaft geboren und aufgewachsen, die ihren natürlichen Bedürfnissen leicht genügte, nahmen sie mit den Gaben der Natur vorlieb und hatten gar kein Verständnis für europäische Arbeitsmethoden und Arbeitsgesetze. Nicht ohne Interesse ist die Feststellung Humboldts, nach der es sich schon in den ersten Jahren der Kolonisation erwies, daß die amerikanische Rasse der kaukasischen und noch mehr der afrikanischen an Anpassungs- und physischer Leistungsfähigkeit beträchtlich unterlegen war.

Die gefährliche Anacaona und ihren Anhang unschädlich zu machen, trachtete Ovando zuallererst, und er tat es auf eine Weise, die den Namen der christlichen Spanier auf ewig in der Neuen Welt gebrandmarkt hat oder hätte brandmarken müssen. (Was bleibt letztlich übrig von Schuld? Vergessen.) Er meldete ihr seinen Besuch und ließ ihr sagen, daß er in Freundschaft komme, um einige Abmachungen wegen des Tributs zu treffen, weshalb sie auch alle ihr untergebenen Kaziken zu sich einladen möge. Dies geschah, Anacaona zog ihm mit großem Gefolge entgegen und empfing ihn mit der graziösen Würde, für die sie berühmt war. Einige Tage lang wurden die Spanier, dreihundert Mann zu Fuß und sechzig zu Pferd, ein Aufgebot, das die indianische Fürstin hätte stutzig machen müssen, freigebig bewirtet und phantasievoll unterhalten; Tänze und Spiele wurden zu ihrer Belustigung aufgeführt, es schien, als erhoffe Anacaona von ihrer Gastlichkeit wohltätige Folgen für ihr Volk. Doch Ovando gefiel es, den Verdacht zu hegen, daß diese Veranstaltungen einen verräterischen Plan bemänteln sollten. Ich sage, es gefiel ihm, weil dazu nicht der geringste Anlaß vorhanden war und weil er einen Vorwand brauchte. Unwahrscheinlich, daß einige Tausend nackter, nur mit Bogen bewehrter Indios es wagen würden, einen Angriff auf die stahlgerüsteten, in Waffen starrenden Spanier zu unternehmen, abgesehen davon, daß sie damit die Heiligkeit des Gastrechts verletzt hätten. Trotzdem steht in einigen Quellen zu lesen, er hätte denen Gehör gegeben, die genaue Nachricht von einer Verschwörung zu haben behaupteten. Er beschloß also, dem zuvorzukommen, und um die Höflichkeit der Indios zu erwidern, lud er sie ebenfalls zu einem Fest, das als Hauptanziehung ein ritterliches Turnier versprach, bei dem die Kämpfenden, anstatt mit scharfen Lanzen, mit Bambusrohren aufeinander stachen, die an den Rüstungen und Schilden leicht zerbrachen. Zugleich hatten die Ritter und Knappen die Weisung erhalten, ihre Schwerter verborgen bei sich zu tragen und sobald das verabredete Zeichen gegeben werde, über die versammelte Menge herzufallen und alles niederzuhauen, was ihnen unter die Klinge komme. Dasselbe wurde dem Fußvolk befohlen, das sich unter die Zuschauer auf den Terrassen lagern sollte, die den Platz einschlossen. Für Anacaona und die vornehmsten Kaziken hatte er in seinem eigenen, mit Palmblättern gedeckten Hause bequeme Plätze einrichten lassen. Er erschien mit seinen Offizieren selbst in der Arena und warf den Diskus mit ihnen. Danach nahm er neben der Fürstin auf dem Balkon des Hauses Platz, das er unbemerkt mit Bewaffneten umstellt hatte. Kaum hatte, unter dem Jubel der harmlosen Zuschauer, das Lanzenstechen begonnen, so trat Ovando an die Brüstung des Balkons und faßte das Kreuz des Alcantaraordens an, das er am Halse trug: Es war das Signal zum Massaker, dem weder Weiber noch Kinder noch Greise entgingen. Die Kaziken in dem umzingelten Haus wurden sämtlich ergriffen, mit auf den Rücken gebundenen Händen an die Querbalken gehängt und so lange gefoltert, bis sie gestanden, was man als Geständnis brauchte: daß sie gegen das Leben und die Regierung Ovandos im Komplott waren. Die Einzelheiten der Folter können übergangen werden; wozu die Greuel ausmalen, das Rösten über glühenden Kohlenbecken, Zwicken mit glühenden Zangen, Füllen des Mundes mit geschmolzenem Blei, das wissen wir ja alles aus tausend Urkunden und tausend Schilderungen, es ist das Abc aller Inquisition, die Phantasie ist abgehärtet dagegen, es ist auch so lange her, und gegen die verfeinerteren Künste des Mordes, die seitdem erfunden worden sind, ist die Methode zu primitiv. Es möge also nur als historisches Kuriosum betrachtet werden. Auch daß das Haus, nachdem Ovando die gefangene Anacaona galant hinausgeführt hatte, an allen vier Enden angezündet wurde, wobei vierzig, nach anderen Berichten achtzig Kaziken und vornehme Indios lebendig verbrannten. Der indianischen Herrscherin wurde ein Scheinprozeß gemacht, sie wurde des Hochverrats angeklagt, gleichfalls gefoltert und mit Rücksicht auf ihre Würde (por hazelle honra, wie die Formel lautete) nicht zum Scheiterhaufen, sondern zur

Strafe des Stranges an einem eigens für sie errichteten Galgen verurteilt.

Hierauf erst begann die systematische Vertilgung der ihrer Häupter beraubten Indios. Ich zitiere den Kron- und Augenzeugen Las Casas: »Traf es sich, daß einige Christen, entweder aus Mitleid oder aus Gewinnsucht, indianische Kinder raubten und mit sich aufs Pferd nahmen, so kam ein anderer hinterdrein geritten und durchbohrte das Kind mit der Lanze. Lag es noch zappelnd an der Erde, so ritt ein dritter herzu und hieb ihm Arme und Beine ab. Einige Indios, die dem Blutbad von Xaragua entgangen waren, flüchteten auf ihren Kanus nach dem acht Leguas entfernten Eiland Guanabo. Sie wurden vom Governador zu ewiger Sklaverei verurteilt, und jedem Spanier war erlaubt, sie zu jagen und einzufangen. Ich habe sie lebendig verbrennen, zerfleischen, mit neuen ausgeklügelten Martern quälen sehen. Der einzelnen Schandtaten sind so viele, daß ich nicht imstande bin, sie niederzuschreiben. Nur dies eine will ich sagen und vor Gott und meinem Gewissen bezeugen, daß die Indios nicht die geringste Veranlassung gaben, noch die geringste Schuld hatten und daß sie sich gegen die Christen nie eines todeswürdigen Verbrechens schuldig gemacht haben. Sogar Rache und Vergeltung gegen so blutige Teufel, wie es die Christen waren, übten nur wenige, und die waren, ich habe ja die meisten gut gekannt, kaum wilder und unbändiger als zwölfjährige Knaben. Der Krieg wider sie hatte nicht den Schein eines Rechts, die Christen aber waren so infernalisch grausam und ungerecht (fueron todas diabolicos ed injustissimas), wie man es von keinem Schinder und keinem Tyrannen auf Erden sagen kann. Alle diese Dinge habe ich mit meinen Augen gesehen und fürchte, sie zu wiederholen, weil ich mir selber kaum traue und zweifelhaft bin, ob ich sie nicht bloß geträumt habe.«

Es gab in den Gebirgen einen kriegerischen Stamm, die Higueys, die zu unterwerfen und zur Tributleistung zu zwingen weder den Kapitänen des Columbus noch dem

Adelantado noch Bobadilla gelungen war. Gegen die schickte Ovando den Hauptmann Juan de Esquibel, und obwohl diese Indios eine Kühnheit und Todesverachtung zeigten, die selbst jene Spanier in Erstaunen setzte, die noch gegen die Mauren gekämpft hatten, wurde der Haudegen Esquibel ihrer so gründlich Herr, daß er sie nach einigen Monaten bis auf den letzten Säugling ausgerottet hatte. Zunächst einmal ließ er die Weiber und Kinder aufspüren, die von den Ihren in den Wäldern und Felsenschluchten versteckt worden waren. Mit Hilfe der Schweißhunde war das nicht schwer. Sie wurden geschlachtet, gespießt, verstümmelt, verbrannt, zu Hunderten, daß es nur so rauchte. Die Männer, nach endlosen verzweifelten heroischen Kämpfen von Zuflucht zu Zuflucht gehetzt, flohen immer weiter in die Wildnisse, und eine letzte Schar von sechs- oder siebenhundert wurde von den verfolgenden Spaniern auf Esquibels Geheiß an den Rand eines tiefen Felsenabgrunds getrieben und samt und sonders hinuntergestürzt.

Nach diesem Sieg gründete Ovando an der Küste von Xaragua eine Stadt, der er den Namen Santa Maria de la verdera paz verlieh. Vom wahrhaften Frieden. Er meinte vermutlich den Kirchhofsfrieden. Wenn er einen andern meinte, war er ein noch scheußlicheres Monstrum als durch seine Taten.

Es ist eine eingefleischte europäische Überlieferung, daß die Syphilis durch die ersten Eroberer und Siedler aus Amerika in den alten Kontinent eingeschleppt worden ist. Das Faktum steht keineswegs unbestreitbar fest, aber wenn es auf Wahrheit beruht, könnte man darin eine immanente Vergeltung jener geschändeten, blutig mißhandelten, unmenschlich zu Boden getretenen Rasse erblikken, einen finstern Akt ausgleichender Gerechtigkeit. Zwar findet sich in keiner der zahllosen Nachrichtenquellen (meines Wissens wenigstens) auch nur die leiseste Andeutung, daß eine derartige Krankheit unter den Indios geherrscht habe; es mag jedoch sein, daß die zuerst von ihr ergriffenen Spanier aus Scham geschwiegen haben, zudem war die medizinische Ignoranz so groß, daß die meisten mit ihrem Übel lieber zum Beichtvater als zum Arzt gingen, und der Zustand der Hygiene so schauderhaft, daß die Seuche erst dadurch ihre verheerende Ausbreitung gewann. Es mag auch sein, daß sie, seit Jahrhunderten drüben lokalisiert, in den Jahren der Entdeckung schon dem Erlöschen nahe war und die kraftlos gewordenen Keime bei der Verpflanzung in das Blut einer andern Rasse jählings zu rasender Virulenz gediehen.

Wie immer es sich verhielt, Europa hat die Rechnung, falls es noch eine offene Rechnung war, mit Zins und Zinseszins beglichen und, was es davontrug, überreich zurückbezahlt. Es zahlte mit den Blattern zurück, an denen Millionen und Millionen der Ureinwohner zugrunde gingen und in Südamerika vom Amazonenstrom bis Patagonien noch heutigentags zugrunde gehen; es zahlte mit dem Zwangskatholizismus, seinen Scheiterhaufen, Anathemen und der Abwürgung jeder freien Entwicklung zurück; mit der Zwangszivilisation, die degenerierende Bedürfnisse schuf und nebst mancher barbarischen viel ehrwürdige und erhaltende Sitte vernichtete; und es zahlte vor allem, und damit am verschwenderischsten und am tödlichsten, mit dem Alkohol zurück, der im Lauf von weniger als zweihundert Jahren die gesamten indianischen Völker des Nordens in jene geistige und seelische Ohnmacht versetzte, mittels derer sie ihrer (sehr geheimnisvollen, weil in die dunkelsten Epochen der Menschheit verschichteten) Kultur, ihrer Freiheit, ihrer Erde und ihrer Existenz beraubt werden konnten.

Daher geht es nicht an, zu sagen, man solle die alten Historien auf sich beruhen lassen. So als ob es überflüssig und frivol wäre, sie aufzuwärmen, sie aus den Gräbern zu beschwören, da sie ja für uns von keinerlei Belang mehr seien, auch von keinerlei Ähnlichkeit mehr mit irgendeiner unserer entsprechenden Verfassungen, den sozialen, politischen, religiösen oder sonst welchen. Dies ist Trugschluß und selbstgenügsamer Irrtum. Denn alles ist nur scheinbar gewesen. Nichts *war*, alles *ist* und dauert fort. Gegenwart, wie sie der erste Augenblick der Zukunft ist, die der letzte Augenblick der Vergangenheit. Und weil das so ist, sind alle menschlichen Verantwortungen unablösbar und unaufhebbar, nicht durch die Zeit und nicht durch die Generationenfolge zu beseitigen.

Nachdem neun Zehntel der indianischen Urbevölkerung Españolas auf die denkbar radikalste Manier vertilgt waren, hatte man sich wohl die Verlegenheit der fortwährenden Aufstände vom Hals geschafft, dafür erhob sich eine andere: es begann allgemach an Arbeitskräften zu fehlen. Um dieser neuen Mißlichkeit abzuhelfen, tauchte der Plan auf, senegambische Neger nach der Insel zu transportieren. Das Merkwürdigste an dem Vorschlag ist, daß er von demselben Las Casas stammte, der mit so edler Hingebung für die Menschenrechte der Indios kämpfte. Der Antrag, den er dem spanischen Hof und Kolonialamt machte, war: man möge zur Erleichterung des Schicksals der dezimierten Eingeborenen jedem Kolonisten erlauben, zwei Neger und zwei Negerinnen einzuführen. Ein Ausweg, der an höherer Stelle alsbald ernstlich erwogen wurde, und damit war der Anfang zu den berüchtigten Assientos gemacht, den Verträgen über die Einfuhr von Negersklaven, die die spanische Krone später mit den Handelshäusern Peralta, Reynez und Elvas schloß.

Es ist eigen mit den Menschenfreunden, selbst wenn einer von so brüderlichem Geist beseelt ist wie der Priester Las Casas: Die kupferfarbene Kreatur will er retten, dafür gibt er die schwarzhäutige unbedenklich preis. Las Casas war der glühendste Verehrer des Columbus. War da vielleicht eine rätselhafte Influenz am Werk, Übertragung des Ideenhaften? War dem Adepten wie vorher dem Meister der Indio und sein Martyrium zur »Idee« geworden, zum nur Gedachten, zum Nichtgeschauten? Ideen sind unter allen Umständen mörderisch, sogar dann, wenn sie der Humanität dienen wollen.

Und doch schrieb Columbus auf seiner letzten Heimfahrt: »An Española kann ich nicht ohne Tränen denken.«

Letztes Kapitel, das düsterste von allen

Auf dem defektesten Schiff, das man hatte auftreiben können, fährt Columbus nach Spanien. Das ist ihm so bestimmt, darüber beschwert er sich gar nicht mehr. Ovando hat ihn ohne Achtung behandelt, ohne die mindeste Rücksicht auf seine Jahre und Verdienste. Seine laufenden Renten und Anteile waren entweder nicht einkassiert, oder man verweigerte ihm die Abrechnungen. Er hat Grund zu der Beschuldigung, Ovando habe seine Angelegenheiten nicht nur vernachlässigt, sondern auch seinen Bevollmächtigten alle erdenklichen Hindernisse in den Weg gelegt. Die Auszahlung der beschlagnahmten Goldstücke ist vorläufig auf keine Weise zu erlangen.

Die Überfahrt ist stürmisch, schon am zweiten Tag zerbricht ein Windstoß den Hauptmast der Karavelle. Bartolomé muß das Kommando übernehmen, ihn selbst fesseln unerträgliche Schmerzen ans Lager. Als er in San Lucar de Barramede im November 1504 vom Borde des Schiffes getragen wird, ist sein Körper gebrochen, sein Geist fast erloschen.

Von festlichem Empfang und dergleichen ist natürlich keine Rede. Niemand, der ihn nur begrüßt. Bartolomé ist da, der Getreue, Hernando ist da, das ist alles, auch sie blicken sich vergebens nach Freunden um. Es gibt offenbar für den Admiral des Ozeans keine Freunde mehr in Spanien. Er ist ein armseliger Schiffbrüchiger, dessen Namen bereits viele vergessen haben, dessen Pläne, Hoffnungen, Erlebnisse und Lebensumstände der Nation gleichgültig sind. Er geht nach Sevilla und logiert sich in einer Matrosenherberge ein. Er beginnt Briefe zu schreiben, stundenlang, tagelang, tage- und nächtelang, unermüdlich. Es handelt sich um Rekriminationen, Rückblicke, Feststellungen erlittener Unbill, geschehener Ungerechtigkeit, endlose Klagen, wortreiche Beschwerden. Die meisten Briefe sind an seinen Sohn Diego gerichtet, der sich am Hof in Medina del Campo befindet. Sie sind im Urtext erhalten.

Diego ist bei den Leuten am Hof beliebt, er kann sich für den Vater verwenden, man erreicht dort nur etwas durch Protektion und geschickte Ränke. Er belehrt ihn, wie er es anstellen soll, empfiehlt sich aufs demütigste seinem alten Gönner, dem früheren Dominikaner de Deza, jetzt Bischof von Palencia. Er rechnet, zählt, kalkuliert, addiert und jammert über die Geldsummen, die man ihm vorenthält und die er besitzen könnte, wenn alles mit rechten Dingen zugegangen wäre. »Man glaube ja nicht, daß es nur die vierzigtausend Pesos in Gold sind, die noch ausstehen, ich beschwöre es und sag es nur dir allein, daß der Verlust, den ich jährlich erleide, zehn Millionen ausmacht.« Der unverbesserliche Phantast! Er ist um Ophir betrogen, um die aurea chersonnesus, um Krösus' Reichtum. Er schlägt vor, der König soll ihn für den Verlust entschädigen. »Glaubt man, daß ich lüge, so mögen die Paraleipomenen, das Buch der Könige, Josephus de antiquitatis und andere sagen, was sie davon wissen. Grüße Diego Mendez von mir, hoffentlich werden seine Liebe zur Wahrheit und sein Eifer ebensoviel Gewicht haben wie die Lügen der beiden Porras. Wenn du mir schreibst, so schicke die Briefe an Luis de Soria, der sie mir nachschicken soll, denen wenn ich in der Sänfte reise, muß ich die Platastraße über Salamanca wählen. Unser Herr nehme dich in seinen heiligen Schutz. Dein Oheim Bartolomé leidet sehr an Zahnweh.« Jede Woche schickt er einen Kurier, gibt Aufträge und Anweisungen, entschuldigt sich, daß er wegen seiner Krankheit noch nicht an den Hof kommen kann, als ob man ihn dort sehnsüchtig erwarte. Ungeduld und Mißtrauen machen ihn schwatzhaft und geschäftig. »Es tut not, sich mit unsern Angelegenheiten zu befassen, die Klugheit rät dazu, man richtet Indien zugrunde, es steht an tausend Orten in Flammen, niemand wagt hierzulande, für mich das Wort zu nehmen, ich lebe auf Borg, das wenige Geld, das ich hatte, mußte ich für die Leute verwenden, die mit mir gekommen sind; die armen Menschen nicht ohne Hilfe zu lassen, war Gewissenssache. Du wirst den Herrn Bischof von Palencia von alledem unterrichten und ihm sagen, welches große Vertrauen ich in seine Güte setze, und dasselbe Benehmen gegen den Herrn Kämmerer beobachten.« Dann belehrt er Diego über die Wichtigkeit, daß die Familienmitglieder stets zusammenhalten: »Ich betreibe es, daß dein Oheim und dein Bruder Ihren Hoheiten die Hände küssen dürfen, auf deinen Bruder kannst du zählen, er hat ein gutes Naturell und besitzt schon die Eigenschaften eines gereiften Mannes. Zehn Brüder würden nicht zuviel für dich sein, im Glück wie im Unglück habe ich niemals bessere Freunde gefunden als meine Brüder.« Die Sorge um die Einkünfte überwiegt alles andere. »Ich hinterlasse dir eine Schrift, aus der du ersehen kannst, was mir gehört. Die Abmachungen werden nicht gehalten. Jeder führt nach Belieben Waren aus, die Folge ist, daß die Erhebung des Achtels nichts trägt. Das Achtel gehört mir, ebenso wie das Drittel des dortigen Ertrags und ferner das Zehntel von dem, was die Hoheiten bekommen und was innerhalb der Grenzen meiner Admiralität an Gold und Gütern gewonnen wird. Achte darauf, des Herrn Auge macht das Roß fett.« Wenn er ein paar Tage ohne Nachricht bleibt, wird er gleich aufgeregt und argwöhnisch: »Täglich kommen hier Boten vom Hofe an, alle Welt erhält Briefe, nur ich nicht, das beunruhigt mich sehr.« Er kümmert sich darum, welche Schiffe im Hafen liegen und welche ausfahren; er verlangt, in allen Häfen solle darüber gewacht werden, daß niemand ohne besondere Erlaubnis und Befugnis nach Indien reise, denn er hat Angst, dadurch um seine Anteile gebracht zu werden, als ob man ganz Amerika unter Steueraufsicht für ihn stellen könne. Er hat erfahren, daß das Gold, das er für die Krone an Bord gehabt, »unter einer mißvergnügten Bevölkerung«, wie er sich ausdrückt, in Strohhütten verwahrt wird; das alteriert ihn; man muß Maßregeln treffen, es zu schützen.

Am 26. November stirbt die Königin Isabella in Medina del Campo. Am 13. Dezember schreibt er an Diego: »Man spricht hier viel davon, die Königin habe auf ihrem Totenbett den Wunsch geäußert, daß man mir den Besitz von Indien wiedergeben möge.« Es ist sein eigener Wunschtraum, er glaubt ernstlich, daß Isabella in ihrer letzten Stunde keinen andern Gedanken gehabt hat. Trotzdem muß man den König an seine Pflichten gegen den Admiral erinnern, dem die Verstorbene so wohlgeneigt war. »Ich werde die Herren vom indischen Amt zu bewegen suchen, daß sie den Governador Ovando auffordern, er solle mit dem Gold für seine Hoheit auch meines schicken. Man gestatte ihm hierbei keine Ausflüchte. Die nach meiner Abreise für mich eingegangenen Summen müssen sieben- bis achttausend Pesos betragen ohne die andern Gelder, die mit vorenthalten werden.« Er fürchtet die Verleumder, namentlich alle Personen, die aus Española zurückkehren, und trifft Anstalten, damit sie ihm beim König nicht schaden. »Camacho und Bernal, zwei Kerle, für die unser Herrgott keine Wunder tut, haben vor, an den Hof zu gehen, wahrscheinlich in böser Absicht. Dieser Bernal war einer der Urheber der Verrätereien gegen mich, er wurde wegen vieler Verbrechen festgenommen und angeklagt, für jedes einzelne hätte er geköpft zu werden verdient. Auf Bitten deines Oheims habe ich ihm unter der Bedingung verziehen, daß er nie mehr gegen mich und meine Verwaltung wühle. Den Pardon hat er verwirkt und kann als ein Gerichteter betrachtet werden. Ich schicke dir die Abschrift des Urteils über ihn. Diego Mendez kennt ihn gut, frag ihn nur. Man sagt, daß er wegen einer Kleinigkeit, um sich zu rächen, zwei Menschen vergiftet hat.«

In dieser Tonart geht es weiter, bis in den Mai, wo er endlich nach Segovia an den Hof reisen kann. Es ist die Sprache eines cholerischen, zänkischen alten Mannes, den wirkliche und eingebildete Feinde, Übervorteilungen,

Ränke und Komplotte bis in den ruhelosen Schlaf seiner Nächte verfolgen.

Jeder Brief ist folgendermaßen unterzeichnet:

S.
S. A. S.
X. M. Y.
XPOFERENS

Über die Bedeutung dieser Buchstaben gibt er niemals Auskunft, obschon er in seinem Testament dem Sohn zur Pflicht macht, die Unterschrift beizubehalten. Es ist offensichtlich eine mystische Spielerei (Sanctus Christus, Sancta Maria, Sanctus Yosephus), bei der es ihm um die geheimnisvolle Zahl Sieben zu tun gewesen ist; seinen griechischen Vornamen Christophorus hat er in den lateinischen Christoferens umgewandelt.

Es ist von jeher im ungewissen geblieben, ob seine beweglichen Jeremiaden über die Armut, in der er zu leben gezwungen sei, begründet gewesen sind. Einige Historiker behaupten, man könne sie nicht ernst nehmen, keineswegs sei er seiner legitimen Einkünfte beraubt gewesen, der König habe sie nur mit Beschlag belegt, damit die Schulden bezahlt werden könnten, die sein Admiral allenthalben gehabt. Richtig sei, daß er in Sevilla einsam gewohnt habe, aber in einer schlechten Herberge nur in der ersten Zeit, später habe er dann im vornehmsten Stadtteil ein bequemes Quartier bezogen. Nun ist allerdings erwiesen, daß er bei den italienischen Bankfirmen in Spanien ziemlich hohen Kredit hatte. In dem Brief an Diego vom 13. Dezember erwähnt er, daß er dem jungen Hernando hundertfünfzig Dukaten auf die Reise mitgegeben habe und daß ihm aus den fälligen Revenuen viertausend Castellanos (etwa fünfundzwanzigtausend Mark nach heutigem Geld) ausbezahlt worden seien.

Von Not und Mangel kann nach alledem schwerlich die Rede sein. Daß er in dem Sevillaner Haus luxuriös oder auch nur behaglich gelebt hat, glaube ich freilich nicht. Aber nicht, weil ihm die Mittel gefehlt haben, sondern weil ein so karger harter Mensch nur in Kargheit und Härte zu existieren vermag. Man kann nicht jahrzehntelang auf elenden Barken in kümmerlichsten Umständen durch die Meere fahren, nicht die schrecklichsten Entbehrungen mit den geringsten der Gefährten teilen und sich dann eines Tages sorglos und besitzfroh unter den Wohlhabenden einer Stadt etablieren. Dazu war er nicht erzogen, und das lag auch nicht in seinem Temperament.

Warum aber die Geschäftigkeit, das Geschimpf und Gestöhn, die ununterbrochenen Appelle, die angstvollen Bemühungen, sich die ihm zukommenden Erträgnisse zu sichern? Es ist nicht nur kaufmännischer Geist, der ihn dazu veranlaßt, obwohl er gewiß lächerliche, zerrbildhafte Stücke eines solchen in sich hat; nicht die Habsucht, die ihm von vielen Seiten nachgesagt wird, die jedoch nur heimlichere Beweggründe überlagert; nicht die krankhafte Hypochondrie, die zuletzt sein ganzes Wesen vergiftet haben muß; nicht einmal das resignierte Wissen um die Brüchigkeit der mit der Krone Spanien geschlossenen Verträge und um die treulose Willkür derer, von deren Pflicht- und Rechtsgefühl ihre Einhaltung abhing. Der Grund liegt tiefer. Es ist der klägliche Zusammenbruch seiner maßlosen Erwartungen, der ihn in die geifernde Würdelosigkeit trieb. Wenn vierzig-, wenn hunderttausend, wenn eine Million Pesos aus den Kolonien jährlich in seine Tasche fließen, was bedeutet das gegen seinen Feentraum von unerschöpflichen Reichtümern, der Vision von den goldenen Gebirgen Parias und Zipangus? von den Tempeln aus Smaragd und den Palästen aus Gold im Kaisertum des Großchans? von den Goldgruben im Lande Ophir? Schon daß er rechnen soll, ist Qual und Enttäuschung. Wie, eine Welt, und die hat ihm nicht mehr zu bieten, als daß man nur eben damit wirtschaften und seine Söhne versorgen kann? Er, Entdecker der seit Anfang der Schöpfung unbekannten Hälfte der Erde, der der Menschheit ein Geschenk in den Schoß geworfen hat, das sie nur von einem Gott erhoffen durfte, er soll feilschen mit Ämtern und Höflingen, sich herumschlagen mit betrügerischen Statthaltern, den guten Willen frecher Emporkömmlinge erschmeicheln und zittern, daß man ihm jenes mindeste, das man ihm schuldet, auch gewährt? Die Gnade des Königs? Auch diese Gnade noch ist ungerechte Schmälerung, er bedarf ihrer nicht, in seinem verschwiegenen Sinn steht er dem König ebenbürtig gegenüber: Fürst und Herr des neuen Indien. Gesalbt oder nicht gesalbt, das gilt bei so deutlicher Fügung Gottes gleich. Seine zukunftserobernden Gedanken haben ihm die Dinge anders gezeigt: das arme und verarmte Europa überschwemmt vom Golde, dessen Strom Cristobal Colón geöffnet und gelenkt, ein glückseliges Spanien, ein dankbares Genua, ein perikleisches Zeitalter, hallend von Colóns Ruhm, ein befreites Jerusalem, eine triumphierende Kirche, und er der Erlöser, der Heilige, der Messias.

Aus diesem tödlichen Zwiespalt zwischen Phantasie und Wirklichkeit erwächst sein wahres Bild, begreift sich sein Ende.

Am 5. Februar 1505 meldet er seinem Sohn, Amerigo Vespucci sei bei ihm gewesen, sie hätten viel miteinander gesprochen. Über den Gegenstand des Gesprächs läßt er nichts verlauten; daß die Unterhaltung nicht aufbewahrt ist, scheint mir ein ebenso großer Verlust wie der Untergang einer Armada oder die Zerstörung eines Meisterwerks der Renaissance. Wenn die Worte, die zwischen den beiden Männern gewechselt wurden, im Weltraum noch vorhanden sind, was zu vermuten steht, als Ätherwellen in einem fernen Planetensystem vielleicht, müßte man sie zurückzufangen suchen. Schade, daß solche Apparate noch nicht erfunden sind.

Hier gilt es, ein welthistorisches Unrecht in die Erinnerung zu rufen. Vespucci hatte zwei Reisen nach dem amerikanischen Festland unternommen, eine im Auftrag Lorenzos de Medici im Jahre 1499 und eine im Dienst des Königs Emanuel von Portugal im Jahre 1503. Der lateinisch geschriebene Bericht über die zweite Expedition, der 1505 in Straßburg erschien, verschaffte ihm eine sensationelle Berühmtheit und war der Anlaß, daß die Neue Welt den Namen Amerika erhielt. Ein unbedeutender deutscher Gelehrter, Waldseemüller, mehr Schulmeister als Forscher, hat als erster diesen Namen auf einer von ihm verfertigten Karte eingezeichnet. Nun hatte aber Columbus den mittelamerikanischen Kontinent, genauer gesagt die Küste von Paria, bereits im Jahre 1498 entdeckt, und um ihm diese Entdeckung streitig zu machen, sei es aus Neid gegen ihn, sei es aus Gefälligkeit gegen den Florentiner, sei es aus Liebedienerei gegen den portugiesischen König, sei es aus irgendwelchen andern trüben Motiven, verlegten die Anhänger und Verkündiger des Vespucci dessen Expedition um ein Jahr zurück, also in das Jahr 1497. Diese betrügerische Verschiebung kam klar zutage, als Diego Colón den Prozeß um seine ererbten Privilegien gegen die spanische Krone führte. Als Zeuge wurde unter vielen andern auch Alonzo de Ojeda geladen, der an der ersten Reise Vespuccis teilgenommen hatte; er stellte vor den Richtern ausdrücklich die Priorität des Columbus fest und erklärte, daß er selbst die Seekarte gesehen habe, die der Admiral damals den Majestäten geschickt; dann erst habe Vespucci mit ihm und Juan de la Cosa die Fahrt gewagt. Amerigo Vespucci ist wohl an der ganzen intriganten Machenschaft unschuldig, er war ein bescheidener vornehmer Mensch, der das Gefühl der Rivalität nicht kannte und dem es nie eingefallen wäre, den Ruhm des Vorgängers verdunkeln zu wollen; es sind vielmehr die unkritischen Bücherschreiber und geschwätzigen Chronisten, die, nachrichtengierig oder Opfer ihrer Leichtgläubigkeit, jene schier unausrottbare Falschmeldung in den geschichtlichen Verlauf gebracht haben; findet sie sich doch z. B.

noch in der Brockhausschen Enzyklopädie vom Jahre 1819. Es muß damals in Spanien eine ganze Partei geschworener Feinde und anonymer Widersacher des Columbus gegeben haben; sie hatten überall ihre Hände im Spiel, wo sein Andenken getrübt und seine unsterbliche Tat verkleinert werden sollte. Aber im vorliegenden Fall läßt sich nichts tun. Wir können Amerika nicht mehr in Columbia umtaufen, es bleibt Amerika, und es hat einen eigentümlich finstern Witz, ganz in der Geist- und Lebenslinie seines Entdeckers, daß der Erdteil infolge eines Mißverständnisses und der kleinen Ränke kleiner Leute gleichsam unter falscher Flagge segelt.

Ich stelle mir vor, daß der Admiral in jener Unterredung den Vespucci zur Rechenschaft aufforderte, daß er ihn der Feigheit, der Unlauterkeit zieh und ihn fragte, warum er nicht wenigstens den Übereifer seiner Freunde gezügelt habe. Wußtet ihr nicht, daß ich längst vor euch im Lande Paria gewesen bin, daß ich dieses Brasilien längst vor euch betreten habe? mag er gefragt haben. Oder hat er ihn nur still angehört, selber feig in gewohnter Menschenfurcht, sich mit heimlichem Seufzen begnügend in gewohnter Menschenverachtung? Die Rede wird wohl auf den neuen Kontinent gekommen sein, und da allerdings wird der Admiral aufgebraust sein, da wird sein Auge fanatisch geflammt haben. Neuer Kontinent? Für ihn gab es keinen neuen Kontinent. Er anerkannte ihn nicht. Für ihn gab es Zipangu, gab es die Länder Mangi und Cathaja, gab es das Festland von Asien. Dort ist er gewesen, dort ist er unzweifelhaft gelandet, und nur ein klein weniges, ein wenig Zeit, ein wenig Geduld, ein wenig Schicksalsgunst, ein wenig Gesundheit noch, und er hätte die Durchfahrt zu den Ländern am Ganges gefunden. Haben nicht seine Leute in Cuba mit heiligem Eid beschworen, daß sie die asiatische Küste betreten haben? Die Protokolle sind vorhanden, sie liegen in der königlichen Kanzlei, man kann sie zu jeder Stunde prüfen. Ich sehe, wie das hagere, von tausend Wettern gegerbte Grecogesicht des greisen Seefahrers von Leidenschaft erbebt, wie das fahle Grau seiner verloschenen Augen wieder in der alten Prophetenglut sich entzündet, als er diesem emporgekommenen Piloten und Zufallsentdecker den großen Leitgedanken seines Lebens auseinandersetzt und mit dem zitternden Zeigefinger auf der Erdkarte ihm beweist, daß alle diese indischen Inseln von Guanahani bis Trinidad, von Janahica bis zur Landschaft Veragua nur der Vorhof zum gewaltigen Reich des Großchans sind, von dem er in Cuba einen vorgeschobenen Zipfel erfaßt hat. Es gibt kein Amerika, dieses Amerika bildet ihr euch nur ein, es ist ein teuflischer Spuk.

Amerigo Vespucci senkt still den Kopf. Er wundert sich. Man schreibt ja das Jahr 1505 und nicht mehr 1492. Man hat ungeahnte Erkenntnisse gewonnen. Wo war der Admiral in der Zwischenzeit? Wo hat er gelebt, geistig nämlich? Die Wissenschaft ist weitergeschritten. Die Berechnungen Toscanellis sind längst überholt. Die Kosmographen des vorigen Jahrhunderts haben sich getäuscht. Die Zahl der Längengrade, die sie als Entfernung angenommen, stimmen mit dem Umfang der Erde nicht überein. Man hat den Fehler gefunden und korrigiert. Schon vor fünf Jahren hat der große Lionardo da Vinci die indische Hypothese für falsch erklärt. Infolgedessen existiert Amerika. Es muß existieren, denn Asien liegt Tausende von Seemeilen darüber hinaus. Das ist mathematisch errechnet, darüber gibt es keine Debatte.

Aber Vespucci verschweigt diese Argumente. Er ist ein Weltmann, er weiß, was sich gegen den Nestor der Seefahrtskunde ziemt, er beugt sich vor dem furchtlosen Bemeisterer des Ozeans, er ist stolz auf ihn als Landsmann, er empfindet Ehrfurcht vor seiner Person und Bewunderung für seine ungeheure Leistung, ihn jammert das abgehärmte Antlitz, die hinfällige Gestalt, und schließlich, er achtet seinen Irrtum, der etwas Großartiges und Erschütterndes hat. Vielleicht muß man in solchem Irrtum sterben, wenn man wahr gelebt hat. Der Irrtum war das Zeugende. Don Quichote ist stärker als Sancho Pansa. Vielleicht ist das

»Reich des Großchans« am Ende noch wirklicher als Amerika.

Noch ein Jahr. Es ist Verhauchen, Versickern, Schattenspiel. Ende Februar erlaubt ihm der König, statt zu Pferde auf einem Maultier an den Hof zu kommen, ein Vorrecht, das nur selten gewährt wurde, doch erst drei Monate später kann er aufbrechen. Als er in Segovia anlangt, ist der König nach Leon gereist. Er begibt sich über Salamanca nach Valladolid, wo er den König endlich trifft. Diese Irrfahrten sind ihm nicht unbekannt. Alles in seinem Leben ist Irrfahrt gewesen, so hat es begonnen, so muß es enden. Unbemerkt, in einen braunen Mantel gehüllt, von Alter und Krankheit gebeugt, nur von seinem Bruder Bartolomé (dessen unabänderliche Treue hier tragisch umwittert ist) und einem einzigen Diener begleitet, zieht er in der Stadt ein. Der König läßt ihn tagelang warten, ehe er ihn empfängt. »Ich bin in der Tat so unglücklich, wie ich es sage; bisher habe ich über andere geweint, möge der Himmel mir die Gnade gewähren, daß die Menschen über mich weinen.« Diese Stelle aus der sogenannten lettera rarissima ist der Ausdruck seiner Stimmung in dieser ganzen Zeit.

Über alle Beschwerden, über jede Forderung behält sich der König die Entscheidung vor. Er lächelt dem Admiral zu, er überhäuft ihn mit Lobsprüchen, er beteuert, daß er die Größe seiner Verdienste vollkommen anerkenne, er verspricht Untersuchung, gerechtes Gericht: und dabei bleibt es. Der bloße Vorschlag auf Wiedereinsetzung in die Ämter und Würden stößt auf eisiges Befremden. Es wird ein Prozeßfall konstruiert und zum Urteil ein Tribunal berufen, das den sonderbaren Titel Junta de descargos führt, Rat zur Gewissensentlastung des Königs und der verstorbenen Königin. Was dahinter steckt, ist der plötzliche Einwand Ferdinands, daß Colón die Privilegien von der hingeschiedenen Isabella erhalten habe und daß er für seine Person, obschon er ja seinen Namen unter die Verträge gesetzt, für ihre Erfüllung nicht verantwortlich sei.

Erbärmlicher Schacher. Durch das Gewebe der erniedrigenden Verhandlungen, Scheinbewilligungen, Verschleppungen und Rechtsklaubereien tritt der Charakter Ferdinands in seiner unergründlichen Falschheit plastisch hervor. Mochte ihn die auferlegte Verpflichtung zu hoch dünken, was sie auch war, unvernünftig und undurchführbar, und das war sie, er hätte den Weg zur äußerlichen Befriedigung, Beruhigung nur, des maßlos gekränkten Mannes finden und ihn nicht in seinen Vorzimmern als Bettler und in seinen Kanzleien, genau wie vor fünfzehn Jahren, als verlachten Störenfried demütigen lassen müssen. Es hätte wenig gekostet, weniger vielleicht, als er später dann doch zu zahlen gezwungen war. Und diese fünfzehn Jahre, dank eben jenem Mann, bedeuteten einen dynastischen, politischen und wirtschaftlichen Aufschwung von einem Tempo und einer Intensität, daß es dafür kaum ein Beispiel in der Geschichte der Völker gab.

Der Admiral hatte nicht mehr die physischen Kräfte, den höfischen und juristischen Ränkespielen entgegenzutreten. Er hatte noch eine schwache Hoffnung: die Ankunft Philipps von Österreich mit seiner Gattin, Isabellas Tochter. Es wurde ihm zwar gesagt, wie es mit Donna Juana stand, daß ihre jahrealte tiefe Schwermut bereits alle Merkmale des Wahnsinns zeigte; was konnte er von ihr erwarten? was von dem leichtsinnigen und genußsüchtigen Habsburger? Dennoch wollte er dem neuen Herrscherpaar entgegenreisen, ein schwerer Gichtanfall warf ihn unterwegs auf irgendein Zufallslager, und er beauftragte an seiner statt Bartolomé, Philipp und der jungen Fürstin »die Hände zu küssen«. Das Schreiben, das er ihm mitgab, schloß mit den Worten: »Eure Hoheiten können versichert sein, daß ich, so sehr mich auch mein Übel gegenwärtig peinigt, gleichwohl imstande sein werde, Ihnen noch Dienste zu leisten, wie sie die Welt bisher nicht gesehen hat.«

Ist es der nahe Tod, der ihn zu so hohlen Verheißungen aufpeitscht und ihm den Sinn trübt selbst für die Wirklichkeit des Sterbens? Als er seine letzte Stunde kommen fühlte, ließ er Notar und Zeugen rufen, um sein Testament aus dem Jahre 1498 zu annullieren und ein neues abzufassen. Dieses beginnt mit dem donquichotischen Diktum: »Als ich dem König und der Königin mit Indien ein freiwilliges Geschenk machte...« Er bleibt in seinem Stil, es ist dieselbe Fanfare, dieselbe feierliche Grandezza, dieselbe Verstiegenheit, mit denen er einstmals den Prior von La Rabida verblüfft hat. Jetzt wandte er sich an die Nachwelt damit. Und die Nachwelt tat das beste, was sie unter solchen Umständen tun konnte: sie begrub seine Worte in Schweigen und behielt nur seinen Namen und seine Tat im Gedächtnis.

Am 19. Mai traf er die letzten Anordnungen, am 20. Mai, dem Tag vor Christi Himmelfahrt, starb er. Vielleicht gab es niemals müdere Augen als die seinen, da sie sich für ewig schlossen.

Die Unrast, die über den Lebenden verhängt gewesen, war auch Los und Stigma des Toten. Zuerst wurde er im Gewölbe des Franziskanerklosters zu Valladolid bestattet. Vier Jahre später brachte sein Sohn Diego den Leichnam in das Kartäuserkloster Santa Maria de las Cuevas bei Sevilla. Nach Diegos Tod erbat seine Witwe von Kaiser Karl V. die Erlaubnis, die Überreste des ersten Admirals, wie es sein Wunsch gewesen, in Española beisetzen zu dürfen. Die Bitte wurde gewährt. Im Jahre 1673 zerstörte ein Erdbeben die Kathedrale von San Domingo, die Gebeine des Entdeckers vermischten sich mit den Knochen aus den andern Gräbern, sie wurden mit vieler Mühe wieder zusammengesucht und abermals begraben. Als im Jahre 1745 die Insel an Frankreich kam, ließ der spanische Admiral d'Artibazel die Gruft öffnen, das Skelett trotz seiner zweifelhaften Identität herausnehmen und in den Dom von Habana überführen.

Es war, als habe Christoph Columbus in Hader mit seinem Schicksal kein Ende finden können; als habe er noch im Grab sehnsüchtig hingestrebt nach seinem Indien, seinem geliebten Española, um sich auch dort noch, Schatten und Gerippe, störrisch gegen die augenscheinliche Existenz jenes Amerika zu wehren, das die Leugnung seines hohen Traums vom Paradies und dem Märchenreich des Großchans war.

Sein Ruhm ist Scherbenwerk; man setzt es mühselig zusammen, und plötzlich entschwebt ihm ein Geist, der uns brüderlich grüßt.

...ein Geist, der uns brüderlich grüßt. Jakob Wassermann muß hierin, ernst, aber nicht ganz ohne Humor, wie er war, eine reziproke Geste gesehen haben: Mochte einst der Seemann Amerika entdeckt haben, jetzt war Amerika auf ihn, den Wassermann, gestoßen. Sein ›Fall Maurizius‹ war im Begriff, zum größten Bestseller, den je ein deutscher Autor in den USA erlebt hatte, aufzusteigen. Eine Million Exemplare verkaufte sich davon, in einer Zeit ohne Taschenbücher, im Hardcover. Wassermann galt damit, neben *Leon* (wie man seinen Vornamen anglifizierte) Feuchtwanger und dem Nobelpreisträger Thomas Mann, als internationaler Repräsentant deutscher Kultur, dessen Werke in der Folge umfassend ins Englische übersetzt wurden. Nicht allein dem Erzähler spannender Geschichten galt das Interesse, sondern auch dem Essayisten, der explizit wie kein zweiter über ›Mein Leben als Deutscher und Jude‹ reflektierte. Denn, anders als den assimilierten, integrierten jüdischen Schriftstellern Berlins, die aus ihrem Judentum wenig Aufhebens machten, war es Wassermann, der aus tiefster, dezidiert antisemitischer Provinz stammte, niemals vergönnt gewesen, sein Judesein einfach abstreifen zu können. Es wurde ihm aufgedrängt, in diesem »düsteren Fürth«, einer Stadt, wie er sagte, »von so trostloser Nüchternheit, als läge sie im amerikanischen Mittelwesten«: als Bürde und Last, als beständige Verletzung und Kränkung. Mit dem Resultat aber auch einer extremen Sensibilisierung seines »Radars« für jede Stimmungsverschärfung, für jedes kommende Pogrom. Wassermann warnte vor der Katastrophe, die auf Deutschlands und Europas Juden zukam, bereits zu einer Zeit, als andere, politischere Geister sie noch nicht einmal von ferne wahrnahmen.

›Columbus‹ war eines seiner letzten Werke und bleibt, um dies gleich hervorzuheben, eine der besten Biographien des Entdeckers, da sie, außer dem Vorzug der guten Lesbarkeit und Übersichtlichkeit, kritische Geschichtsrezeption gewissermaßen als Akt gemeinsamen Nachdenkens zwischen Autor und Leser vorführt. Zusätzlichen Charme erwirbt das Buch für uns Heutige durch seinen nunmehr leicht patinierten Stil und Duktus, erweckt es doch, dank dieser *authentischen* Distanz, die *Illusion* einer wirklich historischen Quelle. Als nicht minder illusorisch erweist sich übrigens auch die Hoffnung, daß unser Blick durch die mittlerweile noch weitere Entfernung teleskopisch geschärft worden wäre; oder daß der Fortschritt in der Geschichtsforschung uns ein klareres Bild des Columbus gebracht hätte. Es sind nur viele neue Portraits hinzugekommen. Wo Wassermann irrt, tut er es selten aus Unkenntnis, sondern zuweilen aus zu großer Skepsis und Behutsamkeit heraus. Wieviel ihm an dieser Gestalt und an der Metapher, die er für sie fand, gelegen war, erhellt aus seiner Mitteilung, »daß ich zwischen meinem achten und zwölften Jahr den Don Quichote mindestens siebenmal gelesen habe«. Es ist diese psychologische Urform, die, tief in Wassermanns Innerstem versenkt, ihm die Vision liefert, aus der er Columbus neu erschafft. Er zeichnet ihn als pikareske Gestalt, als einen Bruder des Lazarillo: eine jener aller irdischen Gerechtigkeit unteilhaftigen Leidensfiguren, wie sie wohl nur in Deutschland als Objekt schnurrpfeifender Belustigung, als »Schelm«, angesehen werden konnte. Wassermann hält sich an die nüchterne Form des sondierenden biographischen Essays, er sucht keine billigen Effekte, es geht ihm immer nur um das eine Thema: Gerechtigkeit für den Menschen, wenigstens vor der höchsten Instanz, der Geschichte.

Wahrscheinlich hat Wassermann, obschon er daran zweifelte, doch insgeheim die Hoffnung oder Befürchtung gehegt, daß Columbus Jude war. Eine andere Motivation, um diesem iberischen Thema mit jahrzehntelangen Nachforschungen anzuhängen, läßt sich schwerlich denken für einen jüdisch-deutschen Schriftsteller, dessen physische Mobilität zudem in die entgegengesetzte Richtung, über München und Wien ins ländliche Exil der Steiermark drängte. Die Argumente für Columbus' jüdische Abstammung sind nicht ohne Reiz und Interesse, wenngleich oft mit einer gewissen Eigendynamik behaftet. Ob man tatsächlich größere Einsicht in diesen enigmatischen Charakter gewänne, wenn man seine exzessive Religiosität, in einem Land des religiösen Terrors und der periodischen Massenmorde an Juden, als puren Schutzreflex enttarnen könnte? Nun, gewiß. Aber beweist die »mächtige Anziehungskraft, die Edelsteine und Gold auf ihn ausübten« wirklich, wie ein neuerer Biograph behauptet, daß Columbus »ein echter Sproß seiner Rasse«, nämlich der jüdischen, war? Was wird damit gewonnen, wem genützt? Reicht es nicht zu sagen, daß er der erste Europäer und zugleich der erste »Amerikaner«, der erste Selfmademan, gewesen ist; daß ohne seine Entdeckung, und das heißt auch: ohne die Nährkraft der Kartoffel und das aufputschende Nervengift des Tabaks, um nur diese zwei zu nennen, der Aufschwung Europas, die Überwindung der Hungersnöte, Epidemien und geistigen Kleinkariertheiten des Mittelalters ganz und gar undenkbar gewesen wären?

Kurios bleibt, so oder anders, alles an Columbus: etwa die Tatsache, daß dieser Genueser hochgewachsen und blauäugig war und in jüngeren Jahren flammend rotes Haar besaß – genau wie Leif Erikson, der fast auf den Tag genau 500 Jahre vor ihm, an einem 9. Oktober, von Grönland kommend, die Küste Nordamerikas entdeckt hatte. Und doch sind dies Zufälligkeiten, Wind- und Gaukelspiele der Geschichte, ebenso wie der Umstand, daß, bei aller Überlegenheit der großen Seefahrtsnationen, Portugal, Spanien, England, die Entdecker Amerikas zwei Italiener waren. Ja, *zwei* Italiener, die noch dazu, wer weiß? – vielleicht in ihrer Jugend Nachbarn oder sogar Spielkameraden gewesen sein mögen. Denn auch John Cabot, der, unter britischer Flagge segelnd, im Juni 1497 die Küste Nordamerikas sichtete, möglicherweise sogar betrat, und anschließend bis Florida entlangfuhr, stammte, wie Columbus, aus Genua. Sein richtiger Name war Giovanni Caboto. Doch während Columbus unbezweifelbar die Neue Welt am 12. Oktober 1492 entdeckte: das amerikanische Festland hat er mit Sicherheit erst am 5. August 1498 betreten, und niemand kann mit Gewißheit sagen, ob Cabot ihm in diesem Punkt nicht zuvorgekommen ist. Daher gedenkt man zwar in vielen amerikanischen Ländern des Entdeckers mit einem Feiertag am 12. Oktober. In Kanada aber ehrt man am Neufundland-Tag, dem 20. Juni, John Cabot. Die Statue hingegen, die dort, wo die Entdekkungsfahrt des Columbus ihren Ausgang nahm, in der spanischen Stadt Palos, dem Entdecker Amerikas errichtet wurde, stellt keinen der Obengenannten dar. Sie gilt vielmehr dem berühmtesten Sohn der Stadt, dem Kapitän der »Pinta«, Martin Alonso Pinzon.

Als der wahre Don Quichote dieser Geschichte muß freilich ein Landsmann unseres Autors, der Nürnberger Martin Behaim gelten, der mit einem »Erdapfel«, wie er ihn sinnigerweise nannte, einem kunstvoll von ihm selbst gefertigten Globus, im Herbst 1493 beim König von Portugal vorsprach, um ihn davon zu überzeugen, daß man von den Azoren aus nur 3000 nautische Meilen westwärts segeln müsse, um Zipangu und die Länder des bewohnten Orients zu erreichen. Er beabsichtige, diesem Ziel entgegenzusegeln, erklärte Behaim, sofern ihn seine Hoheit dazu mit einer Flotte ausrüsten würde.

Man kann sich das Lächeln vorstellen, das um die Lippen des Königs gespielt haben muß, als er Behaim davon informierte, daß vor noch nicht sechs Monaten ein Seefahrer bei ihm eingekehrt sei, der von einer ebensolchen Reise zurückgekehrt war, wie sie Behaim vorschwebte. Und man kann wohl erahnen, mit welch ungläubigem Staunen der Nürnberger zum ersten Mal diesen Namen – eines gewissen *Christoph Columbus* – vernommen haben wird.

Tom Appleton

Jakob Wassermann im dtv

Caspar Hauser oder
Die Trägheit des Herzens

Die Geschichte des rätselhaften Findlings, der im Jahre 1828 im Alter von etwa 17 Jahren aufgegriffen wurde und der kaum sprechen konnte, hat die Anteilnahme ganz Europas geweckt. dtv 10192

Laudin und die Seinen

Für den wohlsituierten und gutverheirateten Rechtsanwalt Laudin eröffnet die Begegnung mit einer berühmten Schauspielerin eine neue Welt. Wohl von keinem seiner Zeitgenossen ist die bürgerliche Institution der Ehe und damit die traditionelle Rolle der Frau so radikal kritisiert worden wie von Jakob Wassermann. dtv 10767

Der Fall Maurizius

Leonhart Maurizius sitzt seit 19 Jahren in Haft, verurteilt wegen Mordes an seiner Frau. Der Oberstaatsanwalt zweifelt keinen Moment an der Rechtmäßigkeit des Urteils. Nicht so sein sechzehnjähriger Sohn Etzel ...
dtv 10839

Etzel Andergast

Der junge Mann, der wenige Jahre zuvor für die Wiederaufnahme des Mordfalls Maurizius gesorgt hatte, befindet sich in einer schweren psychischen Krise. Der Seelenarzt Joseph Kerkhoven nimmt sich seiner an. Die Beziehung zwischen den beiden Männern erfährt eine schicksalhafte Wendung. dtv 10945

Joseph Kerkhovens dritte Existenz

Nach der vergangenen Liebesaffaire seiner Frau gelingt es dem Seelenarzt nur langsam, die innere Gemeinschaft seiner Ehe wiederherzustellen. Die alten Wunden werden neu aufgerissen, als der Schriftsteller Alexander Herzog sein Patient wird. dtv 10995

Christian Wahnschaffe

Der Sohn eines schwerreichen Großindustriellen kehrt nach einer gescheiterten Liebesbeziehung dem bürgerlichen Dasein in Wohlstand den Rücken. Sein neues Leben führt ihn mit der Prostituierten Karen zusammen ... dtv 11104

Das Gänsemännchen

Der junge Musiker Daniel Nothafft heiratet die in sich gekehrte Gertrud, muß aber schon bei der Hochzeit erkennen, daß seine Liebe deren lebenslustigen Schwester gilt. dtv 11240